U0562415

Social Construction
Studies No.1

社会建设研究

(第一辑)

社会科学文献出版社
SOCIAL SCIENCES ACADEMIC PRESS (CHINA)

主办：东莞社会建设研究院

《社会建设研究》编辑委员会名单

顾　问：徐建华　刘润华
主　任：姚　康
副主任：卢寿维　邵宏武　陈健秋
委　员：赵　胤　杨石光　张小聪　孙霄汉
主　编：陈健秋
副主编：杨石光　孙霄汉
编委会办公室主任：蒙巧聪
编辑部主任：杨家宁
编　辑：王　薇　何　清　袁凌云　谭汪洋　王增益　孟祥斐
工作人员：张锡铃　孔建忠　方志操

序

党的十八大明确把社会建设纳入"五位一体"的总体布局，十八届三中全会提出创新社会治理体制，推进国家治理体系和治理能力现代化。加强社会建设，创新社会治理，事关巩固党的执政地位，事关国家长治久安，事关社会和谐稳定，事关人民群众福祉。

改革开放30多年来，东莞经济快速发展，从一个传统农业县蝶变成为新兴工业城市。但是，由于特殊的地理位置、行政架构、产业结构和人口结构，与其他城市相比，东莞更早也更多面对新的社会发展问题，社会建设与治理的任务更为复杂、艰巨。近年来，市委、市政府围绕"加快转型升级、建设幸福东莞、实现高水平崛起"的核心任务，明确了在社会复杂多元基础上实现和谐崛起的思路，提出了创建全省创新社会管理引领区、争当全省社会建设排头兵的目标。省委、省政府对我市的社会建设工作给予大力支持，省社工委与我市签订协议，共同推进全省创新社会管理引领区创建工作。在省委、省政府和省社工委的指导支持下，全市上下积极探索具有时代特征、广东特色、东莞特点的社会建设新路子，在推进政府职能转变优化、深化社会组织改革、开展村级体制改革、创新异地务工人员服务管理、推进平安东莞建设、开展社会建设理论研究等方面做了大量工作，取得了明显成效。东莞先后获得全国文明城市、全国社会治安综合治理优秀市、中国十佳宜业城市等荣誉称号。

加强社会建设，创新社会治理，不仅要敢于担当、勇于实践，也需要理论上的创新和指引。东莞依托市委党校成立东莞社会建设研究院，就是要集聚各方资源，加强社会建设的理论研究、实践探索和人才培养，为新形势下的社会建设提供更有力的理论指导和实践支撑。研究院成立以来，坚持以体制创新为前提、以机制激励为动力、以项目带动为引领、以成果转化为目的，围绕东莞社会建设组织开展了多项课题研究，在理论研究、决策咨询、指导实践等方面取得了重要成果，有力地推进了我市社会建设各项工作的开展。

为更好地凸显和发挥社会建设理论阵地的作用，东莞社会建设研究院经过精心策划和筹备，创办了院刊《社会建设研究》，旨在为社会建设理论研究者搭建学术成果交流平台，为社会建设顶层设计构筑探索阵地，为相关机构和人士了解掌握有关参考文献提供便利捷径。我相信，该刊物的创办，对于汇聚市内外社会建设智慧力量，指导促进东莞社会建设实践，宣传推介东莞社会建设成果，必将产生十分积极的影响。

长风破浪会有时。东莞社会建设的创新实践，为社会建设研究院和《社会建设研究》发挥作用提供了深厚沃土和广阔空间。希望《社会建设研究》立足东莞，面向全国，不断丰富刊物内涵，提升刊物水平，多出精品力作，努力打造成具有一流水准和重要影响力的学术集刊。希望东莞社会建设研究院以此为契机，充分发挥聚力、聚才、聚心、聚智的独特优势，力争成为东莞社会建设领域的重要参谋智库，为我市全面深化改革、加快转型升级、建设幸福东莞、实现高水平崛起作出应有的贡献。

徐建华

中共东莞市委书记、市人大常委会主任
2014年5月

目录

理论探讨

从控制到治理：广东社会管理创新与探索 …………… 文小勇/3
治理要素视阈下的东莞社会治理体系创新 …………… 王学敏/16
城镇化进程中经济去"房地产化"的思考 ………… 王世杰　刘洪波/28
社会质量与社会建设的比较研究
　　——基于深圳、厦门和杭州的实证调查 ………… 徐延辉　王　燕/38
社会治理视野下群众工作的挑战及其应对 …………… 段华明/53
农民性别偏好探析
　　——对布迪厄实践理论的现实阐释 ………………… 刘晋飞/65
中国的科层制激励与地方经济转型：以东莞为例 ……… 方志操/78

案例分析

东莞利用异地商会优化异地务工人员服务管理 ……………………
　　………………………………… 东莞社会建设研究院课题组/97
基层社会管理创新的成功探索
　　——东莞市虎门镇集体资产交易平台
　　　改革分析 ……………………… 东莞社会建设研究院课题组/107

研究报告

广东社会发展水平在全国的位置研究报告 …………………… 吴　翰/131

三边建构：城市农民工市民化新路径研究
　　——以东莞市为例 ……………………………………… 张锡铃/157

论东莞社会建设中的社区文化 ………………… 刘建中　刘丽莎/173

实践动态

东莞打造创新社会管理引领区　不断推进社会治理
　　能力现代化 ……………………………… 东莞市社科联课题组/191

理 论 探 讨

从控制到治理：广东社会管理创新与探索

文小勇[*]

摘要：作为改革开放先行先试区的广东，近年来在加强和推进社会管理创新的探索过程中，实现了从传统的社会控制型管理惯性向现代社会治理型管理理念的重大转变，不仅涌现出许多富有特色的社会管理模式，而且在推进社会管理的制度化规范化、创立三级社会管理综治平台与整合资源、完善流动人口管理服务体制与社会救助工作机制、推进社会管理工作信息化、建立常态化的社会稳定风险评估制度以及推进社会组织规范化发展与政府职能向社会组织转移等方面进行了大胆探索。

关键词：社会控制　社会治理　广东探索　经验启示

经过新中国 60 多年的建设，特别是 30 多年的改革开放，中国人从吃不饱肚子发展到总体小康，中国从一穷二白、受人欺凌的国家跃升为世界第二大经济体，成绩举世瞩目。然而，随着经济的发展，各种社会矛盾也随之出现。因此，我们必须认清形势——经济体制深刻变革、社会结构深刻变动、利益格局深刻调整、思想观念深刻变化，中央和广东省委、省政府提出加强和创新社会管理"十分及时、十分重要、十分必要"。为此，作为正处于经济社会发展的战略机遇期和矛盾凸显期的国度，特别是作为改革开放先行先试区的广东，加强和创新社会管理，对实现全面建设小康社会的宏伟目标，实现党和国家长治久安有着重大战略意义。

一　从控制到治理：广东推进社会管理理念创新的必然性

从我国政府职能定位的角度看，社会管理创新并不是个新鲜词。20 世

---

[*] 文小勇，广东省委党校科社部、广东行政学院政治系。

纪90年代初，我国将政府职能定位为经济协调、社会管理、公共服务，到十六大又将政府职能定位为经济协调、市场监管、社会管理、公共服务，党的十六届四中全会就提出要"加强社会建设和管理，推进社会管理体制创新"；党的十七大提出要"健全党委领导、政府负责、社会协同、公众参与的社会管理格局"，"十二五"规划建议中更是提出要"加强社会管理能力建设"，"创新社会管理机制"；党的十八大又把"法治保障"纳入社会治理格局的基本内容。客观地说，我国政府历来都非常重视社会管理问题，只不过，在过去经济增长至上主义的逻辑下，社会管理职能并没有得到有效发挥，甚至一定程度上削弱了政府的社会管理职能。自20世纪90年代起，随着改革的全面推进，城乡结构、就业结构、社会阶层结构也发生了重大变化，越来越多的"单位人"变成了"社会人"，而在城市就业总人口中，"单位人"已由过去占95%以上下降到现在的25%左右，原有的单位管理网络弱化，而新的社会管理网络还不够健全，地区之间、城乡之间发展差距及社会成员之间的收入差距也呈不断拉大的趋势。在此情况下，农村土地征用、城镇房屋拆迁等领域的社会矛盾易发高发，因劳资关系、医患纠纷、环境污染、城市公共服务管理等问题引发的社会矛盾明显增多，人们的公平意识、民主意识、权利意识不断增强，预防和处置矛盾的难度明显加大。因此，加强新形势下社会管理与创新就成为各级党委、政府亟待破解的难题。广东在破解这一难题过程中，无疑作出了一些有益的尝试、探索和实践。

广东省委十届九次全会上审议通过了《中共广东省委 广东省人民政府关于加强社会建设的决定》（以下简称《决定》），其核心任务是认真贯彻落实省委、省政府关于加强社会建设、创新社会管理的决策部署，深入分析当前社会管理工作中出现的新情况、新问题，全面安排部署当前和今后一个时期广东省加强社会建设、创新社会管理工作，为实现跨越式发展和长治久安创造良好的社会环境。《决定》中特别提出要大力培育社会组织，鼓励社会组织参与社会管理，提高社会管理科学化水平，这些举措无疑为广东社会组织发展及参与社会管理提供了前所未有的机遇。

作为中国改革开放的先行者，广东经历了30多年的快速发展，"当前总体上完成了从小康型社会到宽裕型社会（中等收入）的过渡，实现了从农业社会向工业社会、计划经济社会向市场经济社会的转变，步入经济转型、社会转轨的重要转折阶段"，但转型期的广东在社会矛盾集中凸显过程中表现出的阵痛更加强烈，广东当前面临的发展环境比以往任何时候都更加复杂多变，广东在社会建设方面面临着越来越严峻的挑战。为应对挑战，早在2008年，广东省委就要求广州、深圳、珠海在加强和创新社会管理方面先行先试，探索经验。紧接着《珠江三角洲地区改革发展规划纲要》赋予珠江三角洲地区"完善社会管理制度，创新社会管理方式"的使命和任务。为此，珠三角地区的各市先行一步，在"社会管理创新"领域都摸索出一套自己独特的方法。在中共广东省委十届八次全会上，汪洋提出广东省要加快转型升级，建设幸福广东，就必须深入扎实地做好新形势下的群众工作。围绕这一中心工作，广东各界深入探索加强社会建设、创新社会管理的"粤式之路"。广东省委十届九次全会围绕加强社会建设、创新社会管理的主题，专门研究社会建设工作，尤其提出要大力培育社会组织，将政府职能向社会组织转移。这些开创性决策，正是集合了高层调研、珠三角各市实践、民众积极献计的诸多良策，为广东全面创新社会建设工作指引方向。①从某种程度上说，它反映的是广东乃至全国范围内社会管理转型的历史必然性。从现实看，社会管理转型也是势所必然。笔者以为，20世纪90年代以来，我国关于社会管理理论与实践的探讨发生了以下几个方面的转变：在社会管理理念上，从社会控制转向社会服务；在社会管理内容上，从内容泛化结构转向专业分化结构；在社会管理模式上，从应急模式转向制度化模式。②

以社会管理内容上的变化为例，从内容泛化结构转向专业分化结构。计划经济体制下与市场经济体制下的政府社会管理运作模式比较如图1、图2所示。③

图1　计划经济体制下政府社会管理运作模式：权力－社会

---

① 参见《中共广东省委召开全会　探索加强社会建设新路》，广东新闻网，2011年7月11日。
② 由厦门大学公共事务学院院长陈振明教授领导的课题组在"新时期政府社会管理创新理论与实践"的课题报告中提出了我国社会管理模式和思路20世纪90年代以来发生的变化，并进行了全面的总结。参见厦门大学公共事务学院"新时期政府社会管理创新理论与实践"课题组研究报告，2005。
③ 参见厦门大学公共事务学院"新时期政府社会管理创新理论与实践"课题组研究报告，2005。

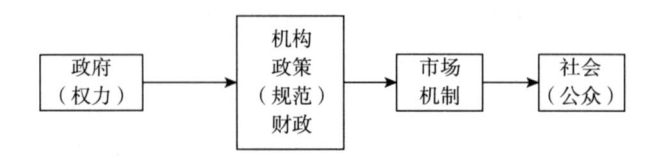

```
政府       机构      市场      社会
(权力)  →  政策   →  机制  →  (公众)
          (规范)
           财政
```

图 2　市场经济体制下的政府社会管理运作模式：权力－市场－社会

从社会管理模式上看，已经从过去的应急模式转向了制度化的管理模式。经历了相对较长时间的实践和经验的积累，西方国家的社会管理模式明显在规范化、科学化、高效化等方面取得了很大成就。当然这些经验和成就的取得也不是一蹴而就的。西方社会管理模式的形成，从社会福利制度的成功过程看，曾经经历了以家庭和慈善功能为主要援助手段的应急残补概念演进到国家提供广泛社会经济保护和法律保障的制度概念的艰难历程。[①]从上述比较来看，经历过成熟的市场化过程形成的社会管理模式，即市场经济体制下政府社会管理运作的"权力－市场－社会"模式比计划经济体制下的"权力－社会"模式大大提高了社会管理的可预期性、参与性、规范性与服务性。

换言之，当前广东社会管理的转型与创新，有其特定的社会历史与现实的背景，这是由传统的全能主义的社会控制管理模式向科学高效的现代吸纳主义的社会治理模式转变的一个必然的历史过程。

二　社会管理创新：广东的探索与实践

按照中央有关精神，特别是《中共中央国务院关于加强和创新社会管理的意见》的精神，广东省委、省政府于 2011 年 7 月 14 日审议通过了《中共广东省委　广东省人民政府关于加强社会建设的决定》，不断探索具有广东特色的社会管理创新与实践，涌现出了许多具有广东地方特色、效果明显的社会管理创新与实践的新经验等，下面举例说明。

（一）广州市越秀区："三个一"社会管理模式

广州市越秀区的社区公共服务采用"三个一"模式，即搭建一个平台、打造一个基地、创建一种机制。"一个平台"是指越秀区政府购买公共服务

---

① 陈振明：《什么是政府的社会管理职能》，《新华文摘》2006 年第 3 期。

部。这个服务部利用社区服务中心的场地和人力资源，负责对全区政府购买服务工作的统筹、组织、协调、评估和监督。越秀区还成立了由一些具有丰富经验的专业人员组成的专项工作小组进行学习调研，并将一部分用于专职社区工作者的经费转而用来向社会购买服务。"一个基地"指越秀区社会工作人才孵化基地。通过由社工带义工、义工带基层干部的帮带方式提升居委会干部和义工队伍的专业素质，并为高校社工专业的学生提供实习基地。"一个机制"指政府主导、基层支持、社会组织参与的合作机制。政府、街道、社会组织从各自的职能和专业出发进行调研，再针对发现的问题三方共同协商解决。

越秀区的"三个一"模式重在培养社会组织的发展。它提高了现有资源的使用效率，使政府提供的公共服务具有针对性、科学性和可行性，也能避免承接公共服务的社会组织由于信息不对称造成有心承接而无力做好的尴尬局面。另外，越秀区的人才链全面提升了参与到公共服务中人员的专业素质，一些社工专业的高校学生在实习基地价值观得到提升，大学生们在这里既开阔了专业眼界又丰富了实践经验，为未来社区公共服务工作的发展储备了大量人才。

（二）深圳龙岗："大综管"社会管理模式

为适应复杂多变的社会管理形势，深圳龙岗区坚持以改革创新精神破解社会管理难题，改变以往单纯依靠增加行政资源和行政经费提升社会管理的做法，通过整合传统的条块分割的社会管理力量，创建了龙岗独特的"大综管"社会管理新格局，促进了龙岗区社会治理的常态化、规范化、精细化。

具体而言，所谓"大综管"，就是集"综合治理、综合管理、综合服务"为一体的社会管理模式，以区、街、社区三级"大综管"工作中心为平台，以推进数字化城管为支撑，以建立网格化的责任机制为基础，以建立"纠纷联调、治安联防、工作联勤、问题联治、平安联创、人口联管"的协调联动机制为内容，通过整合条块管理力量，形成"指挥是一个系统，防范是一个网络，打击是一个拳头，执法是一个整体，服务是一个平台，管理是一个机制，应急是一支力量"的"七个一"社会工作新格局。

从实践来看，这一社会管理工作平台的构建，极大地提高了社会管理的效率。

第一，重塑了社会管理架构，健全了社会管理组织网络。在区一级，形成一个大网。依托区公安分局、应急指挥中心等6个职能部门，分别成立6个中心，即矛盾纠纷排查化解中心、平安建设中心、治安防控中心、社会矛盾人民调解中心、应急协调中心、维稳综治信息中心，强化部门间的协调联动。各街道的架构也相应调整，形成街道一级的中网。社区小网由"五室一厅一队"构成，分别是调解室、法制宣传室、信息采集室、档案室、社区矫正室、社会事务综合服务大厅、社区维稳综治队伍。

第二，整合条块力量，实行网格化管理。以居民小组或小区为单位划分网格，将原有公安、城管、计生等各部门网格进行有效整合，统一到新划分的网格中，形成覆盖各项工作内容的新网格（见图3）。

图3　龙岗"大综管"网格整合示意图

它以维稳综治工作为主线，将16类64项基层社会管理职能有机整合，建立事权一致、责权对应的工作体系。在保持街道各部门基本职能不变的前提下，整合分属各部门的编外辅助和协管力量，将这些辅助力量和协管力量统一分配到各社区和网格中，并由社区统一调度，形成"一员多能、一人多责""同网同责、同奖同惩""平时为掌，战时为拳"的工作格局。

第三，完善制度保障，规范运作流程。建立一系列制度，包括社会管理的联席会议制度、信息汇总分析制度、情况报告制度、交办督办制度、责任倒查制度、治安评估制度、考核激励制度等。在各组成部门职责不变的情况下，建立统一受理、归口管理、中心督办、限期反馈的工作模式，形成党政领导、以块为主、条块结合、上下联动的工作体系，保证了各项工作任务有效开展。其社会管理事件处理流程如图4所示。

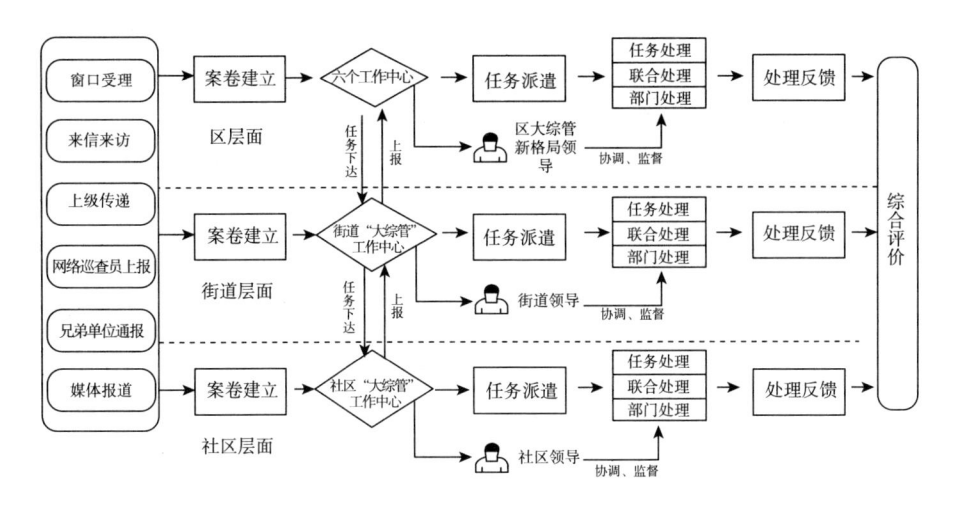

图 4　龙岗"大综管"网格社会管理事件处理流程图

简单地说，"大综管"新格局不是对原有管理模式的修修补补，而是对基层社会管理体制"脱胎换骨"式的改革，与以往相比实现了六大转变：一是各级维稳综治机构在职能和组织架构上实现了由政策层面的虚设化向协调具体工作的实体化转变；二是社会管理模式由多网并存向多网合一转变；三是基层协管队伍的配备由以条为主向以块为主转变；四是社会管理内容由单项并列向多项合一转变；五是社会管理机制由经验式的随机管理向规范化的闭环管理转变；六是社会管理效果考核办法由单向考核向双向考核转变。因此，实施"大综管"社会管理模式后的成效非常明显，打破了基层条块分割的局面，实现了真正意义上的社会综合治理，为城市化地区利用有限行政资源加强城市和社会管理探索了一条新路。借助"大综管"平台，龙岗区开展的各专项行动得心应手，责任也得到了落实，基层实现了耳聪目明、手脚更勤。这种管理模式的成效显而易见。一是将社会管理资源下沉了，全区有 7785 名工作人员下沉到社区，基层社会管理力量得到了加强。二是资源整合和动员能力增强了。比如 2008 年 2 月，龙岗葵涌街道发生山火，结果在 1 个小时以内就调集了 1100 多人的队伍，2 个小时就全部扑灭了山火。龙岗依托"大综管"平台，开展了信访安全维稳"扫雷"专项行动，在短短两个月的时间里共排查"雷患"3 万多个，整改率达 90% 以上，这在以前是不可想象的。三是社会矛盾化解能力提高了。2008 年 8 月以来，各级"大综管"工作中心化解各类矛盾纠纷 5300 余起，处置各类群体性事件 230 起，群体性事件比上年同期下降了 21.1%，刑事案件同比下降 12.18%。四是社会管理成本得到了有效控制。通过整合，盘活了存量行政资源，缓解了社会管理资源配置不足的问题，减轻了财政压力，一定程度上遏制了行政成本膨胀的势头。

（三）中山市：立体化社会工作模式的建构

从 2007 年开始，中山市以积分入户制度改革实践为契机，以流动人口特别是以创新外来人口人本化管理为突破口，不断探索和尝试中山社会管理的改革与创新，探索出了一套行之有效的立体化社会工作模式：以提高社会工作效果为核心，将社会维稳、社会服务、社会矛盾化解、社会舆情引导、社会治安防控、社会管理保障等纳入统一的社会管理工作体系，构建了集维稳、治安、服务与保障等功能于一体的体系化社会工作模式，进一步完善了基层社会管理的体制和机制，收到了良好的社会管理效果。具体如图 5 所示。

社会维稳组织体系：认真履行社会职能，积极参与镇乡街道协作联动工作机制，完善"网格化管理、组团式服务"，建立"一格三员"社会服务管理模式。

社会服务工作体系：完善青少年违法犯罪预防和控制机制，健全完善流动人口服务管理机制；大力加强网上服务大厅建设，提高各窗口办事效率，方便群众办事，发挥消费投诉、行风热线等平台作用，构建全覆盖的服务网络平台。

社会矛盾化解体系：推行网上信访、联合接访、法律援助、现场调解、代理信访、心理疏导等新型信访工作机制，提高初信初访办理化解效率。完善重大事项社会稳定风险评估机制，确保重大事项社会稳定风险评估常态化、制度化。

社会舆情引导体系：畅通信息报送渠道，及时上报涉法涉诉信息；加强网络监管，建立健全网络协同监管、应急处置、外联合作、舆情导控和涉网案件协办机制。

社会治安防控体系：配合公安部门严厉打击刑事犯罪活动，深入开展"三治一优"活动，进一步完善以110指挥中心为核心的应急联动机制，提升各类突发性事件预防处置工作能力和水平。

社会管理保障体系：加强安全生产和食品安全监管，确保公众生产生活安全，充分发挥社会组织作用，创新组织服务管理工作。

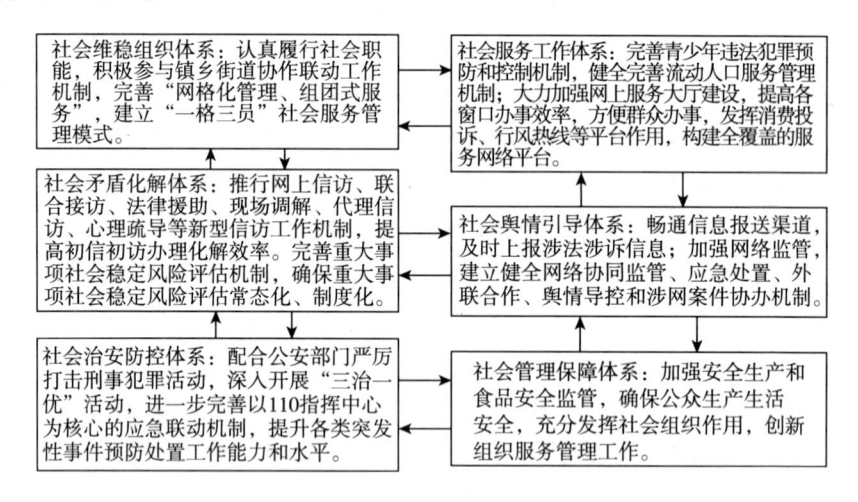

图 5 中山市立体化社会工作体系

概括来说，一是建立健全社会维稳组织体系：认真履行工商职能，积极参与乡镇街道协作联动工作机制，完善"网格化管理、组团式服务"，建立"一格三员"社会服务管理模式。二是建立健全社会矛盾化解体系：以构建"大调解"格局为抓手，完善矛盾纠纷排查、信访隐患排查和维稳信访工作形势定期研判机制，热情接访、主动约访，走进矛盾，破解难题。推行网上信访、联合接访、法律援助、现场调解、代理信访、心理疏导等新型信访工作机制，提高初信初访办理化解效率。完善重大事项社会稳定风险评估机制，确保重大事项社会稳定风险评估常态化、制度化。三是建立健全社会治安防控体系：配合公安部门严厉打击刑事犯罪活动，深入开展"三治一优"活动，进一步完善以110指挥中心为核心的应急联动机制，提升各类突发性事件预防处置工作能力和水平。四是建立健全社会服务工作体系：完善青少年违法犯罪预防和控制机制，健全完善流动人口服务管理机制；大力加强网上服务大厅建设，提高各窗口办事效率，方便群众办事，发挥消费投诉、行风热线等平台的作用，构建全覆盖的服务网络平台。五是建立健全社会舆情引导体系：畅通信息报送渠道，及时上报涉法涉诉信息；加强网络监管，建立健全网络协同监管、应急处置、外联合作、舆情导控和涉网案件协办机制。六是建立健全社会管理保障体系：加强安全生产和食品安全监管，确保公众生产生活安全，充分发挥个体劳动者协会和私营企业协会的作用，加强非公有制经济组织服务管理工作。

（四）肇庆公安微博："社会管理信息化的一场革命"

肇庆市公安机关充分利用微博这一全新的媒介平台，进一步加强警民沟通，积极做好新时期网上群众工作，着力提高社会管理效能和服务水平。"平安肇庆"微博面对公众开放以来，在发布惠民警务信息、为群众排忧解难、接受群众提供线索、正确引导舆论等方面发挥了重要的作用。2011年5月5日，时任广东省委书记汪洋同志在肇庆市公安局调研时指出，公安部门一直利用微博与网民进行理性有序的沟通和互动，及时反馈民生诉求，要充分肯定这一利用微博进行网络问政的重要探索。媒体评论称："平安肇庆"引起了一场中国警务革命，实现真正意义上富有价值的微博问政。2010年11月6日，《中国日报·美国版》刊登题为《"平安肇庆"引起了一场中国警务革命》的文章，让"平安肇庆"微博的字眼首次在国外亮相，一跃成为全球知名政府微博。其影响之大，关键在于微博已经成为肇庆公安了解民情、听取民意、集中民智的重要途径。

其基本做法：第一，"一把手"亲力推动，"网络问政"迈出实质性一步。2010年2月25日，经肇庆市委常委、公安局长郑针和直接领导部署，"平安肇庆"作为全国首批通过实名认证的公安微博之一，走进微博世界，引发众多网友一片惊呼。同年8月10日，"平安肇庆"进驻腾讯微博，最大限度地拓展了警民沟通联系渠道，为进一步加强和改进公安工作提供最广泛的网上民意支撑。郑针和在市公安局党委理论学习中心组公安微博工作研讨会上要求将全市两级公安微博建成人民满意的窗口，从"网络问政"迈向了"施政实招"。第二，开通网上"民意直通车"，着力打造"群众满意窗口"。"平安肇庆"微博问政坚持抓落实、求实效，切实做到"有问有答，有答有办，不办必督"。在服务群众、化解矛盾、解决问题上下功夫，高度重视群众提出的意见，认真解决群众反映的问题。第三，网络问政制度化，不断推动微博工作新发展。坚持边探索、边实践、边总结，推动微博工作制度化、规范化、常态化，逐步形成一种主动听取群众意见、及时发现解决问题、着力改进完善工作的长效机制。一是建立了网络发言人制度，规范了重大警情、服务项目发布时的审批权限、程序。二是建立了口径库制度。针对一些日常窗口业务，建立回复网民口径库，方便实时回复。三是建立了微博管理制度，明确了管理部门、应急措施、基本原则、物资装备保障。四是建立了问政邮箱制度，确立了各警种、所辖县市区公安机关在办理微博问政中的责任和期限，要求一般业务咨询在当天进行回应，典型问题3个工作日之内必须作出答复。五是建立了微博值班制度，明确了微博值班的责任、时间，发布博文、回复评论的原则等。六是建立了定期通报制度。在微博问政中，每月一通报，表彰回复工作做得好的单位，通报批评差的单位，提出下一步改进意见。不断推动公安网络问政工作新发展，提升公安网络问政工作水平（见图6）。

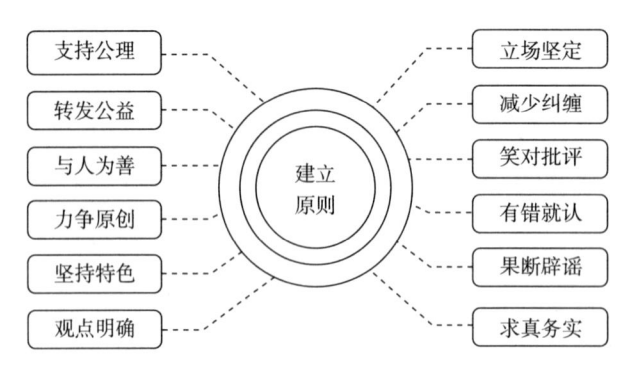

图6　建立原则

经过3年多的运营，"平安肇庆"微博成为建立和谐警民关系、提升为民服务水平、正确引导舆论的重要警务窗口。第一，迅捷发布有效信息，树立公安机关的权威性。第二，从重管理向重服务转变，为网友排忧解难。第三，为办案部门提供举报线索。第四，化解涉警谣言，正确引导舆论。总之，公安微博的广泛推广应用，极大地促进了公安战线维护社会稳定、提高社会管理的科学化水平。

另外，从治理的视野来看，东莞、中山等市积分入户制度无疑也是我国基层社会治理创新的一个典范，也为基层社会管理提供了一个样板。积分入户制度的成功实践，实现了从管控思维到治理创新的重大变革，是通往善政、最终达至善治的有效尝试。

三　广东推进社会管理创新与实践的几点经验启示

广东省近几年来在探索具有广东特色的社会管理体制、机制方面做了一些尝试性工作，收到了良好的效果，也为其他省市推进社会管理创新提供了参照与借鉴。

（一）推进社会管理制度化、规范化是社会治理创新的前提

为推动广东社会管理的法治化、规范化、常态化机制的建立，构建社会管理的长效机制，广东省委十届九次全会审议通过了《中共广东省委广东省人民政府关于加强社会建设的决定》，专门针对社会建设与社会管理提出了制度化的要求：第一，全面下放社会建设权力，能下放的一律下放，变"万能政府"为"有限政府"，政府要为社会建设和社会管理做好切实的服务工作。第二，培育壮大社会组织，要求党和政府提供更多支持。第三，重视外来人员诉求，率先向所有居民普及公共服务。同时，根据广东外来人口多的现实，提出要以人为本，服务好外来人员，提出5项具体的举措：一是发挥商会、同乡会等社会组织作用；二是吸收优秀外来工进公务员队伍；三是吸收外来工参与各基层单位管理（如设立村委会特别委员等）；四是党委、人大、政协吸收有威信的外来工进入；五是加大积分入户力度；六是成立广东省社会工作委员会，进一步完善社会管理体制和机制。

（二）实现社会管理工作信息化是提升社会治理效益的助推器

以肇庆公安微博为基础，广东省公安系统建立了一整套信息化的社会管理工作平台和机制，它以"视频监管一网控、办案办公一网通、信息情报一网综、服务措施一网办、工作执法一网考"为信息化建设总目标，掀起了一场警务信息化革命，目前已全面建成。广东省公安系统推进的社会

管理信息化成效得到了广东省委的高度评价,时任广东省委书记汪洋还建议将广东公安系统独创的"视频监管一网控、办案办公一网通、信息情报一网综、服务措施一网办、工作执法一网考"向全省公务行政系统全面推广应用,也得到社会各界的认可。

(三) 完善社会救助机制是维护稳定的基础性工作

2011年1月1日,《广东省法律援助经济困难标准规定》施行,这样,占广东省总人口20%的低收入群体被纳入法律援助对象,符合法律援助条件的公民都能获得合格的法律援助。这既拓宽了政府社会服务的领域,提高了效率,也极大地维护了城乡社会的稳定。

(四) 建立常态化的社会稳定风险评估制度是社会治理现代化的重要条件

社会矛盾纠纷有的就是源于行政决策不当。制定社会稳定风险评估制度,就是要改革涉及民生问题重大事项决策机制,加强矛盾源头治理,对于涉及民生的重大政策、重大改革措施、政府重点工程项目等,未经评估不进行决策,只有经评估才能决策实施。为了全面防范和有效评估现实的和潜在的社会稳定风险,广东省委、省政府专门对危及市场经济秩序事件、消费维权引发的社会群体事件、执法监管引发的暴力抗法事件、"三农"问题引发的群体事件、企业监管中的重大安全事件、传销引发的公共安全事件、食品卫生安全事件等七大领域涉及风险节点上的关键问题进行深度评估,做到防患于未然,大大提高了政府社会管理的风险预警和控制能力。

(五) 发展社会组织,推进政府职能向社会组织转移是社会治理现代化的重要任务

近年来,广东省社会组织发展迅速,每年以10%左右的速度在增长。按照目前的增长速度,到2020年广东省社会组织总数将超过5万。广东社会组织发展快,主要是靠改革创新培育扶持,特别是在改革社会组织管理体制,让更多社会组织参与社会管理方面,广东率先做了一些积极的尝试。一是对社会组织进行科学分类。对社会组织的有效分类是实现有效管理的前提。广东在社会组织分类上采取"大部制"原则,将宏观分类与微观调整相结合、功能分类与属地分类相结合,解决了过去社会组织分类中"细

而无别、别而无类、类而无准"的问题。二是政会分开。2006 年，广东在对社会组织管理体制进行改革前，90% 以上的行业协会和其他社会组织都是由政府部门牵头自上而下组建，如今，100% 的行业协会及 97% 的社会组织都由企业自发设立或由民间组建。这样，既增强了社会组织的自主发展能力，也减少了"权会"寻租的出现。三是有效向社会组织转移政府服务职能。广东明确提出了大力度、分阶段、有成效地向社会组织转移政府服务职能，大力推行购买社会组织服务的战略性措施，这既体现了中央提出的"兼顾秩序与活力"的原则，又吸纳了更多的社会组织参与到社会管理的过程中来。四是建立枢纽型社会组织体系，大大提高了社会组织承接政府职能的能力和效率。

参考文献

［1］陈振明，2006，《什么是政府的社会管理职能》，《新华文摘》第 3 期。

［2］陈振明等，2005，《新时期政府社会管理创新理论与实践》，厦门大学公共事务学院"新时期政府社会管理创新理论与实践"课题组研究报告。

［3］邓国胜，2004，《中国非政府组织发展的新环境》，《学会》第 10 期。

［4］邓正来，2008，《国家与社会——中国市民社会研究》，北京大学出版社。

［5］刘祯晔，2005，《国家的社会化、非政府组织及其理论解释范式》，《世界经济与政治》第 1 期。

［6］高成连，2011，《社会组织参与社会服务研讨会综述》，《社团管理研究》第 12 期。

［7］郭小刚，2010，《第三届社会组织创新与发展论坛热点述评》，《社团管理研究》第 9 期。

治理要素视阈下的东莞社会治理体系创新

王学敏[*]

摘要： 经济增长的背后必然附随相应的社会问题，社会问题与经济增长是存在正相关关系的，尤其是像东莞这样的以劳动密集型企业为主的制造业城市，经济快速增长的同时，人口规模快速增长，人口结构发生深刻的变化。本文运用要素分析的方法，从社会治理的理念、主体、客体和方式分析东莞当前社会治理的特点，并根据东莞经济社会发展的要求，提出在社会治理方面东莞城市发展的定位，即现代化移民城市。同时，依据现代化移民城市的规律，建议通过社会治理的理念创新、体制创新、机制创新和方式创新，推动创新社会治理体系，建设幸福东莞。

关键词： 十八届三中全会　东莞　社会治理　治理要素

党的十八届三中全会提出要"推进国家治理体系和治理能力现代化"。社会治理体系是国家治理体系的一个子系统，而治理又是一个动态的过程，由治理的理念、主体、客体和方式等治理要素构成。东莞社会治理面临的社会问题，可以从治理要素进行分析，不断创新社会治理体系，化解社会矛盾，推进社会治理体系和治理能力的现代化。

一　当前东莞城市发展中的社会特点

社会是指共同生活的人们通过各种各样社会关系联合起来的集合，也就是说人与人的关系是社会的核心要素。就此要素而言，东莞这个城市的社会有其鲜明的特点。

第一，流动性。东莞经济发展最重要的生产要素——资本与劳动力，

---

[*] 王学敏，东莞市行政学院行政法学教研室。

都是外来的，资本以境外投资为主，劳动力基本上是来自全国各地的农民工。现在东莞的常住人口是由180多万户籍人口和640多万流动人口构成，东莞的城市不是流动的，但东莞的社会是流动的。

第二，不确定性。在东莞，不管是工厂里的打工者，还是投资商，或者说在东莞做生意的，甚至东莞本地户籍人口，都很难确定自己的未来会怎样。尤其是打工者，东莞工厂里的工人基本上以20～40岁的年轻劳动力为主，在前30年没有问题，因为出来打工的都是年轻人；再过30年也没有问题，因为会换一批年轻人进来。问题是这个社会不可能只有年轻人，当我们不管到哪个厂看到的都是年轻人时，难道不觉得背后有严重的社会问题吗？人生无常，从哲学的意义上来说任何人的未来都是不确定的，而东莞人对未来的不确定性更强。

第三，过渡性。包括本地居民由农民向城市居民的过渡，老一代农民工向新一代农民工过渡，还有大量的流动人口逐步向本地市民过渡。东莞的城市经济与城市建筑都已实现了都市化，而人的城市化正处于过渡期，可能需要更漫长的过程。各种社会组织、社会纽带正在建立，传统的失去了，未来的正在成长，人们凭借本能的驱动在寻找各自的支撑点，完成蜕变。

第四，交融性。改革开放以来东莞集中了五湖四海的人群，不同地区、不同民族、不同文化的人群，在共同建造这个城市，不亚于历史上任何一次移民。历史上每次移民都会在运动中稳定下来，但本轮的移民还处于流动之中，利益的冲突、文化的冲突是必然的，需要一次伟大的文化交融，才能沉淀为具有自身特色的城市文化。

总之，从经济的角度看，东莞取得了辉煌的成就，但是从社会的角度看，东莞还处于成长的过程中，社会治理体系的形成还是一个崭新的课题。

二 从治理要素分析东莞社会治理存在的主要问题

什么是问题？问题就是人们的期望值与现实之间的差距。在现实状态相对稳定的状态下，人们的期望值越高，问题就越严重。近年来，东莞的社会治安、劳资纠纷、安全生产、环境污染、征地拆迁等方面产生矛盾与冲突较多，外来务工人员对公共服务和城市归属的诉求越来越强烈。从整体上判断东莞经济社会的情况，基本上可定位为：经济快速发展、政治基本稳定、文化建设有所建树、社会矛盾突出、生态保护压力较大。也就是说，当前，东莞经济社会发展面临的主要问题在于社会治理，而社会治理的突出问题又在于经济快速发展推高人们对社会治理水平的期望值，使其与现实社会治理体系和治理能力差距扩大。因此，治理理念、治理主体、治理客体、治理方式等方面存在的问题亟须解决。

（一）治理理念的问题

改革开放 30 多年来，东莞的社会结构发生了深刻的变化，相对于经济的快速发展，经济生活与城市建设的巨变，社会管理理念却相对滞后，缺乏同步推进。管理理念更多的还是一种消极社会管理，是被动、应付式的管理，表现为：对建设一个好社会没有明确的目标，哪里出问题就想办法解决哪里的问题，以"维稳"作为主要目标，无事就是政绩、摆平就是水平，"花钱买平安"还是基本的套路。解决社会矛盾陷入恶性循环的路径依赖：一边是对闹事者的妥协，一边是对理性解决事端的不作为。这样的思维往往能解决眼前的问题，却培养了一种恶性社会氛围：老实人吃亏。社会问题"非闹难以解决"，如果没有上级特别的关注，没有通过媒体形成强大社会压力，很难得到主动解决。这种强调自上而下的行政管理，缺乏整体、系统、长远的规划，缺乏制度机制的完善。不管是政府还是市民，基本上都缺乏对东莞未来的思考，也没有形成一个明确的共识。带来的问题是：今天的改革很可能就是明天改革的障碍，今天改革的成果很可能是下一轮改革的对象。如此，改革就会陷入一个怪圈：很多问题是在改革过程中产生的。这与法治化、精细化的社会治理相去甚远。

（二）治理主体的问题

党的十八大强调要形成党委领导、政府负责、社会协同、公众参与和法治保障的社会管理体制，也就是说，治理主体多元化，需要党委领导、政府负责，也需要社会协同、公众参与。东莞的社会治理主体主要存在以下几个方面的问题。

首先是不适应的问题，即治理主体与社会问题的不适应，指以农村的体制治理城市。在组织机构的设置上，市镇的结构还是以农村架构为主，与成熟的城市治理模式相差甚远。虽然近年来政府机构改革在不断推进，但基本的框架还是农村体制。然而，居民的生产生活方式已基本实现城市化，农业总产值达不到经济总量的 1%，产生的社会问题也是城市问题，村镇为主的管理机构设置就存在不适应性。从专职管理人员设置角度看，公务员的编制、工作方法、工作经验、工作习惯等，都保留着农村基层干部的模式。最典型地体现在 32 个镇（街）的工作人员设置上，一个镇的法定公务员编制基本上是 40 人左右，而事实上在镇政府工作领薪的人数在 200 人左右，而一个镇里的保安、卫生、教育等由公共财政负担的人数在 2500 人左右，架构的不适应会带来机构人员的复杂性与临时性，削弱社会治理主体的能力。

其次是管理主体单一性问题，是指社会协同、公众参与的作用发挥不足。由于缺乏制度安排和机制设置，社会力量与民间资源很难发挥应有的功能。虽然近年来，东莞社会组织较为活跃，但作用有限，还没有形成"共治""互治"的格局。同时，600 多万生活居住在东莞的流动人口，还是游离在基层自治之外，从法律层面看，他们的自治权留在流出地，在流入地没有实现自治的制度安排。从现实层面看，他们的自治能力虚化，更多处于被动接受的地位，对社会治理缺乏参与渠道，对与他们利益攸关的政策制度也缺乏话语权，导致社会治理主体的失衡。

再次是治理主体对社会治理认知滞后性问题。社会是动态发展的，东莞的社会随着经济的发展在发生变化，但治理主体的思维、治理模式没有与时俱进。过去，全国各地的农民工来东莞的目的比较简单，即打工赚钱，即使身边存在不公平的现象甚至发生在他们身上，也不一定会引起不满。现在，在各种价值观念的碰撞中，人们会更深刻地认识到这种社会的不公平、不合理，从而产生不满情绪。例如，今天新生代的农民工会议论：我为东莞作出多大的贡献？东莞应该给我什么？他们在这里寻找事业的同时也希望能在这里找到幸福的生活。社会治理的理念要适应这种正当的社会需求，如果没有觉察到这种需求变化，必然会带来社会治理过程中的冲突。

（三）治理客体的问题

社会治理的客体就是指治理对象，是生活在这个地区的人和事的综合。考察东莞的社会管理客体，改革开放 30 多年，东莞的人口数量与结构都发生了剧烈的变化。

一是人口数量的变化。1978 年东莞户籍人口 111 万多人，至 2012 年东莞常住人口剧增为 829 万多人。①人口的增长带来人口红利，背后也必然产生相应的社会公共事务，任何一个人都会产生交通、治安、卫生、设施、教育等公共需求，概括起来就是秩序需求与公共服务诉求。

二是人口结构的变化。东莞特殊的人口结构是其社会问题所在，包括户籍人口与流动人口数量失衡、男女性别失衡和家庭结构的不完整性。此外，还有年龄结构的失衡、学历结构的失衡，这种失衡本身就是严重的社会问题。例如从社会组成的角度看，社区的基本组织单元是家庭，成熟的社区是由相对完整的家庭构成的，而大量流动人口，其家庭结构往往是不完整的，家庭作为一个社会管理主体的作用无法体现。另外，不管是户籍人口还是流动人口，他们都需要实现市民化，即一个庞大的农民群体共同组建成城市的居民主体，他们的生活习惯、思维模式、行为方式都会因为生产方式的改变而改变，需要适应城市文化。

三是公共事务性质的变化。包括农村性质的公共事务向城市性质的公共事务的转变，社会管理的对象不再是农业时代的农田水利、邻里纠纷等，更多的是劳资纠纷、市场秩序等。传统的农业社会，人们习惯通过"私了"的方式解决矛盾与纠纷，对法律与城市生活习惯缺乏了解，这也是城市化过程中需要解决的社会问题。

四是社会不满情绪的积累。流动人口流动的生活使他们有了高于社会底层的见识与能力，对城乡贫富的反差感触最深。他们的生存眼界逐步提高，又在流动中锻炼出原始的组织本能，这种能量得不到合理的释放，就容易转变成为一种社会破坏力。他们追逐着改革开放带来的机会，同时，也积累着生活带来的不满情绪，随时寻找机会宣泄。在城市经济社会发展中，他们是利益追逐人；在社会问题出现时，他们是旁观者。一个城市的主要人口不关心这个城市的状态，这个城市的社会秩序能好吗？更可怕的是，在社会群体性事件中，他们有可能是助燃者，大量的群体性事件都属于无直接利益冲突性事件，是由没有直接利益诉求的人推波助澜升级的。总的来说，东莞社会管理的客体由农村的熟人社会向陌生人社会过渡、由农村事务向城市事务过渡，这是东莞社会管理客体提出的特殊要求。

（四）治理方式的问题

要营造和谐、高效、有序的社会系统，需要有效的管理方式。社会管

---

① 数据来自东莞市统计局《2012 年东莞市国民经济和社会发展统计公报》。

理方式主要是法治与德治，一个是硬约束、一个是软约束，共同规范人们的行为，形成社会的秩序。东莞面对经济社会的快速发展，不管在法治还是德治方面，都存在滞后性的问题。首先，国家层面的法治滞后。面对2亿多的流动人口，每个流动人口背后都有一个家庭，也就是说，影响人数达6亿多的公民，国家却没有制定相应的流动、整合、管理等方面的法律法规，流动人口如何有序地流动、逐步融入城市缺乏制度性的安排，更多依赖地方政府的临时性政策。其次，从东莞地区层面上看，东莞城市化进程中，流动人口流动的后面蕴藏着大量利益关系，如子女入学、医疗保障、就业创业、住房保障等公共服务，也带来居民自治、群体关系、矛盾纠纷等社会管理方面的问题。东莞不是较大的市，没有地方立法权，如何实现流动人口的基本权利，形成有序的融入秩序，也无法从法律层面作出制度性的安排。从德治的层面上看，本地人市民化的蜕变，外来文化的整合，是一次艰难的融合，只有经过冲突、摩擦、妥协、整合的过程，才能沉淀成新的城市公德文化。在新的城市公德文化还没有形成之前，德治的效果难以体现。从人性的角度上看，法治滞后会让人性恶的一面得不到有效的抑制，德治的失范会让人性善的一面得不到弘扬，一个好社会难以形成。

三　加强与创新东莞社会治理的对策建议

城市社会系统有如一个生态系统，当外来的冲击或破坏没有超过阈值时，这个生态系统在组织系统的引导下，可以通过自我净化、自我恢复，在发展中不断实现自我平衡。从东莞的情况看，经济的快速增长与大量的流动人口涌入，已经破坏原来系统的平衡，需要建立新的平衡机制，化解各种社会矛盾与冲突，实现发展中的动态平衡。

（一）创新社会治理理念

社会治理理念是社会治理的价值取向与价值目标，决定着治理主体思维的倾向性和治理方式的转变。创新社会治理体系首先要树立以人为本的社会治理理念，以平等与效率作为社会治理的根本原则，适应时代的要求与社会发展的需要。

一是从"消极"向"积极"转变。必须摒弃消极应对的社会管理思维，确立积极的社会治理理念。消极的社会管理是以"维稳"为目标的，积极的社会治理是以建设一个好社会为目标的。就东莞而言，要明确社会治理的目标定位，传统把东莞定位为现代制造业名城，这仅仅是一种经济上、产业上的定位，而不是从社会治理的角度定位。本文认为，根据东莞产业的发展与人口迁移的特点，东莞社会治理的目标定位为"现代化移民城市"，应该把移民政策作为社会治理的重要内容。同时还必须根据移民城市的发展规律，完善城市的功能，以一个现代化移民城市的标准，设计、规划好城市治理内容与制度供给。

二是从"重经济"向"重社会"转变。通俗地讲，已经要把东莞居民的人性假设由"经济人"向"社会人"转变。东莞是一个经济快速发展的城市，如果以GDP打分，东莞无疑是国内成绩一流的城市之一；如果以社会治理打分，东莞社会治理无疑滞后于经济建设。东莞未来的发展必须充分认识社会治理的重要性，尤其要重视流动人口家庭完整性的建设，因为家庭是社会治理的基础单元。中国自古以来就是一个注重家庭完整性的民族，孟子曰："臣请为王言乐。今王鼓乐于此，百姓闻王钟鼓之声，管龠之音，举疾首蹙頞而相告曰：'吾王之好鼓乐，夫何使我至于此极也？父子不相见，兄弟妻子离散。'今王田猎于此，百姓闻王车马之音，见羽旄之美，举疾首蹙頞而相告曰：'吾王之好田猎，夫何使我至于此极也？父子不相见，兄弟妻子离散。'此无他，不与民同乐也。"①这是社会治理的失败。虽然说大量的流动人口家庭的不完整是经济发展使然，是他们自己自愿的选择，但是，"人民对美好生活的向往，就是我们的奋斗目标"，②所以，在流动人口高度集中的城市，实现流动人口家庭的完整性应是社会治理的重要内容。东莞曾经提出"经济社会双转型"，就是很好的理念，不应该只注重经济转型，更应注重社会的转型。

三是从"成本"向"效益"转变。在传统的管理理念中，完善社会治理体系往往被认为会增加社会运行的成本。"它往往会造成人们思维错觉的连环套，似乎只有牺牲平等自由的权利，才能取得发展的效率，而只有牺牲了发展的效率，才能实现平等的权利。这是尚未从传统体制束缚中解脱出来的旧的思维方式，没有了解现代化的意义。"③在东莞，抱持完善公共服务尤其实现基本公共服务均等化会增加企业的负担，削弱经济发展的竞争

---

① 《四书五经》，中华书局，2009，第67页。
② 引自2012年11月15日习近平总书记在十八届政治局常委与媒体见面会上的讲话。
③ 王海光：《旋转的历史：社会运动论》，上海人民出版社，1995，第85页。

力思维的人比比皆是，而且这种观念在过去的发展中是得到印证的。但是，随着经济的发展，以廉价劳动力作为竞争优势的时代正逐步成为过去，经济的发展更需要社会治理体系的完善，良好的社会治理会促进经济社会发展效益的提升。要摒弃在无序中寻找"机遇"的发展思维，树立在有序中寻求效益的发展思维。

（二）创新社会治理体制

体制指权力的划分与配置及其运行机制，社会治理体制是指公共权力在不同主体上的配置及其运行机制。党的十八大强调要形成党委领导、政府负责、社会协同、公众参与和法治保障的社会管理体制，其中党委领导与政府负责是一贯的定位，需要创新的是如何体现社会协同、公众参与和法治保障的功能，即创新东莞社会治理体系需要思考如何发挥社会资源和民间力量的作用。应该说，东莞过去30多年的经济快速增长，社会力量、民间资源起着极其重要的作用，现在推进社会治理体系和治理能力建设，也要依靠社会资源、民间力量。治理体制的权力主体必须由多种社会成分组成。权力基础能够最广泛地取得社会利益集团的认同和支持，政策必须得到不同利益群体的支持，这种体制才能获得广大社会成员的认可。如果政策缺乏公正性，社会就很容易出现记失不记得的抱怨。例如，东莞曾经出台一些优惠流动人口的政策，只有极少数的流动人口享受到政策带来的利益，这就带来一个负面的结果：以所有流动人口的名义推行，而绝大部分流动人口却因享受不到优惠政策而抱怨，本地户籍人口也因为政策的倾向性产生抱怨。可见这是一种极不明智的做法。

一是发挥基层组织的自治作用。东莞在经济快速发展中需要面对大量流动人口管理问题，基层组织较为完善，功能也较齐全。2009年以来，东莞推进简政强镇、村级体制改革，通过简政放权，增强了基层组织的社会治理能力。需要进一步理顺关系，明确权责，实现农村自治向城市社区治理的过渡，更加充分地发挥基层组织在社会治理体系中的作用。

二是发挥传统资源的效用。东莞原来是一个农业县，虽然现在城市化的程度很高，社会关系逐步以业缘关系为联结纽带，但是社会脉络基本上还是以过去的血缘、宗族为纽带，农村还存在各种民间社团，能发挥一定程度的自治组织作用。社会治理体系不能忽视这些传统血亲文化形成的力量，否则会成为社会问题所在，如果通过正确引导，也可以成为社会治理体系重要的补充。

三是发挥流动人口自治组织作用。充分重视流动人口的能量，通过制度的安排，让流动人口实现身份的转变，融入东莞城市社会。应该说，目前的积分入户制度打开了一个缺口，但是还远远不能满足城市化进程的需要。东莞常住的流动人口有 600 多万甚至更多，如果按前几年东莞每年 1 万多人积分入户的指标，即使让一半的流动人口入户，300 多万人也需要 300 多年的时间，这是不现实的。需要进行进一步的政策创新，让流动人口有序地完成从农村到城市的过渡。同时，还需要发挥新莞人的自治组织能力，设计让新莞人自治的机制，社会治理才能逐步走上正常的发展轨道。

四是支持和发展志愿服务组织，完善其社会组织功能。东莞近年来大力发展社会组织，把社会组织的建设当成创新社会管理的亮点来抓。但更重要的是，要完善社会组织开展活动的制度与机制，保证社会组织的非营利性和公益性。制度是社会组织成为社会治理体系中重要主体的基石。

（三）创新社会治理机制

社会存在矛盾是必然的，在东莞社会转型时期，各种矛盾会更加突出，关键是需要有解决矛盾的制度与机制。在利益博弈的时代，需要相应的利益表达机制、矛盾协调机制、社会帮助机制、预警机制等，治标与治本同时进行。

一是畅通利益表达渠道，保障各类利益群体的话语权。近年来，东莞的人大代表工作日与党代表工作日制度都是畅通民意表达渠道的创新。同时，网络、电台、微信等新媒体也成为民意表达的重要渠道，甚至个别网民"拍砖东莞"成为社会热点。需要关注的是，虽然有很多的民意表达机制，但是并不意味着民意得到充分表达。东莞在经济快速发展过程中，利益关系特别复杂，大量底层群众特别是农民工的利益诉求并没有方便的表达渠道，建议在设计利益表达机制时，要充分考虑农民工的工作生活规律，通过更多主动、方便的方式，让时间基本被上班占用的农民工有更好的表达机会。同时，加强反馈机制的制度化建设，让现有的机制得到刚性的约束，提升这些利益表达机制的有效性。

二是完善矛盾协调机制。社会是在矛盾冲突与协调中不断前进的，这就需要公平正义的利益协调机制，社会利益阶层的分化必然要求完善的利益协调机制，既需要司法、行政等官方的协调机制，也需要民间的协调机制。建议加强各类社会组织的建设,发挥社会组织在利益协调中的作用。劳资纠纷、医患纠纷、群体间的冲突都可以在基层得到化解。也就是说,当任何一个矛盾出现时,都有相应的矛盾处理制度、机制,社会矛盾的化解就能逐步纳入法治的轨道,而不是依赖集体信访、上访等方式解决,避免选择非法的手段、制度外方式产生冲突。从理论上讲,一个时期的社会矛盾是固定值,解决矛盾的方式却是变量,如果制度内的利益协调机制有效,那么通过群体性事件、恶性事件等非法手段维权的现象就会减少。反之亦然,如果体制内的方式与手段不足,体制外的、非法的方式就会增加。

三是完善社会帮助机制。社会治理必须发挥社会的力量,东莞民间财力雄厚,乐善好施的成功人士自然存在,社会治理必须让想做好事的人有做好事的机会。不过,在社会财富高度积累的今天,不能把慈善简单当成做善事,需要社会机制的引导。例如,东莞近年来大力发展社工,发展志愿者队伍,他们是社会帮助机制的重要力量。但是如果缺少公正的制度安排,很容易让投机分子钻空子,就会带来极其恶劣的影响:浪费有限的资源,打击赞助者的热情,伤了群众的心,还会挫伤热心的社工、志愿者的积极性。可见,在挖掘社会力量共同面对社会问题时,必须将其当成社会治理的重要事务,在制度建设、机制完善等方面有系统的思考,才能把好事做好。

四是完善社会应急事件的预警机制。当前是全面深化改革的攻坚期、深水期,普惠式的改革基本很少。改革必然涉及人的利益,而东莞是一个改革先行先试的地区,在积累财富的同时也积累社会问题,在积累问题时也积累社会的情绪。在利益调整中容易引发群众的不满情绪,所以,建立过渡时期的应急机制显得尤其重要。东莞从2009年开始,石龙镇依托国家信息化试点镇优势,开发运用企业风险预警应急系统,该系统联动镇内25个成员单位,对企业工资支付情况、社保费、经营管理异常等10项指标进行监控,对全镇各经营单位进行预警、监控、防范,成功排除多个企业群体性劳资冲突隐患。石龙镇的做法,值得全市推广。同时还需要建立更加敏感的社会预警机制,灵敏预判社会问题,加强社会舆情的分析,才能及时化解社会矛盾。

(四)创新社会治理方式

现代社会治理,区别于传统自上而下的纵向管理、单向管理、垂直管理的方式,是一种多元化的治理方式,有法治、德治、自治、共治和互治等。法治是指依法治国,建设法治社会;德治是强调道德教育,形成良好的社会风气,寓德于治;自治是充分调动人民群众的自组织能力,通过自我约束实现自我治理;共治是共同治理,是社会不同的利益群体在协商、博弈中实现共同治理;互治是一种相互监督、相互约束的治理。根据十八届三中全会的精神,社会治理要坚持系统治理、依法治理、综合治理和源头治理。

一是系统治理。需要系统的思维方式,促进东莞经济社会全面发展,这是社会治理的根本。首先,要避免以 GDP 论英雄的思维,加快促进政治、文化、社会和生态系统发展,落实十八届三中全会全面深化改革的精神,促进经济建设、政治建设、文化建设、社会建设和生态文明的全面发展。其次,在空间规划上,需要把东莞当成一个完整开放的社会系统,改变 32 个镇(街)与市属园区条块分割的状态。在做城市功能区规划时,必须把东莞当成一个完整的系统统一规划。再次,在应对社会问题时,要改变"哪里出问题堵哪里"的围追堵截社会管理方式,注重系统的关联性。最后,要充分发挥社会各方面的力量,实现政府治理和社会自我调节、居民自治良性互动。

二是依法治理。法治是人类文明的追求,依据十八届三中全会的要求,加强法治保障,运用法治思维和法治方式化解社会矛盾。东莞要改变过去的运动式管理,虽然过去"四清理""五整治"等集中运动式的管理对东莞社会的进步起到了积极的作用,但是,随着东莞经济社会的发展,运动式的管理必须走上理性、法治的轨道。东莞社区法官助理制度就是很好的尝试,让市民习惯通过法律解决各类纠纷与矛盾,也是城市化社会的重要特征。建立长效机制,提升依法治理的能力,社会治理才能做到精细化、常态化、人性化,社会治理才能迈向有序、良性的轨道。

三是综合治理。综合治理不能简单理解为多个部门联合执法,而是综合运用道德、文化、经济等多元化的方式,协调利益矛盾,化解社会问题。东莞是一个流动人口快速集中、经济快速发展、社会快速变化的城市,各种利益冲突、文化冲突与经济发展速度、人口的集中速度高度相关,东莞法院诉讼官司数量之多就是很好的例证。文化建设与道德建设也是社会治理的重要力量,东莞应加强文化交融,提升城市人口的综合素质,提高流动人口对东莞城市的归属感,形成"各美其美,美人之美,美美与共,天下大同"的城市文化。文化不但是一个城市经济发展的"软实力",也是一个城市社会治理的"软实力",东莞社会治理需要文化的支撑。

四是源头治理。要坚持源头治理,标本兼治、重在治本。追求幸福是人们天赋的权利,也是社会发展的动力,社会治理也是为了让市民过上幸福的生活,人民的幸福感增强,社会矛盾自然会减少。东莞的社会治理要与民生建设相结合,在城市化进程中,要谨慎处理好当地农民的利益关系,不能为了城市化而损害他们的合法利益,在改革开放高歌猛进中丢下他们。让本地农民市民化是农村城市化的重要课题。同时,也要逐步让新莞人走出厂房宿舍,成家立业,实现人口迁移从个体流动模式向家庭迁移模式转变。只要东莞人民过上幸福的生活,人民安居乐业,社会就会安定有序。

总之,创新东莞社会治理体系是当前和今后一项重要的工作。应当以十八届三中全会精神为指导,在坚持党的领导和社会主义制度的前提下,根据东莞经济社会发展的实际和未来发展的需要,充分发挥人民群众的创造力,探索社会治理的创新之路,通过全面深化改革实现全面发展。

城镇化进程中经济去"房地产化"的思考

王世杰　刘洪波*

摘要： 2012年以来，中国经济增长势头有所放缓，产业结构升级也面临诸多困难，而中国房地产价格依然居高不下。通过对房地产业的解析，可以发现房地产业并不是蕴含高附加值的高端产业，尽管这个行业存在暴利。中国经济的"房地产化"是阻碍中国经济结构调整、产业升级的重要原因之一。在大力推进城镇化建设的过程中，只有摒弃房地产业拉动经济增长的思维，才真正有可能使我国经济建设进入良性发展的轨道。

关键词： 城镇化　房地产　三次产业

房地产业是我国的支柱产业，这种判断应该不会有人质疑。现实的问题是，中国以往粗放型的经济增长模式不可持续，中国经济面临深层次的结构调整，而产业升级是结构调整的重要基础。当前，我国正在大力推进城镇化建设的进程，城镇化建设会不会演变成房地产业的盛宴？作为支柱产业的房地产业还能继续支撑中国经济高速增长吗？房地产业的发展是不是严重阻碍了我国经济的成功转型，成为经济结构调整的障碍？如果是，需要通过怎样的手段才能纠正它？

一　相关文献回顾

（一）房地产行业在中国经济中的地位

一般认为房地产业是从事房地产开发、经营、管理、服务的行业（周

---

* 王世杰，男，江西抚州人，广东金融学院副教授，福建师范大学理论经济学博士后，主要从事宏观经济研究；刘洪波，男，湖南衡阳人，博士，广东金融学院信用管理系教师，主要从事信用管理研究。

诚，1996）。自我国实行房地产市场改革以来，房地产业对中国经济巨大的促进作用是有目共睹的。同样，学术界对房地产业推动一国经济增长的作用基本没有异议。Miki Seko（2003）认为日本各地区的住宅价格和经济基本面有着比较强的相关性，房地产价格的变化是影响宏观经济运行的重要因素。Chirinko 等（2004）研究发现，房屋比股票对一国消费、产出等实际经济有更大的作用，房价上涨 1% 后，消费上涨 0.75%；房价上涨 1.5% 之后，GDP 上涨 0.4%。吴康模（2012）认为房地产业在我国国民经济、社会发展中具有重要地位和作用。2011 年 9 月，住建部政策研究中心副主任王珏林表示，该年房地产业产值占国家 GDP 近 10%，是我国加大投资、拉动消费和解决就业的最佳行业。孙秀梅（2012）认为房地产是国家的根本，它的发展直接或间接影响 60 余个行业，对经济增长的总贡献率超过 20%。按统计局投入产出模型测算，在中国每 100 亿元的房地产投资可带动国民经济各部门的产出 286 亿元。这个数字跟吕银霞（2009）研究得出的结论基本是一致的。以上研究表明，房地产业在中国经济发展影响因素中占有举足轻重的地位。

（二）房地产业对中国经济的独特作用

与房地产业在我国的迅猛发展相比，房价的上涨幅度是空前的。目前，中国百姓对房价上涨高度关注，对房地产泡沫的担忧与日俱增。中国房地产业与中国经济到底呈现怎样的关系，其是否促进中国的经济增长而没有不利影响呢？我国研究者发现一国房地产与 GDP 显著相关。例如，沈悦、刘洪玉（2004）对经济发达国家房地产市场的长期走势研究表明，一国房地产业总的价值量与 GDP 的比例呈现可循的运动规律。汪凯（2007）通过研究发现，房地产业增长速度的变化率和变化幅度明显高于 GDP 增长速度的变化率和变化幅度，但两者大致的走势基本趋于一致。薛英（2005）通过研究证明，我国房地产业发展与宏观经济有密切的动态均衡关系。洪佳娣（2010）研究表明，房地产行业的价格和销售面积等指标在短期可反映经济增长，在中长期将会通过影响社会总投资进而影响宏观经济的波动。总之，目前的研究得出的结论基本一致，即房地产业发展与中国经济走势大致呈现正相关关系。当然，也有学者认为，房地产业的高度发展对经济会产生负面影响，比如，对房地产业的过度投资导致对其他行业的挤出效应（崔寅生，2012），以及高房价引起的生活成本提高进而出现国家竞争力下降的现象（汪凯，2007）。所以，房地产业在中国经济快速发展的历程中扮演着重要的角色，但也需要警惕它对现实经济可能产生的危害。

二 中国经济"房地产化"的判断

目前，学界对经济"房地产化"的界定还没有达成统一的标准。事实上，"房地产化"并不是严格意义上的经济术语，更多是出现在报刊上的口语化表述。从以往对中国经济现状的分析中，可以大致勾勒经济"房地产化"的通俗含义。所谓经济"房地产化"，从狭义上理解，就是一个国家的经济发展过程中，太过依赖于房地产业。经济增长的构成中，房地产业占据绝大比重；没有房地产业，这个国家的经济增长将大幅缩水。从广义上理解，经济"房地产化"被看作一个国家的经济增长和发展不得不严重依靠房地产业以及与房地产业相关的诸多行业，整个经济是围绕着房地产业展开的。各级政府的收入都严重依赖于房地产业，地方政府也主要是依靠买卖地皮带动本地经济增长。而房地产业的发展牵动整个国内经济，政府对房地产业的任何有效调控都将影响整个经济的发展进程，无论是地方还是国家，似乎都被房地产业所控制。

作为解决普通民众"衣食住行"中"住"的环节，房地产业无论在什么时候，对一个国家的经济发展而言，都是至关重要的。这也意味着，任何国家经济发展的同时必须大力发展房地产业。但如果一个国家的房地产业的发展演变成为经济的"房地产化"，最后只会导致弊大于利。

当前我国经济有没有出现"房地产化"现象呢？2011年，中国的GDP达到472881.6亿元，与此同时，全国各地建筑业总产值达到117059亿元，占GDP比重高达近25%；建筑业附加值为22071亿元，占建筑业总产值20%左右（见表1）。数据清晰显示，房地产业绝对是中国的最大产业。尽管房地产业不仅包括建筑业这样的第二产业，还包括为房地产业提供服务的第三产业，但相比美国最大产业为医疗卫生产业而言，房地产业占比过高制约了我国产业向更高级别的转化。

除了产业比重过高以外，房地产业还通过国家土地政策、金融政策等相关领域严重地影响到经济的其他方面。一个最明显的地方在于，房地产业由于存在暴利现象，它引导社会资金纷纷流向该行业，造成其他产业资金紧张，尤其是那些能够推动技术进步与产业结构升级的相关产业。2012

年，非官方的胡润财富排名榜显示，内地前100名的亿万富豪，有一半以上从事的是房地产业，而多达万名亿万富翁也多从事房地产业或者与房地产业相关的行业。这说明，短短十几年时间里，国内资金主要流向房地产市场，伴随商品房价格的快速飙升，整个社会财富短时间内向少数人聚集。更为重要的是，由于房价的快速攀升，中国居民不得不压缩消费，这使得国内需求严重萎缩，消费推动经济增长的驱动力失效。居民消费比例的下降实际上反映了多数人无法分享到经济增长的成果，贫富差距逐渐增大，金融体系的风险快速增加。

综上所述，中国经济"房地产化"的现象已经非常明显，不仅整个中国经济"房地产化"，而且社会核心价值也部分"房地产化"了，核心价值扭曲了。

表1　2006~2011年中国建筑业相关指标

单位：亿元

年份	GDP	建筑业总产值	建筑业附加值	建筑业增加值
2006	216314.4	41557	8166	12408.6
2007	265810.3	51044	9944	15296.5
2008	314045.4	62036	12489	18743.2
2009	340902.8	76807	15620	22398.8
2010	401512.8	96031	18984	26661
2011	472881.6	117059	22071	31942.7

资料来源：2006~2011年《中国统计年鉴》。

三　房地产业制约了经济结构的调整

（一）房地产业的投资性质

当前我国经济结构不合理的突出表现是消费比例过低，投资比重过高。数据显示，2012年国内居民消费占GDP比重为35%，与改革开放后消费占比的最高值相比，下降了近15%。与此同时，以美国为首的发达国家，居民消费占GDP比重高达70%左右。即使是20年来经济持续低迷的日本，其居民消费占比也在50%以上。与消费占比过低相反，中国投资比例相对过高。这是因为中国经济体制改革过程中，从计划经济向市场经济转型过程中，政府对经济的介入经历过U形态势，特别是实行住房制度改革以来，政府作为土地的唯一供应方，其作为经济参与者的角色在国民经济增长中发挥重要的作用。这势必使得投资驱动型的经济增长成为各级政府的首选。

但由于投资驱动的经济增长方式已经到了非改变不可的地步，放弃经济增长主要通过投资拉动的方式，已经成为社会各界的共识，而增加国内消费水平就成为题中应有之义。但是，房地产业本身是投资性质的产业。首先，在国民经济核算体系中，住房消费不是作为消费项而是投资项，所以房地产业的大力发展实际意味着投资的增加，房地产业发展得越快，投资增加得越快，这势必使得投资驱动型的经济增长延续。其次，房地产业中的建筑业属于第二产业，尽管房地产业还包括建筑设计、中介服务等第三产业，但整个房地产业的主要部分仍然是第二产业。建筑业的产业链相对较长，从基础的钢材、水泥到装饰材料、家具等。但这个长产业链中的产业几乎都是高投入、高能耗的。换句话说，房地产业越发展，这些上下游产业就势必增加更多的投资以衔接房地产业的发展，最终使得投资驱动的增长方式延续。

（二）房地产业的技术性质

除了投资性质以外，房地产业的技术性质也决定了产业升级的困难。从现有房地产业的公司规模来看，虽然近10年涌现出一批龙头企业，但相比而言，这些公司的规模仍然较小。以万科为例，截至2012年，公司的总资产不到3800亿元，负债近3000亿元。而美国一些地产商的资产规模高达几万亿美元。这使得我国的房地产开发基本还延续着比较传统的生产模式，房地产业的产业化还处于刚刚起步的阶段。数据显示，中国各地的房地产开发仍然处于一种无序竞争的状态。通常的表现形式是，只要在当地具有人脉资源优势，非专业人士都可以搭起"草台"班子成立房地产项目公司（叶檀，2012）。这一方面说明房地产业的进入门槛比较低，另一方面也说明这个行业并不需要很高的技术水平与科技含量。这种现象造成的后果是，中国房地产业的繁荣并不是朝着质量更高、成本降低的方向前进，相反，还是延续着"游击小分队"的形式在中国遍地开花。有学者指出，虽然经过近10年的发展，但房地产业的产业化、专业化仍然是步履维艰，目前的房地产业越来越接近"小农经济"。

很显然，房地产行业尽管是一个资金密集型的行业，但从它的技术特征看仍然属于传统产业。在房地产业中，除了设计环节蕴含着比较高的科技水平，需要非常专业的技术人员参与外，其他诸如施工、管理环节简单劳动力就可以胜任。从现实来看，农民工是建筑工人的绝对主力。另外，传统产业所具备的一些特征，房地产业同样存在。传统产业一个最典型的特征是，在没有持续先进技术引入的条件下，其平均利润率必定持续下降。同样，房地产业作为成熟的行业，其所要求的技术、设计等都已经非常成熟，这使得房地产投资的边际收益持续下降。但因为这个行业仍然存在利润，因此房地产投资实际上是朝着边际收益下降的阶段进行，其对国家产业升级与结构调整的阻碍是显而易见的。

四 城镇化建设与房地产业的关系

（一）城镇化建设不是增加房地产面积

城镇化是指农村人口转化为城市人口的过程。根据发展经济学的一般规律，一个国家或地区在经济由传统产业转变为现代工业的进程中，会出现农村人口显著下降、城市人口显著增加的过程。也就是说，工业化的进程伴随着城镇化的进程。当前，反映城镇化水平高低的一个重要指标为城镇化率，即一个国家、地区常住于城镇的人口占总人口的比例。而我国目前城镇化率的水平还比较低，至少低于工业发展的水平。

大力推进我国城镇化进程，必须盖更多的房子以供给那些即将转变为城镇人口的农村人口居住。因此，城镇化建设必定会使得房地产业仍然保持在一个比较高的增长态势下，但问题是，城镇化建设比房地产业的发展所包含的范围更大、更广。当前我国政府提出的新型城镇化是以城乡统筹、城乡一体、产城互动、节约集约、生态宜居、和谐发展为基本特征的城镇化，是大中小城市、小城镇、新型农村社区协调发展、互促共进的城镇化。新型城镇化的核心在于不以牺牲农业和粮食、生态和环境为代价，着眼农民，涵盖农村，实现城乡基础设施一体化和公共服务均等化，促进经济社会发展，实现共同富裕。上述新型城镇化的表述充分表明，城镇化建设绝对不是简单地增加房地产的供给量，更不是住房数量上的绝对增加；相反，它很有可能在不增加住房面积的前提下实现。究其原因，一个基本的事实是，目前农村居民人均住房面积还高于城镇居民。换言之，如果不进行城镇化建设，那些农村人口同样要盖房居住，甚至盖房的面积远远大于**城镇**

居民居住的面积。推进城镇化建设，在规划好的土地上建设城镇，必然分流那些需要在农村自盖住房的农民群体。这不仅不会增加房地产的绝对数量，而且还能够使农村土地得到集约使用。

（二）房地产业的发展与城市基础设施建设的关系

一般而言，房地产的基本功能是提供居住、交易的场所，尽管存在投资功能，但房地产的保值增值离不开周边环境与配套设施，其中主要包括供水、燃气、集中供热、公共交通、道路桥梁、排水、污水处理、园林绿化、市容环境卫生等项目。这些项目上的投资才可能改善城市居住环境，进而提高房产的价值。有证据显示，从1989年到2008年的20年里，中国在城市市政公用设施建设固定资产方面的投资增加了65倍，不仅10倍于同期GDP的增长（增加6.3倍），也远高于同期财政的增长（增加26倍）和全社会固定资产投资的增长（增加36倍）。相对于65倍的城市公用基础设施投资增加，房产价格20~30倍的上涨完全在合理范围内。当然，城市面积的扩大会导致单位面积上平均投资的稀释，但另一方面固定资产的投资有累积效应。因此，尽管没有经过严格的计算，但我们有理由相信市政基础设施建设投入的巨幅提升才是促进中国房价持续上涨的真正原因。

从具体年份来看，城市公用基础设施增长最快的时期是1991~2003年，其中尤以1991~1993年这3年增长最快，1992年增幅达84%。但在2004年，仅增长6.7%，14年来第一次低于同年GDP增长率。城市市政基础设施投入增速低于GDP增速的情况又在2006年、2007年两年重复发生，其中2006年低至2.9%，而同年GDP增速为11.1%，固定资产投资增速为23.9%。若以2004~2008年这5年为周期，则市政基础设施投入总增幅为65%，略低于同期GDP增幅（67%），远低于固定资产投资增幅（209%）。

上述数据说明，一线城市的市政基础设施投入的进一步提升空间已经不大；相反，在城镇化建设大力推进的过程中，小城市、新城镇的市政基础设施投入将显著增加。未来城镇化的核心就是大力进行小城市基础设施建设，提升小城镇的市政基础设施投入。除硬件基础设施外，城镇化建设还包含另外一面——良好的法治、先进的城市自治结构、发达的商业文明等"软性基础设施"建设，它们对城镇房地产价值的贡献同样不应小视。

五　城镇化建设过程中避免经济"房地产化"

既然中国经济"房地产化"现象很明显，且"房地产化"肯定阻碍了一个国家的结构调整与产业升级，那中国经济的"去房地产化"就势在必行。"去房地产化"并不代表不盖房子，政府每年都在一定时期加大保障房的建设就是证明。"去房地产化"的核心是消除房地产业是拉动经济增长主要动力的思维。从经济大局而言，"去房地产化"实际就是改变经济增长依赖投资的思维模式，实现经济增长依赖消费、投资、出口的均衡模式，尤其应该把消费作为经济增长的最主要动力，以增加居民收入与产业升级促进经济增长。

城镇化建设过程中的"去房地产化"，更多是加大城镇的基础设施与市政公用设施建设，同时必须加大对新城镇的教育、医疗卫生、文化等"软性基础设施"的投入，使房地产业回归到一个正常的行业，跟汽车、通信、医疗等其他行业一样，是国民经济的一部分，既不要忽略它，也不要拔高它。要达到这种状态，必须做到以下几点。

一是加大社会保障，降低政府对经济的直接参与程度。降低政府直接投资的比例，把政府直接投资转换成社会保障支出，加大政府转移支付的力度，减少政府对投资税收优惠以及银行贷款利率优惠等政策，减轻政府对土地财政的过度依赖。在国民收入的再分配中适当降低政府收入的比例，让居民可支配收入的增速高于 GDP 增速、所得收入比重增加、福利提高，从而让居民拥有更多的可支配收入，并且能获得较好的社会保障，那么居民的消费需求才能切实地转化为现实的购买力，从而真正地拉动内需，促进我国经济的发展。如果出现经济增长速度放缓的迹象，政府不要顾虑经济增长速度的放慢而加强宏观调控以刺激经济，此时正好是经济结构调整的大好时机。只要经济保持持续增长，必要的增速放慢并不会影响总体经济的数量，相反可能会提高经济增长的质量。切莫为了不断地刺激经济增长实行过度宽松的货币政策及积极的财政政策，一旦政策失效，就可能陷入更加棘手的滞胀状态。

二是为弥补"去房地产化"所带来的需求不足的问题，可以切实地推行城镇化来拉动内需。在我国进一步推动城镇化的过程中，政府要想方设法加大对城镇的市政基础设施建设的投入，包括对于交通设施、城市绿道建设、污水处理、垃圾处理等项目的投入，提高城市生活的品位，从而吸引广大的农村居民移居城镇，使城镇化的推动更为顺利。城镇化的实现，将能够创造大量的就业岗位，进城农民在获得相对稳定的收入和社会保障之后，将有望加大其消费比重，从而拉动内需。政府在基础设施建设投入方面的资金短缺问题，可以通过引入民间资金等方式予以解决。当前一些省市正在大力进行新区开发，例如广东南沙新区、天津滨海新区等，务必在一开始就做好基础设施建设的科学规划，否则以后再行更改，要么难度非常大，要么成本过高。

三是拓宽民间资金的投资渠道。我国房地产业一直火爆的一个重要原因就是大量的民间资金找不到合适的投资渠道，因而在房地产市场基本上"只涨不跌"的情况下，大量地涌入房地产市场进行房地产开发，或者直接参与炒房、炒地，助推了房地产市场的暴利得以维持。拓宽民间资金的投资渠道，可以考虑进一步放宽政府部门在一些领域对于民间资金的限制，打破资金垄断，为民间资金的进入松闸。进一步加大对资本市场的监管，切实保护投资人的合法权益，为民间资金运用保驾护航。

参考文献

[1] 崔寅生，2012，《房地产投资挤出效应研究》，河北经贸大学硕士论文。

[2] 洪佳娣，2010，《中国房地产业与国民经济增长的互动关系研究——基于四个直辖市数据》，上海师范大学硕士论文。

[3] 吕银霞，2009，《论房地产业成为国民经济支柱产业的必然性》，《资治文摘》（管理版）第1期。

[4] 沈悦、刘洪玉，2004，《住宅价格与经济基本面：1995—2002年中国14城市的实证研究》，《经济研究》第6期。

[5] 宋建军，2009，《房地产行业与经济关系的综合模型分析》，《广东商学院学报》第2期。

[6] 孙秀梅，2012，《浅析房地产业对国民经济增长的拉动作用》，《现代经济信息》第20期。

[7] 汪凯，2007，《房地产业对经济影响的关联性研究——基于国家经济安全、财富效应和行业带动效应的角度》，西南财经大学硕士论文。

[8] 吴康模，2012，《珠海房地产业与经济发展研究》，吉林大学博士论文。

[9] 薛英，2005，《中国房地产周期及与宏观经济间互动关系研究》，天津大学硕士论文。

[10] 周诚，1996，《关于房地产价格问题》，《中国房地信息》第2期。

[11] 叶檀,2012,《金星房产本不该进入房地产行业》,http://news.lefind.com.cn/news.2012-4/282563.html。

[12] Chirinko R. S., DeHaan L. & Sterken E. 2004. Asset Price Shocks, Real Expenditures, and Financial Structure: A Multi—Country Analysis. De Nederlandsche Bank Working Paper.

[13] Miki Seko. 2003. Housing Prices and Economic Cycle. Paper presented in the "Housing market and the macro-economy" conference, Hong Kong, China.

社会质量与社会建设的比较研究*
——基于深圳、厦门和杭州的实证调查

徐延辉　王　燕**

摘要：社会质量理论是目前流行于欧洲的一种新的社会政策研究范式和社会分析工具，本文利用该理论对深圳、厦门、杭州三地社会质量状况进行调查。研究发现：城市经济发展水平与其社会质量状况并不存在正相关关系；三地社会建设存在共同问题，包括住房、教育、医疗方面负担重，社会保险覆盖不全面，公民社会的信任度较低以及社会参与程度较低等。文章最后提出加强社会建设进而提升社会质量的对策建议。

关键词：社会质量　比较研究　社会建设

追求更高质量的社会是当今世界各国的共同目标。什么样的社会是高质量的社会？高质量的社会应该具有哪些特征？20世纪90年代欧洲学者提出的社会质量理论就是对这一问题的回应。为了解决经济增长与社会发展相脱节问题，回应社会政策日益成为经济政策附庸的现象，欧洲学者提出了一种新的理论，即社会质量理论，从社会经济保障、社会凝聚、社会包容和社会赋权4个维度界定了一个高质量社会的发展愿景，社会质量理论也成为一种新的观察社会运行状态、测量社会质量高低的工具。本文利用社会质量理论，在深圳、厦门和杭州3个城市进行大规模问卷调查，利用调查数据对三地的社会质量进行比较研究，并就三地社会质量共存问题探讨加强我国社会建设的对策建议。

---

* 本文是国家社科基金重点项目"社会质量视角下的社会建设研究"（项目批准号：11ASH001）的阶段性研究成果。

** 徐延辉，女，辽宁岫岩人，经济学博士，厦门大学社会学与社会工作系教授、博士生导师，研究方向为社会政策、经济社会学；王燕，女，厦门大学社会学研究生，研究方向为社会政策。

一 理论基础与研究方法

社会质量理论源于 20 世纪 90 年代中期欧洲举办的一系列科学和政策导向的研讨会，旨在应对欧洲整合过程中出现的新自由主义趋势和社会政策日益成为经济政策附属品的现象。根据欧洲学者的界定，社会质量是指民众在提升其福祉和个人潜能的条件下，能够参与社区的社会、经济与文化生活的程度（Walker, Alan, 2008）。社会质量包含 4 个维度：社会经济保障、社会凝聚、社会包容和社会赋权。其中，社会经济保障包括个体赖以生存的物质经济资源和应对社会风险的环境资源；社会凝聚以社会信任、社会团结等为主要指标，考察在社会共同规范基础上的社会关系的本质；社会包容与社会排斥相对应，考察个体在生活中所能获得的组织和制度的支持程度；社会赋权聚焦社会成员的社会参与情况，反映个体对其行动能力的认知。

社会质量理论目前已经从欧洲推广到日本、韩国、泰国、中国台湾等一些亚洲国家和地区。我国学者有关社会质量的研究，基本上都是沿着欧洲学者的研究思路，对社会质量进行理论阐释（张海东等，2012），关注社会信任与社会质量、社会质量与和谐社会建设之间的关系（林卡等，2010a；林卡，2010b），以及社会质量与居民生活满意度的关系等（袁浩、马丹，2011）。另有学者在社会调查的基础上，对城市社会凝聚力进行了测量，发现我国城市社会凝聚总体水平不高，并且存在明显的阶层、城乡和代际差异，低收入阶层、农村人口和年轻人的社会资本、社会参与、利他主义与社区认同感普遍较低（武艳华等，2013）。

为了减少社会质量理论产生的欧洲背景在不同国家产生的不适性，林卡提出从物质生活取向、规范性取向、制度性取向和社会主体取向 4 种研究取向测量社会质量的研究进路（林卡，2011）。本文即从这 4 个研究取向出发，对深圳、厦门和杭州社会质量状况进行比较研究。这 4 种取向在本文中的具体维度和指标如表 1 所示。

表 1 研究取向及具体指标一览表

研究取向	所对应的社会质量维度	核心概念	具体指标
物质生活取向	社会经济保障	物质资源 环境资源	经济保障、就业保障、住房保障、环境保障、社会保障

续表

研究取向	所对应的社会质量维度	核心概念	具体指标
规范性取向	社会凝聚	社会信任 社会团结	社会信任、身份认同、利他主义、社会公平认可度
制度性取向	社会包容	社会分层 社会排斥	社会差距、社会歧视、社区融合、公共服务可及性
社会主体取向	社会赋权	社会参与 民主与自由	政治参与、社团参与、社会活动参与、意见表达自由度

在这4种研究取向中，物质生活取向对应于社会质量的社会经济保障维度，主要包括物质资源和环境资源的可及性，涉及经济、住房、就业、社会保障（社会保险）和生活环境等方面；规范性取向对应于社会凝聚维度，反映社会团结、社会信任、利他主义等社会规范的状况，揭示的是建立在共享价值和规范基础上的社会关系本质；制度性取向对应于社会包容维度，以社会分层和社会排斥为主要概念，反映个体在社会生活中获得的支持程度；社会主体取向以社会赋权为基础，考察社会成员的社会参与程度，反映人们的社会参与能力。

二 数据来源

根据社会质量理论，社会经济保障水平是衡量社会质量高低的首要指标，因此可以假设社会质量高低与经济发展水平密切相关。为了检验社会质量与经济发展水平之间是否具有相关性，本文选取深圳、杭州、厦门3个城市进行社会质量的比较研究，考察经济相对发达地区的社会质量状况。根据三地统计局网站资料，深圳、杭州、厦门2011年人均GDP分别为110387元、80395元、70734元。[1]结合社会质量理论，我们可以形成进一步假设：经济水平与社会质量状况呈正相关，3个城市中，深圳社会质量最高，其次是杭州，最后是厦门。

本文以问卷调查为主，辅之以访谈法和观察法。研究对象是在深圳、厦门和杭州工作、生活1年以上的常住人口。调查对象的选取结合各地区人口构成和社区分布情况采取多段分层抽样。深圳和厦门地区的调查于2011年7月到9月进行，深圳地区共发放问卷1300份，回收有效问卷1010份，

---

[1] 三地人均GDP按照常住人口计算，数据来源于各自政府统计局网站。

有效率为77.7%；厦门地区共发放问卷1200份，回收有效问卷973份，有效率为81.1%；杭州地区的数据来源于浙江大学林卡教授的调查，问卷共发放1500份，回收有效问卷1373份，有效率为91.5%。

3个地区样本的基本信息如下：男女比例各占50%左右；年龄呈金字塔分布，即从低年龄组到高年龄组人数呈递减规律；文化程度呈倒U形分布，即从小学到高中学历人数递增，高中到硕士及以上递减。在宗教信仰方面，杭州和深圳信教人数的比例在30%以下，厦门信教人数的比例则为60%左右；在受访者来源地方面，杭州和厦门本地人占的比例较大，而深圳外地人占的比例较大，这主要是因为深圳市人口流动性更大，外来务工人员也更多。

三　三地社会质量比较

下文主要根据表1中的4个研究取向对深圳、厦门和杭州社会质量状况进行分析。

（一）物质生活取向

该取向主要反映个体的社会经济保障状况，包括个体维持基本社会生活所必需的物质资源和应对社会风险所需要的社会资源。这些资源具体包括收入、教育、健康照顾、社会服务、环境、公共卫生和个人安全等（Beck，M.，et al.，2001）。本文对物质生活取向的考察主要包括经济保障、就业保障、住房保障、环境保障和社会保障5个维度。

1. 经济保障

经济保障主要反映个体的物质生活状况，通过家庭经济、个人收入和家庭生活负担3个指标来测量。①家庭经济，将其操作化为"过去一年，您家的经济情况如何？"，答案分为"有余款储蓄""收支相抵""需动用储蓄""要借款"，分别赋值为4~1分，分值越高表明受访者家庭经济情况越好。②个人收入，具体操作化为"您个人的月平均收入是多少元？（包括底薪、分红及其他津贴）"。③家庭生活负担，该指标主要反映个体在医疗、教育、住房等方面的花销情况。本文将其具体操作化为"相比您的收入，您家花费在以下各项的负担有多重？"，包括"教育费用（子女学费）""住房费用（买房贷款等）""医疗费用""家人照顾方面的费用""维持基本生活开销的费用"。答案分为 5 级,分别是"不适用""负担很重""有些负担""还可以""没有负担",分别赋值 0~4 分,分值越高表示被访者的家庭负担越轻。

三地经济收入与家庭负担均值表(见表 2)显示,厦门地区家庭负担最轻,其次是深圳,最后是杭州。在具体项目方面,负担最重的项目是住房,其次是教育和医疗。本次调查结果与国内流行的"新三座大山"内容基本一致。

表 2　经济收入与家庭负担均值表

城市	家庭经济	个人收入（元）	家庭负担					
			教育	住房	医疗	家人照顾	日常开销	总体平均分
深圳	1.91	3610.19	2.00	1.89	2.33	2.23	2.44	2.18
厦门	1.86	2794.13	2.21	2.26	2.49	2.44	2.55	2.39
杭州	1.84	2734.66	2.07	1.89	2.19	2.16	2.45	2.15

2. 就业保障与社会保障

就业是城市居民收入的主要来源,工作稳定收入才会有保障。本文通过工作稳定性来测量就业保障情况,将其操作化为"如果您目前有工作,您认为自己在未来一年内失业的风险有多大?",答案分为"非常可能""可能""一般""不太可能""不可能"5 个等级并赋值 1~5 分,分值越高表示被访者的失业风险越低。调查显示,三地被调查者就业的稳定性均较好,其中最好的是厦门,其次是深圳,最后是杭州。

社会保障维度主要考察社会成员社会保险参与度。调查显示,杭州地区的社会保险参与度最高,其次是深圳,最后是厦门。在保险项目中,养老保险和医疗保险参与度远远高于其他 3 项,具体参与情况见表 3。

表 3　社会保险参与度均值表

项目	深圳		厦门		杭州	
	频数	均值	频数	均值	频数	均值
养老保险	724	0.72	589	0.64	1176	0.90
医疗保险	766	0.76	711	0.76	1088	0.82
失业保险	362	0.36	321	0.35	733	0.58
工伤保险	461	0.46	270	0.29	534	0.42
生育保险	283	0.28	182	0.20	446	0.38

3. 住房保障与环境保障

在住房保障方面,深圳和厦门地区通过询问被访者的住所是否存在以下问题来测量:住房拥挤、环境差、周边基础设施少、交通不方便、危房、房租贵以及其他。选择 1 个项目赋值 1 分,选择 2 个项目赋值 2 分,依此类推,分值越大表示被访者的住房条件越差。调查显示,深圳地区住房最普遍的问题是房租高,这很可能是因为深圳样本中外地人员较多,此类人群的房屋租住是主要问题;而厦门地区的住房问题多集中于住房质量问题,如周边基础设施少、住房拥挤、环境差等。整体而言,深圳地区住房条件差于厦门地区住房条件,两地均值分别为 0.15 和 0.20。杭州地区较普遍的住房问题是缺乏完善的室内洗浴设施和居住空间狭小。

环境保障通过询问被访者"您对所在地区以下各方面的满意度如何?"进行测量,包括噪音、空气污染等 6 个具体项目,答案均分为"非常不满意""一般不满意""一般满意""非常满意"4 个程度,分别赋值 1~4 分,分值越高表示环境保障越好。调查显示,厦门地区的环境满意度最高,其次分别是深圳和杭州(见表 4)。

表 4　环境满意度均值表

地区	噪音	空气污染	缺乏公园	水质污染	街道清洁	犯罪破坏行为	总均值
厦门	2.68	2.89	2.75	3.08	2.96	3.01	2.91
深圳	2.51	2.59	2.79	2.82	2.80	2.97	2.75
杭州	2.66	2.68	3.08	2.95	3.14	3.06	2.40

(二)规范性取向

规范性取向对应于社会质量理论的社会凝聚维度。社会凝聚是联合个体、家庭、社区与社会的黏合剂,它可以促成较大社会范围内的集体行动,对社会发展和个人的自我实现至关重要。规范性取向主要通过社会信任、身份认同、利他主义以及社会公平认可度这 4 个指标来测量。

1. 社会信任

社会信任是社会凝聚的基础。本文主要考察 3 个方面的人际信任:①一般信任,即总体而言对他人的信任。具体操作化为"您认为大部分人是否值得信任?"分为"难以回答""不是""是"3 个程度。②亲密信任,指基于血缘、地缘关系产生的信任,主要通过询问被访者对家人、邻居和朋友的信任程度进行测量,答案分为"信任"和"不信任"两种。③特殊信任,指对与个体日常生活联系较为紧密的群体的信任,主要包括对医生、商人、雇主、老师和记者这5类人群的信任程度,答案均分为"信任"和"不信任"两种。

调查显示,厦门地区一般信任程度最高(49.6%),其次是杭州(47.8%),最后是深圳(42.4%)。在亲密信任和特殊信任方面,个体对家人、邻居、朋友和老师的信任度均达到了80%以上,其次是医生和雇主,对商人和记者的信任度最低。这表明我国经济发达地区的社会信任程度比较高,但人际关系仍然呈现"差序格局",个体对自己血缘、地缘、业缘之外的群体不太信任。具体结果见表5。

表5　亲密信任和特殊信任均值表

地区	亲密信任			特殊信任				
	家人	邻居	朋友	医生	商人	雇主	老师	记者
深圳	99.7	86.9	96.0	71.2	38.3	61.9	88.3	40.6
厦门	98.9	94.2	95.7	77.4	45.7	69.0	90.7	69.2
杭州	98.7	87.6	89.4	78.7	15.8	33.6	81.9	45.9

2. 身份认同

身份认同是社会凝聚的表现之一。一般而言,身份认同感越高,社会成员之间的合作与协同力就越强。问卷共通过5个指标来考察,即"您对作为当地社区居民的认同感、对作为居住城市一员的认同感、对作为中国人的认同感、对作为亚洲人的认同感和对作为世界大家庭一员的认同感"。答案均分为4级,即"非常认同""认同""不太认同""非常不认同",根据被访者的不同回答分别记4分、3分、2分和1分,分值越高表示其身份认同感越高。

调查显示,深圳地区身份认同感最高,其次是厦门,最后是杭州;就具体认同而言,被访者对于作为当地社区居民的认同感最高,对于作为中国人的认同感最低。这个结果说明,城市居民对于自己生活的微观环境比较满意,而对宏观的社会整体环境不太满意(见表6)。

表6 三地身份认同感均值表

地区	社区居民	城市一员	中国人	亚洲人	世界大家庭一员
深圳	2.05	1.97	1.53	1.73	1.74
厦门	1.78	1.73	1.51	1.70	1.70
杭州	1.73	1.71	1.58	1.65	1.68

3. 利他主义

个体的助人意愿和互惠倾向是社会凝聚力的表现。本文用"您是否愿意贡献出收入的10%去支持一项帮助失业者或贫困者的项目?"这一指标来测量利他主义倾向。答案分为"非常不乐意""不乐意""看情况""乐意""非常乐意"5个选项,分别赋值1~5分,分值越高说明被调查者越愿意帮助他人。均值统计结果显示,厦门地区利他主义倾向最明显(3.61),其次是杭州(3.36),最后是深圳(3.26)。3个地区利他主义倾向最明显均值达到了3分以上,表明三地社会风气均较好,助人、互惠的意识均较强。

4. 社会公平认可度

一般而言,社会公平和社会凝聚呈正相关。问卷通过询问被访者"您觉得一个人通过努力能否达到更高的社会或经济地位?"进行测量,答案分为"非常有可能""有可能""不太可能""完全不可能"这4个程度,分别赋予4~1分,分值越高表示社会公平认可度越高。杭州、深圳、厦门三地均值分别为1.94、1.92、1.82,三地均值普遍较低(均值均小于2),说明多数被调查者认为,很难凭借后天努力来实现社会地位的向上流动。

(三) 制度性取向

制度性取向关注的是人们获得来自制度和社会关系的支持程度,关注人们在何种程度上可以实现个体平等的权利和价值,减少社会排斥,促进社会融合。本文对社会融合的考察主要体现在4个方面:社会差距、社会歧视、社区融合以及公共服务的可及性。

1. 社会差距

社会差距是指不同社会群体成员对彼此之间差距的感知程度,通过询问被访者"您认为下列群体之间差距大不大?穷人和富人之间、老板和员工之间、男人和女人之间、老人和年轻人之间、不同种族群体之间以及不同宗教信仰群体之间"来测量,答案分为"大"和"不大"两种。

调查显示,三地被访者普遍认为"穷人和富人"以及"老板和员工"

之间的差距比较大，有效百分比都达到了90%以上；其次是认为老年人和年轻人之间的差距比较大，三地有效百分比均在65%左右。整体而言，三地社会差距厦门最小，其次是深圳，最后是杭州。

2. 社会歧视

社会歧视是指社会成员受到不公平待遇以及感受到被排斥的程度，通过询问被访者"在过去一年中，是否因为下列原因受到歧视：社会地位（例如失业）、身体残疾、年龄、性别、外表、外地人、学历、患有某种疾病、有过犯罪记录、信仰原因等"来测量。11个项目的答案均为"有"和"没有"两项，根据被访者的回答，选择1项赋值1分，选择2项赋值2分，依此类推，数值越大表明被访者遭受的歧视就越严重。

总体而言，三地的社会融合程度比较高，被访者表示从未受到任何歧视的比例均达到60%以上（杭州为73.9%，厦门为62.2%，深圳为60.4%），但一定程度的社会歧视现象仍然存在。关于被歧视的原因，三地被调查者表示，由于社会地位原因而受到的歧视最严重，其次是由于学历、外地人、年龄和外表（具体见表7）。可见如何提高较低社会地位群体的社会包容程度、促进其融入城市是当前我国城市化建设亟须关注的问题。

表7 三地受歧视情况频数分布表

单位：人，%

项目	深圳	厦门	杭州
	频数	频数	频数
社会地位	283（28.4）	212（22.2）	254（29.6）
身体残疾	80（8.2）	90（9.5）	191（15.9）
年龄	157（15.8）	134（14.0）	242（20.4）
性别	98（9.9）	83（8.7）	182（15.4）
外表	133（13.4）	103（10.8）	196（17.2）
外地人	204（20.7）	163（17.1）	230（19.6）
学历	238（24.0）	183（19.1）	277（23.0）
患有疾病	104（10.7）	90（9.5）	209（17.4）
有犯罪记录	70（7.2）	73（7.7）	183（15.7）
信仰原因	51（5.2）	38（4.0）	109（9.6）
其他	26（8.0）	16（2.8）	56（11.8）

3. 社区融合

社区是个体的主要生活空间之一，通过社区来改善被排斥者的社会处境是实现社会包容的重要途径。本文通过询问被访者"是否能接受下列人员做您的邻居：吸毒者、不同民族人士、艾滋病患者、外地劳工、同性恋者、不同信仰人士、酗酒者、同居男女、外国有色人种以及有犯罪记录者"这10个项目来测量社区融合度。答案分为"能"和"不能"两种，根据被访者的回答，选择1项赋值1分，选择2项赋值2分，依此类推，分值越高表示其社区融合程度越低。

表8显示，三地社区融合度由高到低依次是深圳、厦门、杭州。由于其均值都小于5，所以三地的社区融合度都比较高，表明在大陆沿海经济相对发达的城市，人们的社会观念比较开放，对不同背景的社会人士的接纳程度都比较高。

表8　三地社区融合度均值表

地区	人数	均值	标准差
深圳	1010	3.96	2.04
厦门	973	4.21	2.08
杭州	1373	4.44	2.55

4. 公共服务的可及性

本文主要从3个方面来反映制度和机构服务对个体的可及性：①机构保障的可及性，通过询问被访者"遇到麻烦而需要帮助时，能从政府或非政府机构获得多少帮助"进行测量。答案分为"非常少""比较少""有一些""比较多""非常多"5个选项，分别赋值1~5分，分值越高表示机构保障可及性越高。②交通服务的可及性，通过询问"您在使用公共交通工具时是否遇到困难？"进行测量。答案分为"没遇到"和"遇到"两种。③医疗服务的可及性，通过4个指标来测量："到诊所/医院太远、预约时间太长、排队候诊时间太长、费用太贵"。答案分为"非常符合""比较符合""一般""不太符合""非常不符合"5个等级，分别赋值1~5分，分值越高表示医疗服务的可及性越高。

根据统计数据，在机构保障可及性方面，三地由高到低分别是杭州、厦门和深圳（均值分别为2.45、2.24、2.11），因为三地的均值都较低，表明社会成员在遇到困难的情况下，能从政府或非政府机构获得的帮助都比较少。在交通服务方面，三地的差别比较大，其中深圳地区的交通服务可及性最差，遇到过困难的被调查者的比例高达70.9%；厦门次之（48.5%）；杭州的交通服务可及性最高，遇到过困难的被调查者的比例只有23.5%。在医疗服务可及性方面，深圳、厦门和杭州均值均较小，分别是2.70、2.43和2.26，说明看病难的问题依然存在。

（四）社会主体取向

社会质量理论的核心是关注社会主体是否有能力参与到社会生活中，因此"赋权"或"增能"就变得非常重要。社会质量理论中的"社会赋权"是指在社会结构层面上关注全体社会公民自身行动力的发挥，即个人的力量和能力在何种程度上通过社会结构发挥出来，社会关系能在何种程度上提高个人的行动能力。"社会赋权"关注的是社会为个人发挥自身能力而提供的生活机会是否公平，它指向人的尊严（张海东，2011）。本文主要通过个体的政治参与、社团参与、社会活动参与以及意见表达自由度来反映其赋权情况。

1. 政治参与

作为社会参与的重要组成部分，政治参与反映了公民的自我治理意识，政治参与度越高越有利于社会的良性发展。本文通过询问被调查者"是否参与上次人大代表选举投票"来测量其政治参与度。调查显示，三地被调查者在上次人大代表选举中未投票的人数差别较大，其中深圳地区的比例最大（72.1%），厦门、杭州地区也分别有57.8%和32.3%的被调查者未投票。

2. 社团参与

本文考察的社团主要包括宗教团体，体育或娱乐团体，艺术、音乐、教育或文化团体，工会，政党，职业协会（如作家协会），非政府机构，与学校有关的团体（如校友会），宗族组织9个类别，答案分为"从未参与""偶尔参与""经常参与"，分别赋值1~3分，分值越高表示社团参与度越高。调查显示，三地居民社团参与度最高的是与学校有关的团体，其次是体育或娱乐团体等。目前我国公民的社团参与以同学会和联谊会为主，主要集中于社交和自身娱乐方面，参与形式单一，而且积极性也不高，深圳、杭州和厦门的社团参与均值分别为1.42、1.41和1.37。

3. 社会活动参与和意见表达自由度

社会活动参与主要关注社会成员参与公共活动的情况，本文将其操作化为"是否参加过下列社会活动：包括在请愿书上签名、参与抵制行动、参与游行、参与罢工/罢市/罢课以及在网上发表对社会问题的看法与建议"。意见表达自由度用于反映公民是否具有平等的"发声权"，即公民的意见能否得以自由表达、问题能否得到及时关注，文中通过询问被调查者在参与上述5种社会活动时是否受到官方的惩罚和威胁来测量其意见表达自由度。调查显示，在社会活动参与方面，被调查者参与最多的是"在网上发表对社会问题的看法与建议"，但总体而言各种形式的社会参与度都偏低。参与度低主要原因是民众担心受到政府的打压和惩罚。实际上，根据社会学家科塞的理论，一个社会要想安全有序地良性运行，建立"社会安全阀制度"，为社会成员提供一些正常渠道以使不满情绪得以宣泄是非常必要的。

四 结论与建议

上文从4个研究取向对深圳、厦门和杭州三地的社会质量状况作了描述性和对比性分析，研究发现，虽然深圳地区的经济状况最好，但其社会质量的某些指标并非最好，例如在家庭负担、就业、环境和住房保障方面，3个地区中厦门最好，而在社会保险参与度以及政治参与积极性方面，杭州地区最好。上文4个研究取向共涉及社会质量17个具体指标，根据3个城市在每一个指标上的排名分别赋予第一名3分、第二名2分、第三名1分，用其在所有指标上的总得分表示该城市的社会质量状况，如表9所示，厦门地区社会质量状况最好，其次是深圳地区，最后是杭州地区。根据三地2011年人均GDP数据，三地经济状况排名从高到低依次是深圳、杭州和厦门，可见经济水平与社会质量并不存在正相关关系。

表9　三地社会质量等级表

地区	物质生活取向	规范性取向	制度性取向	社会主体取向	总分
厦门	17	15	14	5	51
深圳	16	11	11	9	47
杭州	9	10	11	10	40

社会质量涉及社会与个人发展的各个方面，其中有许多并不直接和经济相关，例如社会活动参与、意见表达自由度等，而更多是与社会政策、

社会治理有关，因此仅仅从经济层面来解决社会各方面的问题以提升社会质量是行不通的。下文将根据三地社会质量的共存问题，探讨促进社会协调发展的政策建议。

（一）三地调查反映出的共同问题

尽管三地社会质量状况之间存在明显的差异，但在一些具体指标上也反映出了共同的问题，如住房、教育、医疗方面负担重，社会保险覆盖不全面，公民对社会的信任度较低，社会地位越低受到的歧视越严重，社会差距较大等。此外三地在社会赋权维度上得分最低，显示我国公民社会建设滞后，主体的权利得不到保障。

第一，在物质生活取向上，尽管各地人均GDP均呈增长趋势，但调查表明各地居民生活负担仍然很重，尤其体现在住房、医疗和教育3个方面；社会保险覆盖不全面，调查显示三地医疗保险、养老保险覆盖面较高，但失业、工伤和生育保险参保率很低。尽管我国法律规定公司要为员工缴纳"五险一金"，但真正做到的并不多，因职业病或工伤导致的个人负担和社会负担都很重。

第二，在规范性取向上，三地社区融合较好，社会信任度、身份认同感以及利他主义倾向均处于中上水平。但社会成员的社会信任普遍表现为"差序格局"，即对家人、邻居、朋友的信任度最高，其次是其他社会群体成员。这种"差序格局"的信任分布使个体对除重要他人之外的社会群体呈现"淡漠"态度，从而不利于社会团结。

第三，在制度性取向上，调查显示三地对不同背景社会成员的包容度比较高，但社会排斥现象仍然存在：一方面表现为社会群体之间的差距较大，尤其是不同年龄、不同职位、不同身份群体之间的差距较大；另一方面表现为较低社会地位群体受社会歧视较严重。不同群体间差距的增大不利于社会的团结和稳定，在极端情况下还可能导致群体事件的发生，而低地位者和弱势群体权益和尊严的被剥夺会加剧社会的不稳定。

第四，与其他3个维度相比，三地在社会主体取向上的社会赋权最差，主要表现有：社会成员的政治参与度低；社团参与形式单一且参与层次较低，以同学会、体育或娱乐团体为主；社会活动参与度低，并且意见表达也不自由。社会赋权在一定程度上反映的是一个社会的民主程度、个体自由发展的程度以及公民参与意识及公民社会的发育程度，从调查结果来看，我国还处于"强国家、弱社会"的阶段，公民的个人权利薄弱，自由、民主发育程度并不高。

（二）对策建议

社会质量概念将"以人为本"和"以社会为导向"联系起来，在追求社会进步的同时，也注重个体的全面发展。社会质量理论的4个条件性因素正是从普惠共享的社会经济保障维度、团结共存的社会凝聚维度、平等融合的社会包容维度和民主自由的社会赋权维度反映了和谐社会的要求，具有明显的政策意蕴。为了进一步促进社会建设的全面协调发展，下文主要根据深圳、厦门和杭州三地社会质量的共存问题，提出以下几点建议。

第一，社会经济保障是个体生存和发展的基础，政府在追求经济发展的同时也要注重发展成果的普惠共享，既要把蛋糕做大，又要把蛋糕分好，分配蛋糕的方式在一定程度上也会影响蛋糕的大小。

第二，信任不仅是人与人之间交往的基础，也是社会团结与社会凝聚的基础。中国几千年的官本位文化使得民众普遍具有上行下效的心理，政府及其公务人员的行为对社会成员具有较强的示范效应，因此建立诚信体制应首先从政府入手。

第三，参与和共享是社会质量理论的核心内涵，政府政策应更多关注边缘和弱势群体，增强社会政策的包容性。只有推进公共服务的均等化，针对不同阶层的具体需求提供适宜的公共服务，提高公共服务的均等化程度，才能实现全社会的包容性增长。

第四，进一步加强民主政治建设，全面推进公民的社会参与。从微观社会主体角度来看，个体能否参与社会主要取决于其参与意识和参与能力，因此政府必须关注公民教育，通过提高公民的自身素质来增强其社会参与意愿；从宏观社会管理角度来看，政府必须丰富社会管理的手段，培育社会组织形态，推动非政府组织和民间组织的发展，为公民参与社会生活提供平台。

参考文献

［1］劳伦·范德蒙森、艾伦·沃克，2011，《社会质量研究的比较视角》，载张海东主编《社会质量研究：理论、方法与经验》，社会科学文献出版社。

［2］林卡、柳晓青、茅慧，2010a，《社会信任和社会质量：浙江社会质量调查的数据分析与评估》，《江苏行政学院学报》第4期。

[3] 林卡, 2010b,《社会质量理论：研究和谐社会建设的新视角》,《中国人民大学学报》第 2 期。

[4] 林卡, 2011,《社会质量理论的原型及其对亚洲社会的适用性》, 载张海东主编《社会质量研究：理论、方法与经验》, 社会科学文献出版社。

[5] 袁浩、马丹, 2011,《社会质量视野下的主观幸福感——基于上海的经验研究》,《吉林大学社会科学学报》第 4 期。

[6] 武艳华、黄云凌、徐延辉, 2013,《城市社会凝聚的测量：深圳社会质量调查数据与分析》,《广东社会科学》第 2 期。

[7] 张海东、石海波、毕婧千, 2012,《社会质量研究及其新进展》,《社会学研究》第 1 期。

[8] Alan Walker. 2008. "The Social Quality Approach-Bridging Asia and Europe," in the International Nanjing Conference of Social Quality and Social Welfare. Nan Jing: Nanjing University.

[9] Beck, W., van der Maesen, L. and Walker, A. 1997. *The Social Quality of Europe: Studies of Social Policy*. The Hague, Netherlands: Kluwer Law International.

[10] Beck, W., et al. 2001. *Social Quality: A Viaion for Europe*. The Hague, Netherlands: Kluwer Law International.

[11] Berman, Y. & Phillips, D. 2000. " Indicators of Social Quality and Social Exclusion at National and Community Level," *Social Indicators Research*, 50.

[12] Wong, Ch. K. 2008. Comparing Social Quality and Social Harmony by A Governance Perspective: A Manuscript on Behalf of the Third Asian Conference on Social Quality in Nanjing. Hong Kong: The Chinese University of Hong Kong.

社会治理视野下群众工作的挑战及其应对

段华明*

摘要：做好新阶段的群众工作，要创新社会治理模式，应对不适应、不适合、不恰当、不适宜、不适当的挑战，与时俱进地研究具体的变化的人民群众，扩大联系群众的范围和视野，克服官僚主义、形式主义两个群众反映最大的问题；要有因势利导的新思维，深入"权力的傲慢"与"民粹主义"层次，将社会稳定风险评估作为决策前置程序，将人民群众与权力、权利、资本的关系理清楚；要破除人民幸福是党和政府恩赐的错误认识，领导干部不要躲避群众，不要回避问题，正确把握群众工作的辩证关系。

关键词：群众工作　群众路线　社会治理

作为优良传统，群众工作是党和政府联系群众的桥梁和纽带，是取得革命、建设、改革成功的一大法宝，其具体内容和实践途径随着环境形势的变化而发展。新世纪新阶段创新社会治理模式，群众工作需要因势利导地应对不适应、不适合、不恰当、不适宜、不适当等五个方面的挑战。

一　应对群众工作不适应环境变化的挑战

怎样解决干部离群众越来越远，做群众工作老办法不灵、新办法不会，甚至"与新社会群体说话说不上去，与困难群众说话说不下去，与青年学生说话说不进去，与老同志说话说不到一起去"的不融洽问题？

1. 与时俱进地研究具体的变化的人民群众

如今社会结构深刻变动，社会群体多元化，使群众的内涵和外延与过

---

* 段华明，中共广东省委党校现代化战略研究所所长、教授。

去有很大不同。现今人民群众中，不同社会阶层和利益主体往往拥有不同的价值观念、利益诉求、利益表达方式和利益维护方式，不同群体之间的利益博弈也日益公开和激烈。其主体意识、权利意识都空前觉醒，对政治、经济、文化、社会各方面权益的主张更为明确，对国家事务和经济社会具体运作深度参与的要求日益迫切。无视群众和群众利益发生的实际变化，僵化教条、胶柱鼓瑟地看待群众，属于另一种意义上的"脱离群众"。

听到一些干部感叹"做好事也要挨骂"，吃力不讨好。替百姓着想、为一方造福，使得你做也不是，不做也不是，事与愿违，得不到群众的理解，甚至引发纠纷，陷入"领导说群众不听话，群众嫌领导不像话"的罗生门。现在干部学历越来越高，但解决实际问题的能力越来越弱，面对复杂局面，要么束手无策，要么工作方法简单生硬。这些局限，主要是缺乏基层工作锻炼，不甚了解群众疾苦，对群众生活之艰难缺乏切肤之痛，容易以个人的体验代替群众的感知，以发展艰难作为难以解决民生困苦的托词，以过高利益诉求掩盖群众工作的不力，以舆论炒作回避对工作过失的坦诚检讨，难以设身处地为困难群众着想、为工人农民着想、为年轻人着想。

群众由主要关注物质利益向同时关注精神生活转变，民主法制意识和公平尊严意识不断增强，受教育程度、收入水平较高的群众政治参与热情越来越高。思想意识多元化客观上必然要求表达渠道、沟通渠道多样化。一旦利益表达长期得不到满足，群众就会采取极端方式宣泄不满。过去通过党和政府各级组织，比较容易在体制内把工作覆盖到每个人，现在却很难做到。这就要求与时俱进地改进群众工作方式方法，建立新机制，完善覆盖体制内外全体社会成员的工作网络，协调整合各方面利益，根据不同社会群体特点，有针对性地做好不同方面的群众工作。

2. 扩大联系群众的范围和视野

要有新的眼光和要求，在继续加强党同广大工农基本群众联系的同时，进一步加强同知识分子的联系，还要重视加强同改革开放以来新的社会阶层的联系。丰富联系群众的形式，问政于民、问需于民、问计于民。广东全面铺开的政务信息公布与公众知情权双向互动的政府新闻发言人制度，省、市、县、镇四级领导干部定期公开接待群众来访的大接访活动，以及政府通过互联网做宣传、做决策，了解民情、汇聚民智的各种网络问政平台，丰富了党联系群众的方式和渠道。

群众工作是党同人民群众保持联系的一个基本渠道，现在干部成天忙于文山会海、上传下达、迎来送往和各种应酬，有多少时间去深入群众，扩大联系面？如何积极主动而不是被动应付、脚踏实地而不是停留在口号和一般要求上做群众工作，亟待与时俱进。

重视网络是重视民情联系群众的新方式。传统的信息反映渠道层层过滤、级级筛选，真正送到领导人那里可能也就剩下干巴巴几句话。但有了网络信息技术之后就不同了。不管级别多高的领导干部，只要轻轻一点鼠标，就可以与最广泛、最普通、远在千里之外的群众互动，及时地了解到社会上最鲜活的情况。网络具有大众的直接参与性以及发表意见的自由性，能比传统媒体更真实率直地反映民情、体现民意，在互联网上有心里话可以开诚布公地交流，更容易听到真话，明察实情，上网就是当代领导干部的"微服私访"。现在有些干部害怕网络，甚至视之为洪水猛兽。其实不然，只要我们真正掌握了、用好了，网络就会成为我们的执政利器而不是相反。总书记、总理多次与网民互动，并通过网络问计问策，这既给领导干部树立了运用新技术的榜样，也对领导干部不能适应新形势作出了无言的鞭策。

广东"十百千万"干部下基层驻农村活动，改变了传统下乡干部与农民同吃、同住、同劳动、同学习"四同"做法，明确要求同学习、同工作、同劳动。这是重大思路转变。只是简单地从干部能否同农民吃住在一起，来评价下乡干部的作风、工作好坏，已经过时。"新三同"则要求驻村干部自己开伙，也不需要住在农民家里，既继承了党的好传统，又是创新。这说明现在对驻村干部的评价，是重在内容而不是形式。关键是同心同德，不给老百姓添麻烦，深入群众了解困难，帮助解决困难，寻找致富门路。这意味着，当今下乡干部的主要作用是，在与基层干部和农民互相学习、取长补短、一同工作过程中，为当地发展出谋划策、牵线搭桥，实打实地维护好农民的利益。

3. 群众工作要有新思维

发展是人民群众的根本利益之所在，但发展必须以提高人民群众的福祉为目标，这是新时期群众观点的新体现。在重大政策制定和重要建设项目实施时，要认真评估对群众利益的影响，充分听取群众的意见，重视群众的感受，使政策的实施和项目的建设对群众生活的影响减少到最低程度。

高度重视公共利益问题是群众观点在新时期的重要内容。凡是涉及民生的重要事项，如就业、交通、住房、教育、卫生、物价等，必须审慎操作；纯公益性的事业，不能简单推向市场；能用市场手段加快解决的民生问题，可以而且应该在市场中寻求解决的途径，同时应该充分估计其副作用，切实减少和弥补可能对一部分群众带来的影响。

利益主体的多元化、贫富差距的扩大，使追求公平正义成为群众工作必须遵循的准则。政务信息的公开、透明和信息技术的广泛应用，使得工作中的缺点和错误很容易被网络迅速扩大，造成工作被动；但也可能成为创新工作方式、改进群众工作的手段。要加大通过媒体直接与群众沟通的力度，不仅要通报想要做什么，更重要的是要讲清为什么这样做，以直接回应群众关心的问题。要耐心做好不同阶层、不同群体群众的工作，了解他们的愿望、要求，通过各方面的努力和协商，帮助解决他们的困难。对于一些人妨碍公共利益的行为，尽可能通过耐心规劝使他们自行改正。当这些人的行为构成违法，需要采取必要的强制措施时，必须合法、合情、合理，经得起历史和群众的检验。

二　应对群众工作老大难问题不适合的挑战

怎样克服官僚主义、形式主义两个群众反映最大的问题？官僚主义的要害是脱离群众，脱离实际，做官当老爷；形式主义的要害是贪图虚名，不务实效，劳民伤财

1. 立场、群众观点和群众路线是我们党的成功之道

毛泽东有许多精辟论述："马克思列宁主义的基本原则，就是要使群众认识自己的利益，并且团结起来，为自己的利益而奋斗。""要联系群众，就要按照群众的需要和自愿。一切为群众的工作都要从群众的需要出发，而不是从任何良好的个人愿望出发。""这里是两条原则：一条是群众的实际上的需要，而不是我们脑子里头幻想出来的需要；一条是群众的自愿，由群众自己下决心，而不是由我们代替群众下决心。""根据人民的实际需要和意见，不断修改我们的措施"，"形成一种绝大多数人共同的意见"。"所谓正确处理人民内部矛盾问题，就是我党从来经常说的走群众路线的问题。共产党员要善于同群众商量办事，任何时候也不要离开群众。"

官僚主义是主观主义，形式主义是形而上学。对待群众利益上的"拖躲捂推"的官僚主义，调研考察"众星捧月，蜻蜓点水，走马观花，打道回府"的形式主义，使领导干部很难了解到群众疾苦，了解到群众所思、

所盼、所忧。制定政策未能充分考虑群众利益,不能依法及时妥善解决群众反映的实际问题,不能与时俱进地依靠群众预防化解社会矛盾。应提倡领导干部采取体验式、私访式、寻亲式和私谈式等方式开展调研。

2. 深入到"权力的傲慢"与"民粹主义"两方面深层次问题

深圳前市长许宗衡当年说,要做"强势政府,政府不能一遇到问题就表现出软弱,如果把政府搞得弱势,啥也干不成"。有人赞美不愧是特区市长,有胆量!有勇气!有硬气!其实为官太强势,做事容易陷入理想化—简单化—容易出错的恶性循环。权力有无限膨胀的天然属性,无所忌惮地屡犯众怒、傲慢放肆。政府权力作为一种不可或缺的恶,只有把公权这只猛虎关进牢笼,才能减少它伤及无辜、涂炭百姓的可能和机会;只有在权柄掌控者头上悬起达摩克利斯之剑,才能使他们战战兢兢、克己奉公。

民粹主义认为,精英阶级所代表的统治团体,既腐化又堕落,因此宁愿要人民相信自己,也不愿相信这套制度。民粹主义主要的特质就是对政府的怨怼。法国古斯塔夫·勒庞在《乌合之众:大众心理研究》一书中提到,个人一旦融入群体,个体意识就会淹没在群体心理之中,使个体丧失批判和独立思考能力。群体行为具有排斥异议、极端化、情绪化及非理性等特点,会对社会产生破坏性影响。

邓小平讲,领导干部一要怕党,二要怕群众。领导干部敬畏群众,不仅是一种思想意识,也是一种工作方法。敬畏群众,才能充分尊重人民群众的主体地位,时刻关注群众的思想感受,把自己的言行置于群众的监督之下,定决策、办事情时,顺时顺势而为,减少随意性和盲目性,增强理智性和前瞻性,真正做到诚心诚意为人民群众服务。敬畏群众,要求各级领导干部切实转变工作作风,真正站在群众的立场上,从群众的角度看问题。领导干部是用人民赋予的权力替群众办事,要做到正确运用手中的权力,就要常常设身处地,与群众转换一下角色,用群众的眼光看问题,只有这样,决策才会更加科学、合理,才能得到人民群众的理解和支持,各项工作也就能够更加顺利地开展。实践表明,许多难题到群众中去就能迎刃而解,许多困惑到群众中去就会豁然开朗。

3. 将社会稳定风险评估作为决策前置程序

站稳群众立场,学会换位思考,用群众的眼光、群众的视角来想问题、看问题、处理问题,充分考虑不同群众的利益和承受能力。近年来,一些地方因决策不当引发的群体性事件时有发生。究其原因,许多是由于在决策过程中违背群众意愿引起的。对一些事件不仅要关注结果,也要关注细节和过程。凡直接关系人民群众切身利益的重大工程建设项目、重大政策制定以及其他对群众生产生活有较大影响的决策事项,都要将社会稳定风险评估作为前置程序和"刚性门槛",既看要不要干,又看能不能干,做到风险评估先行,防范化解联动,发展稳定统筹。公众参与、专家论证、风险评估、合法性审查和集体讨论决定,是重大决策的必经程序,也是各级党委、政府决策的自觉行动。只有把好科学民主决策关,问政于民、问计于民,才能做到尊重群众而不是轻视群众,亲近群众而不是疏离群众,帮助群众而不是折腾群众。

三 应对在不同群体间站位不恰当的挑战

怎样看待今天党各方面资源都更加丰富了,反而感慨群众工作越来越难做了?进一步明确我们党执政是代表谁、为了谁、站在哪一边的问题。

1. 将人民群众与权力、权利、资本的关系理清楚

"我们党的最大政治优势是密切联系群众,党执政后的最大危险是脱离群众。"治国理政的执政党一旦脱离群众,对于人民群众可能产生的危害程度,比以前大大地增加了。始终站在人民立场上而不是站在个人、少数人立场上说话办事,始终代表最广大人民根本利益而不是代表某一个人、某一部分人利益,是决定人心向背、事业成败的关键。

现实生活中,在传统发展模式影响下,在追求经济发展、追求 GDP 增长过程中,在招商引资、征地拆迁、环保执法等经济社会管理活动中,存在重物轻人、重商轻民倾向,忽视了经济增长付出的资源环境代价,忽视了社会公平正义,忽视了人民群众的根本利益,甚至为了短期经济增长不惜损害群众利益。在工作中常常站到资本一边,与群众过不去。在很多情况下,维护的一般都是资本的利益,侵害的都是人民群众的利益,伤害了人民群众对党和政府的感情。不能否认我们在处理群众与资本、与权力关系时,存在值得重视的立场、观点和方法问题。

在处理南海本田工人罢工和乌坎事件中,事件最后能够妥善化解,关键是立场、观点、方法正确。常常遇到工人停工时,因宪法里没有关于罢工的规定,就急于让工人复工。因为停工,像本田工人罢工引起连锁反应造成汽车零部件供给损失,实际可能影响了几十亿元的产出,广汽生产都

受到影响。如果只考虑到经济产出，没有考虑到工人是用停工来反映他们的合法诉求，没有想到中国共产党是工人阶级政党，应该代表谁的利益，那么就很容易站错立场。如果工人阶级诉求是合法的，是没有理由压着一定要复工的，虽然产出受到影响。乌坎事件实际上也是这个问题，如果只看到居民在反映合理诉求过程中的不理性行为，就认为这是与党和政府过不去，就要把他们压服，实际上也是站到群众的对立面；如果群众要求是合理合法的，他们合理合法的要求没有得到及时正确的处置，他们不得不采取不理性的行为以使你重视他们的诉求，如果考虑到这一点这个立场、观点、方法就会不一样。

在长期执政情况下，在利益多元化情况下，在促进经济发展过程中，不能找准执政党的位置，忘记了发展是为了人民群众，势必出事情。其实不应该这样。发展就是为了让人民群众过得更好，不要在追求发展的过程中忘了这一点，最后为了发展不顾群众的利益，站到群众的对立面。现在群众对党和政府的意见很大，很重要的一个原因就是一些干部自觉不自觉地和资本走到一起，和有钱人站到了一边。过去去得多的是田间地头，现在去得多的是饭桌酒局，这是需要非常警惕的。

问题的关键在于，代表谁的利益，怎样获取最大的利益。如果发展是为了人民，真正代表人民的根本利益，就会把解决人民群众的切身利益问题放在首位，在想问题、做决策、办事情的时候，就会充分尊重广大人民的意愿，就会注意权衡广大人民的眼前利益、长远利益，就会处处维护和实现最广大人民的根本利益，就会更加自觉地依法行政、依法办事。

2. 不同历史阶段，工作的重点、代表群众利益的着力点不一样

30多年前从搞政治、"以阶级斗争为纲"转到以经济建设为中心上来，那个时候确实要注意财富增长，改善群众生活，那代表了群众的最大利益。现在不是说追求财富增长就不是代表群众利益了，而是诉求发生了很大变化，不是吃饱饭的问题了。

这样分析问题，不是要求像革命党那样去打击资本和拥有资本的人。要合理地保护资本的合法权益，同时也不能以损害人民群众的合法利益去发展，这就找到了执政党的位置。执政党应该在不同的群体之间按照法律的要求办事。现在常常在招商引资中出现矛盾，为了招商，过多考虑资本的利益而损害人民群众的利益，最后人民群众不满，来跟我们对着干。所以虽然发展了，群众的意见绝不比没发展的时候小，反而更大。要把群众路线与法治方式结合起来，运用法治思维和法治方式预防、化解社会矛盾。

四 应对党群干群关系理念不适宜的挑战

怎样看待共产党离不开人民群众，是目的还是手段？干部权力来源于人民，是理论上还是实际上，是价值判断还是事实判断？

1. 破除人民幸福是党和政府恩赐的错误认识

我们党与人民、干部与群众的关系，有着血肉联系、鱼水关系、土地种子关系等形象比喻。在革命战争年代总结概括出的比喻贴切、深刻、形象、生动，皆因源自残酷斗争实践、亲身体会和感受。长期处于和平年代，难以感受到战争年代"须臾不可脱离人民"，离开了人民就寸步难行、险象环生。党长期执政，改革开放取得巨大成就，不少党员干部发生了角色错位，认为群众幸福生活是我们创造的，不是我们离不开群众，而是群众离不开我们。一些人滋生了优越感，似乎满足了人民要求，便是有恩于人民，他们要感恩戴德。人民不再是土地，变成了生长在土地上的庄稼，企盼肥沃；人民不再是水，而是变成了鱼，需要放水。政府、公仆变成了老百姓渴求的雨露阳光，赖以安身立命的土地；不是把群众作为服务对象，而是当成管制对象，一出现问题就把责任推给群众，认为群众不听话、不配合，习惯靠命令来强迫和压服群众；觉得群众觉悟低、很难缠，看见群众就头疼，不愿意和群众打成一片；抱着施舍心态，为群众做了点事情就以为了不起，没有意识到这是应尽的职责，也是人民群众应得的权益，忘记自己是人民公仆。

首先，党和每个党员应自觉地认定自己"是人民群众在特定的历史时期为完成特定的历史任务的一种工具"，党的利益和人民的利益是一致的。今天这种鱼水、土地种子关系，不如革命战争年代那么直接，但在其根本性、长远性和终极决定性上毫无二致。这不仅因为有了人民拥护才有执政地位，而且因为执政权力本身也来自人民委托授予。何况政府本身并不直接创造物质财富，正是纳税人的血汗钱维持了政府运转，养活了公务人员，他们是我们的衣食父母，他们用血汗换来政府为社会为人民提供的公共服务。其次，党的成员来源于人民群众，党的事业发展离不开人民群众的积极参与，党的成长壮大依靠人民群众的支持，人民群众的实践是党的智慧的源泉，人民群众是党的力量源泉和胜利之本。最后，党的干部是人民的公仆和勤务员，一切要对人民群众负责。工作不是为作秀，为完成任务、应付检查，搞政绩形象工程给上级看，服从于上级评估，而是为群众做实事，排忧解难。

2. 身为领导干部不要躲避群众，不要回避问题

一些干部有个不好的习惯：凡是发生了矛盾，首先在群众身上找原因；一有事情就首先问罪群众，这是官本位意识。有事先从干部身上查起，才是科学的群众工作方法。要相信绝大部分群众对党和政府是有感情的，是通情达理的。当领导的就是为群众服务，群众遇到困难不找领导应该找谁？有些地方群众来信来访较多，这是主动送上门来的群众工作，是干部联系群众的一个好机会，更是群众对政府信任的表现。领导干部要坦诚面对群众，主动接近群众，面对面、心对心地沟通与交流。那种怕群众、躲群众，甚至迁怒于群众的行为是同党的群众路线背道而驰的。

西方政治学有个定律叫"塔西佗陷阱"，是说当一个政府和部门失去公信力时，不论是说真话还是说假话，做好事还是做坏事，都会被认为是说假话、做坏事。20世纪90年代前后，在苏联共产党内流行一种看法，即在当时的苏联，没有一个政治组织可以替代共产党。这个党历史悠久，有那么多党员，不会出问题。结果恰恰出了问题，问题就出在人民群众对该党已经不以为然。苏联解体前一年《西伯利亚报》载过一次民意调查，对"你认为苏共的政策代表谁的利益"这一问题，回答"代表苏共党员"的占被调查人数的11%，回答"代表全体人民"的只占7%，回答"代表工人、农民、知识分子"的均仅为2%，而回答"代表党的机关工作人员"的竟占85%。这诠释了为什么苏联人民为苏共举行了一个平静的"葬礼"。

五 应对群众工作本末处置不适当的挑战

怎样处理好对上级负责与对人民群众负责的关系，为老百姓造福和工作业绩的关系？人民群众应当是信任政府还是监督政府？

1. 群众观念实质上是党员干部的世界观和认识论问题

从世界观上，毛泽东认为："人民，只有人民，才是创造世界历史的动力。"从认识论上，毛泽东指出："群众是真正的英雄，而我们自己则往往是幼稚可笑的，不了解这一点，就不能得到起码的知识。"党的领导、干部履行领导职能，体现在党与人民、干部与群众的关系上是一种互动，党的

群众路线是这种互动最生动的描述。群众路线是我们党领导人民进行革命、建设和改革的根本工作路线和方法,其基本内涵是:一切为了群众、一切依靠群众,从群众中来、到群众中去。人民群众是从党员干部的作风感受党的形象的。所谓"你是准备替党说话,还是准备替老百姓说话?"①这逻辑混乱的话,不仅暴露出少数干部对舆论监督的反感,也说明时下一些领导干部群众观念淡薄,不懂得或不熟悉群众路线的原理和方法。

"创造条件让人民批评监督政府。"这是新任中央领导强调的极其重要的政治理念。必须对群众讲真话,特别是要勇于承认自己的缺点和错误。不承认的结果是丧失群众的信任;承认是自信的表现,是有觉悟的表现,是取得群众信任、改正缺点和错误的前提。凡是群众关心的问题,如果我们有缺点和错误,一般都应该公开地作自我批评。

2. "群众利益无小事"论断体现出很强的现实针对性

在群众利益问题上,我们过去太注重理想,往往用长远利益来取代现实利益,实践证明这使我们严重脱离群众。群众利益主要表现为看得见、摸得着、用得上的现实利益,柴米油盐酱醋茶,衣食住行医教保,安全稳定,生态环境……从另一方面也说明,群众利益是通过自己辛勤的汗水点滴积累起来的,看起来似乎微不足道,也容易满足,但若不注意解决或解决不好,势必极大地影响人民的生活和伤害人民的情感。说起来都是具体小事,但它涉及的人多了,就变成大事。一定要牢固树立群众利益无小事的观点,让发展成果更多更公平地惠及全体人民。

党和政府必须以解决人民群众最关心、最直接、最迫切的利益问题为重点,特别是从困难群众的切身利益入手,"最重要的是必须首先考虑和满足最大多数人的利益要求",统筹兼顾不同方面群众的利益,为群众办好事、干实事、解难事。所谓基本公共服务均等化,这里所说的"基本公共服务"是保护个人最基本的生存权和发展权所必须提供的公共服务,即应该覆盖的最小范围和边界,尽可能使居民享有同样的权利,享受水平大致相当的基本公共服务。基本公共服务均等化的中心问题,不再是笼统的广大人民根本利益,而是人民群众的具体利益和实际困难。

3. 正确把握群众工作的辩证关系

其一,正确处理依靠群众与教育、引导群众的关系。教育和引导,归

---

① 郑州市某经济适用房规划用地却让开发商建起了别墅,这本来已是违规事件,谁知在接受记者采访时,市规划局一副局长竟然出此雷人之语!

根到底还是为了更好地发动群众、依靠群众。过去较长一个时期，我们是由党来代表人民群众管理一切事务，搞计划经济，其范围无所不包。今天，社会转型到市场经济，人们自主自立意识增强，"代替型"民主就不够了，简单行政命令也不行了。有些事，群众会希望党和政府给自己提供良好条件；但另一些事，群众则希望自己来解决。如果还要大包大揽，群众就会反感，就会不满意，还会产生逆反心理。政府做对了，那是应该的；一旦做错，则会怨声载道。比如群众对征地、拆迁有不同意见，相当一部分人可能以上访、寄匿名信甚至群体性事件这种非正常的方式和途径表现出来。针对群众工作遇到的这些新情况、新问题、新矛盾，我们必须畅通群众表达利益诉求的渠道，把握群众的喜怒哀乐，关心群众的安危冷暖，善于发现和解决问题。新形势下做群众工作，更多地体现为平行、协商、对话，体现为遵守规范和程序，依法行政、按章办事、民主决策。

其二，正确处理对上级负责与对人民群众负责的关系。这两个"负责"在总体上是一致的，因为人民的利益就是党的利益。但不可忽视的是，割裂两个"负责"乃至使之对立起来的现象，在一些地方时有发生。一种倾向是，片面强调对上级机关负责，从而忽视甚至损害人民的利益；另一种倾向是，片面强调所谓对群众负责，而无视上级机关的要求。中国共产党人有一个科学的出发点，就是要一切从实际出发，坚持实事求是的思想路线；还有一个出发点，就是要一切从人民群众利益出发，核心就是全心全意为人民服务。问题的复杂性在于，这两个出发点并不总是完全统一的。为此，毛泽东教导我们，既要反对命令主义，又要反对尾巴主义。就是说，既不能因为决策是符合实际的科学决策，是上级的部署，就在群众还无法承受的情况下强制群众接受，搞强迫命令，弄不好会引发民怨，甚至犯众怒；也不能因为事情是符合群众利益的，一切都听群众的，简单地跟在群众后面跑，做群众要求的传声筒，一味迁就群众，甚至违背党的方针、政策，搞"上有政策、下有对策"那一套。要看到，群众对一些新事物的认识和接受需要一个过程。群众觉悟的提高和积极性的发挥，需要去宣传和组织，需要做耐心细致的思想政治工作。共产党是人民利益的代表者，又是人民群众的领导者。领导者有教育群众的责任，即引导、影响、启发群众，提高其思想觉悟和境界。在工作中，自以为是，对群众采取命令主义态度是错误的；对群众采取尾巴主义态度，甚至迎合群众中低俗、愚昧落后的东西也是错误的。要尊重民意、倾听民意、分析民意，就要让民众有广泛的言论自由。但又不盲从民意，因为民意往往只关注一时，不关注长远；只关注本阶层，不关注别的阶层；只看到表面，没有看到深层。此外，民意还受极端个人主义影响。民意有天然局限性。对于民意，既要尊重，又要分析引导。尊重民意而不盲从民意，是现代政治文明的重大特点。妥善处理官意、学意、商意的关系，并引入民意，使我们的决策更加科学、公正。

  在新世纪新阶段，情况要复杂得多，更要重视把一切从实际出发与一切从人民群众利益出发这两个出发点统一起来。习近平总书记就群众路线教育实践活动对党员干部提出这样的要求：自觉实践全心全意为人民服务的根本宗旨，把对上级负责和对群众负责统一起来，爱民、为民、利民想问题，依法、公正、公平办事情，在联系群众、服务人民、造福百姓中实现自己的人生追求。

农民性别偏好探析

——对布迪厄实践理论的现实阐释

刘晋飞*

摘要：国内对农民的性别偏好及其生育行为的相关研究对个人与结构、微观与宏观之间的学术断裂未能提供更有效的解释路径，布迪厄的实践理论为此提供了新的研究范式。本文在对"场域""惯习"重新理解的基础上，引入"阶层""资本"概念，对农民生育性别偏好行为进行微观剖析。研究发现：第一，在村庄场域中，生育惯习是一种生育行为的"实践感"，也是一种历史沉淀的群体认知和记忆。"男孩偏好"作为一种以某些特定方式行事的生育惯习，时刻规范着农民的生育实践。第二，农民的生育惯习是一种策略性与选择性的实践过程，在这个过程中，惯习得到不断复制和强化，同时场域与惯习之间达到了有效转换与连接。第三，在同一场域和惯习中，不同阶层的"精英分子"和"村民百姓"对性别偏好的理解具有不同的选择性和差异性。

关键词： 性别偏好　生育惯习　场域

一　引言

2010年第六次人口普查我国的出生人口性别比为118.06，比2000年第五次人口普查的出生人口性别比116.86提高了1.2个百分点。大量的中外文献从社会、经济、文化、生育、死亡和统计等因素对出生人口性别比偏高的历程、程度和原因进行了详尽的分析。多数观点认为，产前胎儿性别鉴定和性别选择人工流产是我国人口出生性别比偏高的主要因素，而背后决定性别选择行为的主要原因是人们的性别偏好。同时，大多数学者的研

---

* 刘晋飞，男，山西太原人，东莞行政学院社科教研室讲师，博士，研究方向为人口社会学。

究表明，以根深蒂固的男孩偏好和愈演愈烈的出生性别选择行为为标志的农民的生育行为，是当前导致农村地区出生性别比升高的主要原因。

性别偏好的存在及其影响与我国传统的生产生活方式、社会文化结构密不可分。但是，改革开放以来，社会、经济生产方式的变化和文化传播、信息流通速度的加快逐渐消解着我国传统封闭、同质性的农村社区，加之计划生育政策的严格执行，为什么人们还有如此强烈的性别偏好呢？

二 文献回顾：性别偏好的研究进展

众多的学者从不同的学科研究视角出发，对农民的性别偏好和性别选择生育行为进行阐述分析，大致可以划分为三种进路。

第一种进路主要强调结构（文化）对个体生育性别选择行为的决定性，体现为结构功能论和文化决定论。结构功能论认为社会结构（社会生活环境）的变动将从根本上解决农村的高出生率和性别偏好问题。文化决定论认为，决定农民性别偏好行为的主要因素是传统文化中的生育伦理和生育价值观念。人类在婚育繁衍、生存、发展中逐步形成的婚育习俗和生育性别偏好观念以及与之相伴随的制度规范和组织方式都影响着人们的生育性别偏好实践。结构功能论和文化决定论将个体行动者看作社会结构（文化）的被动接受者，无视行动者日常生活中的实践经验，忽视个体主动性在个体行为选择中的重要作用。诸如，它们无法解释在同样的社会结构（文化）共同体内部为什么不同的人有不同的性别偏好问题。

第二种进路主要强调个体行动者的主动性，认为性别选择行为是行动者的主动选择，体现为成本效用论和压力从众论。成本效用论主要有诺贝尔经济学奖获得者加里·贝克尔对家庭生育行为的成本效用论解释和孩子数量质量替代理论。借用贝克尔的观点，国内的一些学者认为如果在一个社会中人们更加偏爱男孩，是因为养育男孩的成本更大，养育男孩比养育女孩能为家庭带来更大的收益。也有学者认为养育孩子明显是个亏本的生意，父母养育孩子的成本远远大于孩子能为家庭带来的收益，成本效用的逻辑并不适用于分析中国农民的生育性别偏好行为。压力从众论则认为在生育性别偏好问题上，农村人口经受着比城市人口大得多的从众压力，农民的生育性别偏好行为更多的是一种从众行为。然而，成本效用论无法解释随着农村土地细碎化以及机械化操作和科技种田的推广，农村家庭不再需要多余劳动力，且养育孩子的成本远远大于收益的情况下，人们还倾向于生育男孩的问题；压力从众论也无法解释诸如为什么人们只是针对男孩而不是女孩从众的问题。

第三种进路则运用布迪厄的实践理论作为研究和解释生育性别偏好行为的理论基础，运用"惯习"和"场域"等核心概念建构"生育偏好场域""生育场域""生育惯习"与农民生育行为之间的转换机制。研究者认为，农民的生育性别偏好观念不是固定不变的，是生成性和创造性的，表现为一种既持久存在又可变更的开放的性情倾向系统。人们会根据自己所处的具体生育性别偏好场域不断地在生育性别偏好实践过程中创造出一些新规则或新观念来"合理化"自己的性别选择行为。他们还认为，"是否有儿子"和"生育儿子的数量"决定了农民在生育场域中的客观位置，农民的出生性别选择行为可以被看作在生育场域中农民对乡村资本和权力进行争夺的方式或者对游戏规则的适应。

本文认为，运用布迪厄的实践理论中的"惯习"和"场域"等核心概念来分析农民的性别偏好和性别行为选择确实具有很强的学术解释力。但是，笔者认为现有研究在运用该理论分析农民性别偏好和性别选择行为时略有不足：第一，对"场域""资本"等概念的界定存在边界上的模糊性，而仅仅通过农民的生育偏好来建构"场域"则忽略了农民生产生活所依存的村庄地缘基础。第二，场域惯习论将"生育惯习"理解为农民对现前生活世界的下意识感知图示和分类体系，即"实践感""游戏感"，摒弃了群体认知的结构性作用。第三，场域惯习论将生育场域中的农民视作毫无差别、处于同等生育偏好水平下的行动者，没有看到处于不同社会地位的农民所具有的性别偏好差异，忽视了乡村阶层地位对农民性别偏好的影响。

三 分析框架

布迪厄致力于建立一种反思社会学，明确反对机械论的结构主义和目的论的个人主义，反对在结构与能动、系统与行动者、集合体与个人之间二者择一。布迪厄的实践理论为克服结构与能动、系统与行动者、集合体与个人之间的二元对立提供了新的可能性，同样为我们考察农民的性别偏好以及性别选择行为提供了新的研究范式和理论框架。在布迪厄的实践理论中，存在下述几组核心概念。

1. 场域、资本与阶层。布迪厄认为，场域是一些社会生活领域中客观位置之间形成的网络。在一个场域之中，一个人占据哪个位置是由这个人所拥有的各种资本的数量、组合和资本的相对权重（汇率）所决定的，各种资本（经济资本、文化资本、符号资本和社会资本）在一定程度上可以互换，当一个资本更容易换成其他资本的时候，它就更重要。同时，拥有相仿的资本数量的人群，就是一个阶级或阶层。

2. 惯习、实践感与策略。首先，惯习是一种主观的精神认知结构，是人们用来感知、理解、欣赏、评价社会世界和赋予社会世界以意义的图式（Schemes），也是人们借以产生实践的图式，表现为一套以某些特定方式行事的既定性情倾向，是一种内化的、身体化的（Embodied）社会结构。其次，布迪厄认为，惯习是占据同一位置的人的"集体无意识"，是人们在社会世界中长期占据一个位置的结果。这个位置的占据者需要很长时间才可以获得惯习，这个占据者不是具体的人，而是具有同样资本的一个阶级或者阶层。最后，惯习提供"实践逻辑"、"实践感"或者"游戏感"，行动者根据惯习的实践逻辑而灵活采取"策略"。实践的策略不是有目的地理性追求既定目标，而是根据实践发生的情境，积极部署客观导向的"行动方案"。我们看到，从场域到惯习，从惯习到实践感，从实践感到策略，从策略到实践，结构与能动、集合体与个体之间的对立逐渐消解，代之以形成一种有效的链接机制。

基于上述理论框架，本文对"场域"、"资本"和"惯习"重新定义。

1. 不同于以往研究中的"生育场域"概念，本文的"场域"作为一种社会空间的抽象，是对具有相同社会文化环境的不同村庄的类型化概括，如同韦伯意义上的"理想类型"。在此基础上，我们进一步将农村村庄场域看作一种农民个体在村庄中的客观位置所构成的关系性社会空间，由于拥有不同数量、不同组合和不同权重的资本，个体资本的拥有量决定了农民自己在村庄场域中的位置。

2. 在对资本的具体考察中，已有研究将"是否有儿子"和"生育儿子的数量"作为农民"资本"进一步确定农民在场域中的位置，而将经济、职业等其他资本因素悬置于场域分析框架之外，简化了"资本"概念。鉴于此，本文认为不能只将"是否有儿子"和"生育儿子的数量"作为农民所拥有的"资本"要素，还应该将经济资本、文化资本和社会资本纳入场域分析框架。在村庄场域中，农民行动者的资本（经济资本、文化资本、符号资本和社会资本）分布和数量存在差别，据此将同一场域中的农民划分为不同的阶层。

3. 本文将农民的生育偏好称作"生育惯习"，这是一种农民关于生育行为的认知结构，是一种以某些特定方式行事的既定性情倾向。首先，农民的生育惯习是一个历史性的、生成性的认知沉淀。其次，生育惯习是一种农民既定场域中的个体实践，必然与场域中的群体认知记忆联系在一起，带有群体意识的结构特征。

四 案例展示

C 村位于湖北省鄂东南地区，地处丘陵地带，村民种植旱地为主，水田较为少见。C 村共有村民 3600 多人，可耕地面积 2000 多亩，人均不足 0.8 亩。全村共有 13 个村民组，男女比例约为 1.5∶1，几乎每家都有一个男孩，纯女户非常少。C 村的年轻人大多在周围集镇或市区打零工和做小买卖，年长一些的村民大多在家照看小孩和种田。C 村一直严格执行着省里规定的"一孩半"政策，该政策规定如果第一胎是男孩，则不能再生；如果第一胎是女孩，通过申请可以继续生育第二胎，但需要 4 年间隔时间。村民私下告诉笔者，大多数村民为了保证生男孩，如果第一胎是女孩，那么生第二胎的时候，想方设法要去做 B 超，这样就能够保证生男孩，同时也不违反"一孩半"政策，由此看出在 C 村的村庄生活中存在很多涉及性别选择行为的事实材料。

我们将村民对生育数量、生育性别的态度认知和行为选择作为本文的述说线索和逻辑系统，将处于不同"阶层"和拥有不同"资本"的村民的生育实践故事重新"排列"，期望通过案例的形式展现村民的日常生活实践。

案例 1："无子"的困境

C 村村民主姓为曹姓，近十几年外来迁入人口很少，人们对姓氏和宗族的观念依然保持着祖辈传统，族姓认同强烈。因此，村里边在修路、建水泵站和修葺祠堂等公益活动的筹款、人力方面相对容易。2010 年，村委会决定修葺本姓祠堂，一来方便子孙拜祭，二来适当扩建祠堂以排放更多的牌位。修葺经费问题通过摊派来解决。

CFG，男，32 岁，家境一般，以打工和务农为主，生有一个女儿。

2008年,家里修建房子,CFG从房顶掉了下来,从此丧失了生育能力,几经医治均无效果。此次意外对这一家庭的打击简直是毁灭性的,正如CFG本人所言:"从此以后再也没有能力生育儿子了,过日子也没什么信心了!"

在村集体修葺祠堂的事情上,CFG一家积极交上了份子钱,但是等到在祠堂里边立功德碑的时候,村里却没有将他家的情况记录在案。

村里负责人CSX说:"只有有儿子的家庭才能上功德榜,他家没儿子,所以还不能上功德榜,千百年的老传统,我们也确实没办法……"

据笔者了解,CFG事前也知道自家不能上功德榜,但是为什么还要积极交份子钱呢?CFG的看法是:"就因为这个'曹'姓,咱就得交钱,不交的话在村里边都活不下去了,别人会怎么看我?唉!钱是小事情,只是这辈子遗憾不能够上功德榜,感觉对不起祖宗,我们家的香火算是栽在我手上了,造孽啊!"

在"功德榜"的事情上,CFG的亲戚们也没有出来替他们说情讲理,认为事实上也没办法,几百年来的祖训宗规都是这样来的,都认为他们"命苦"。对于这件事情,村民普遍认为:"这样的事情也确实没办法,没有儿子确实低人一等。"因此,CFG夫妇平时为人处世都比较低调。

从上述案例中,我们深深感受到CFG夫妇由于没有儿子未能完成"传宗接代"的人生使命而痛苦、懊悔和无奈的心境,这种遭遇使得他们在村里边"抬不起头来",在一些大的事件上也失去了亲戚们和村民的社会支持,最终沦为边缘者和弱势群体。可以说,"是否有儿子"已经成为村民巩固社会地位、获得社会支持的决定性因素。

案例2:"入赘者"的伤痛

SHJ,来自偏远山村,2005年入赘到C村某曹家,当时地方政府的计生办还专门举办了一个小型的庆典会欢迎SHJ的到来,希望SHJ在C村好好生活。SHJ回忆:"我也知道入赘过来有点不好看,当时能够有这样的仪式,我是非常高兴的……"就这样安安心心过了1年多的时间,某一天发生了一件令SHJ终生难忘的事情。

2006年端午节,SHJ去小摊买豆腐。卖豆腐的是一个外乡人,当时买豆腐的有好几个人,其中一个青年人("村混混")因为多要半斤豆腐跟卖豆腐的人吵了起来。SHJ年轻气盛,实在看不过去,就上去帮卖豆腐的说理,险些和"村混混"打起架来。

"村混混"瞪着眼,质问SHJ:"你到底姓啥?有啥资格跟我说理?"

SHJ 一愣，顿时就蒙了，气得一句话也没说就走了。

当 SHJ 向我们讲述这件事情的时候，全然没有初来 C 村时的幸福感了，苦笑着说："毕竟是外来人嘛，我觉得自己作为一个外来者，社会地位确实不能和他们比，大家的观念中也认为招女婿毕竟还是不同于自己的亲生子那么有面子、有地位，唉，这种情况也确实没办法……"

案例 2 中 SHJ 的遭遇同样令人深思：在熟人社会中，如果一个人连讲理和打架的资格都没有，那么他在村民心目中会有什么样的地位和身份呢？何况，对于像 SHJ 这样的外来"入赘者"来说，在村民面前当众被人"羞辱"，又是何等残酷？从 SHJ 前后来 C 村的情绪和心态的变化来看，这件事情已经成为他心里永远的伤痛。

案例 3：精英的选择

CTJ，男，42 岁，村委会副主任，同时做买卖，家庭经济水平在 C 村属于上等，在村民眼中他就是"有头有脸有地位"的人物，因此 CTJ 平时在村里说话很有分量。CTJ 自己有兄弟三个，他排行老二，结婚之后自家生有两个儿子，可以说在村里就属于那种"拳头比较硬"的家族。笔者问："怎么会有两个儿子？"CTJ 笑着说："我家是双胞胎啊。"从其他村民那里了解到，原来 CTJ 是花钱买了一个胎儿指标，做了 B 超鉴定后才生了第二个男孩的。

已经有一个儿子，为什么还要一个儿子呢？CTJ 的邻居告诉笔者："在我们村，儿子多了势力就大、拳头就硬、地位就高啊。况且，他家的那么大家业留给谁啊？还不得以后有儿子来继承。"

笔者发现，像 CTJ 的家庭一样，C 村其他诸如村主任、会计和个体户等经济水平较高、社会地位较高的少数有头有脸的家庭，至少都有一个儿子。为了生育一个或更多的男孩，出钱买生育指标和 B 超做性别选择是他们经常采用的手段，就是为了让自己家的财产有所继承，家族势力进一步壮大，在村里能够有头有脸。

案例 4：百姓的追求

CMK，男，35 岁，普通村民，在附近集镇打零工，兼业种田，家庭生活处于一般水平，生有一个儿子。在"要不要生儿子"的问题上，CMK 认为："生儿子是祖祖辈辈留下来的传统观念，有儿子的话，一来养儿防老，二来能够不会被人欺负和笑话，在村里才有地位。如果没有儿子，就会低人一等，别人会认为连个儿子都生不出来，还能干什么？自己也会过得不快乐……""有时候，在第一胎是女儿的情况，为了保险起见，生第二胎的时候，其实像我们这样的普通家庭也会选择做 B 超……"

在"生几个儿子"的话题上，CMK 认为："像我们这种一般的家庭，有一个男孩就可以了，多生的话就要交社会抚养费，要交很多钱。不像那些有头有脸的人，人家有钱，所以愿意交点钱买个指标，多生几个儿子……我们这种普通家庭，要求不高，有个儿子能够完成传宗接代，将来有人养老，不至于在村里没地位就可以了。""那些有钱人、村干部多生几个儿子就是想在村里出头露面，让自家有地位、拳头硬、不吃亏，以后他们的儿子也能在村里有立足之地。"

从上述 4 个典型案例来看，4 个案例都体现出"儿子"对于农民家庭日常生产生活的重要性，"是否有儿子"已经成为决定农民家庭是否具有社会地位、能否获得社会支持的重要因素。然而，从案例的比较来看，4 个案例背后的意义还有所差别。

在"是否有儿子"的问题上，案例 1 展现了没有男孩的情况下，一个农民家庭所遭遇的困境，"无子"最终导致 CFG 家庭社会地位下降，成为村里的弱势群体。在这里，"有儿子"和"没有儿子"的差别得到充分体现，我们同时也看到"儿子"已然蜕变成农民在村庄场域中的一种社会资本要素，决定了个体在场域中的位置。相比较而言，案例 2 从一个"入赘者"未能获得村庄身份和地位的故事入手，进一步反向印证了"自家的儿子"在村庄场域中的重要性。与案例 1 中的 CFG 夫妇相比较，案例 2 中的曹姓家庭在"无子"的情况下选择了招赘，通过这样一种策略性的"合理化"手段或方式来满足家庭"有儿子"的需求，一方面确实能够满足老年父母有子养老的需求，另一方面也反映出曹姓家庭试图通过这种策略性途径获得一定的社会地位。然而，这种"名义上"的儿子与自家"实质上"的儿子毕竟有所差别，他在村民眼中依旧不能够获得较高的社会地位。案例 2 揭示了招赘虽然能够在一定程度上弥补"无子"带来的家庭困境，替代性地满足农民家庭基本的养儿防老需求，但始终不能满足"获得社会地位"等延伸性需求，进一步强化了"儿子"在村庄场域中的重要组场作用。

在"生育儿子的数量"的问题上，案例 3 和案例 4 生动展现了村庄中不同阶层（身份、家产和地位等因素）的村民在追求男孩数量上的差别以及男孩被赋予的社会意义的差异。案例 3 中的 CTJ 作为村庄中具有代表性的精英分子之一，不仅家庭经济宽裕，而且社会地位较高，在村民心目中有较高的权威性。在"男孩偏好"观念浓郁的村庄场域中，他们往往不仅仅满足于"要男孩"的问题，而且更注重男孩的数量，因为儿子的数量多少直接决定了他们家庭的拳头是否过硬、社会地位是否较高。因此，村庄精英分子在既定的村域文化社会结构中，生育观念和生活实践中更加注重"男孩"的延伸性功能。相比较之下，案例4所展现的是大多数普通村民在"男孩"问题上的基本观念和行为。与案例3的不同之处在于，受计划生育政策、男孩偏好观念、家庭经济状况、周围邻居亲戚等村民的社会评价和对自家社会地位的判断等综合因素的影响，大多数普通村民的性别偏好主要表现为对"是否有儿子"的关注，对"生育儿子的数量"没有奢望，只要求"有一个就够了"，充分反映出普通村民更加注重儿子的基础性功能，较少注重其延伸性功能。

总体而言，上述案例不仅再现了农民的性别偏好和性别选择行为发生的文化、社会等结构性条件以及农民自身的选择性策略，而且进一步揭示了不同阶层和社会地位的个体对"男孩偏好"的差异性动机和行为，有效揭示出微观个人生育动机和行为与宏观群体认知结构的转换连接机制。

五 农民性别偏好的作用机制

正如前文所述，已有学者对农民性别偏好及其性别选择行为的研究要么偏重结构（文化），要么偏重个体，在结构与个体之间存在不同程度的断裂，忽略了将结构与个体耦合起来的实践可能性，因此无法对农民的生育行为作出更为合理的解释。正如刘中一等学者在分析农民的生育行为中提出，布迪厄的实践理论为我们考察农民的性别偏好以及性别选择行为提供了新的研究范式和理论框架。然而，在运用布迪厄的实践理论解释农民的生育行为的研究中，刘中一等学者将农民个体置于相同的性别偏好水平之下，忽视了"阶层""资本"对男孩偏好的影响作用，从而忽视了对处于不同社会经济地位的农民个体之间男孩偏好差异的考察。本文对"场域""惯习"等概念重新界定，引入"阶层""资本"概念，从微观层面考察计划生育政策和男孩偏好惯习的双重条件影响下农民性别偏好的作用机制。

不同于以往研究提出的"生育场域"概念，本文的"场域"概念在一定程度上具有村庄地缘边界意义，将村庄场域看作一种农民个体依据在村庄中的客观位置所构成的关系性网络空间，农民行动者通过资本的拥有量来确定自己在场域中的位置。利用布迪厄对"资本"的划分，农民的资本拥有量不仅包括符号资本（"是否有儿子"和"生育儿子的数量"），而且包括自身在村庄中的经济资本、社会资本和文化资本。

（一）"场域"与"惯习"的有效连接机制

上文 4 个案例均在不同程度上揭示了村民普遍保持着"男孩偏好"为特征的生育观念，并潜移默化地将"是否有儿子"和"生育儿子的数量"作为村民社会交往的基本准则之一。案例 1 生动地告诉我们，祖辈传统观念中"有没有儿子是能否进入祖宗祠堂功德榜的必要条件"早已经成为全体村民行为的主导准则，"是否有儿子"在很大程度上决定了自己家庭在村庄中的社会地位。案例 2 中入赘女婿 SHJ 的故事告诉我们，作为一个入赘女婿来到 C 村，始终被看作一个外来者，被排斥在村庄场域外，甚至连"打架的资格"都没有。事实上曹家之所以招 SHJ 为上门女婿无疑是为了解决家中无子所带来的种种不便和困境，虽然在一定程度上能解决家庭养老和劳动力的问题，但始终不能获得像"亲儿子"那样所能带来的社会认同与社会地位。相反，入赘女婿 SHJ 的事情在很大程度上使得农民更加清晰地认识到没有儿子所可能面临的道德困境和社会地位的降低，促使他们更加强化了"必须生儿子"的观念，最终使得"男孩偏好"的生育惯习在村庄场域中不断自我复制和自我建构。

可以看出，当"男孩偏好"成为全体村民日常行为准则的时候，这种生育观念和行为已经不再是一种个体性的"惯习"，而是上升为一种具有超强稳定性和约束力的结构化元素，这种结构化元素本质上是一种历史沉淀下来的群体认知和记忆。为什么这种群体认知和记忆具有结构性特征呢？原因就在于村庄"场域"的地缘结构。从 C 村来看，C 村从人口、经济、社会和文化等方面始终保留着较强的传统特征，很少有外迁人口进入村庄且生产方式以农业种植为主，血缘、地缘和宗族姓氏观念始终是人们日常社会交往的主要纽带。这种保留着传统生产生活特征的村庄本身具有较强的稳定性和整合性，决定了在意识观念层面，人们的群体认知和记忆也具有超强的稳定性和约束力。在此，我们清晰地看到农民"男孩偏好"的生育观念在成为一种个体性"惯习"并指导个体日常行为的时候，这种个体性"惯习"已经成为"场域"结构中的群体认知与记忆，并且在村民的社会交往中不断自我复制、建构和强化。由此，"场域"与"惯习"逐步建立起一种有效的连接转换机制。

（二）"惯习"：一种策略性、选择性的实践机制

从某种意义上来看，如果说案例 1 和案例 2 着重强调"儿子"在村庄场域中的组场作用，重点突出"场域"的结构性作用的话，那么，案例 3 和案例 4 则着重表达了"惯习"作为一种实践行为的策略性。

案例 3 中，CTJ 是村庄中精英分子的典型代表。他和众多村民一样，身处场域之中并被游戏规则内化，且知道自己如何遵循规则和艺术地变通游戏规则，以达到角色扮演的目的。CTJ 本来就有兄弟三个，他清楚地知道"儿子"在村庄中的重要作用。因此，为了保持现有的社会经济地位，他不惜花钱做 B 超、买生育指标来多要几个儿子。在这里，做 B 超、交抚养费、买生育指标等行为成为一种实现"男孩偏好"的个体性策略性手段，同时也成为 CTJ 等精英分子获取和积累社会经济地位等"资本"的方式和手段。但是，我们也应该看到，"是否有儿子"和"生育儿子的数量"只是决定村民"资本"的要素之一，像 CTJ 一样的村庄精英分子，经济、职业和声望等要素也是决定其"资本"分布和数量、村庄社会地位的重要因素。从现实意义来讲，"儿子"作为一种"资本"要素，与村民经济、职业和声望等经济资本、社会资本和符号资本等要素是相互依存、相互促进的关系，因此，村民"资本"是一个多种资本要素的综合体。

与案例 3 相比较，案例 4 展现了普通村民的性别偏好观念及行为，大多数的村民在"要男孩"的问题上立场非常坚决，因为家里有"儿子"是他们在村庄中获得基本尊重、一定社会地位和村民认同的关键因素。在这里，"生育儿子"已经不再是一种简单的家庭生育行为，更多地被赋予了社会认同的意义，因为一个家庭能有"儿子"，就能够获得村民最基本的尊重和认同，这个家庭就有"资本"在村庄中占据一定的位置，而不至于沦为边缘群体。在"生育儿子的数量"的问题上，基于"男孩偏好"、生育政策、家庭经济状况等多种因素的考量，大多数普通村民认为"有一个就够了"，"要多了经济负担不起，也违反政策"，但是为了保证能生一个男孩，大多数村民倾向于选择 B 超鉴定。可以看出，与村庄精英分子一样，B 超鉴定也成为普通村民实现"生育儿子"的一种策略性手段。但是，B 超鉴定作为一种策略性实践，在精英群体和普通村民的生育目的与价值追求方面却存在明显的差异，体现了不同阶层群体的惯习在生育实践过程中的选择性。

如果说精英分子对"男孩偏好"和性别选择行为的理解和选择意义在于自身家族财产的继承和乡村社会地位的保持的话，那么村民百姓对"男孩偏好"和性别选择行为的理解和选择则在于"养儿防老""乡村身份获得"等基本生存意义。

六　结论与讨论

本文在总结以往研究不足的基础上，对"场域""惯习""资本""阶层"等核心概念重新定义，从而建构新的理论框架来分析农民的性别偏好。

第一，"场域""惯习"概念的考察使我们将村庄社区结构与个体生育实践密切结合起来，更好地理解在村庄场域中"男孩"对农民在场域中获得位置的组场作用，更好地理解生育惯习作为一种身体化的性情倾向，既是一种具体情境下的策略实践行为，也是一种历史沉淀的群体认知与记忆。

在农村场域中，从个体层面来看，"养儿防老、家族观念、村庄身份"等类似的文化观念是一种以某些特定方式行事的生育惯习，是一种生育行为中的"实践感"；而从村庄层面来讲，它是一种历史性的群体认知和记忆，具有超强的稳定性与约束力。从两个层面的逻辑链条来看，"场域"与"惯习"之间形成一种有效的连接转换机制。

第二，"阶层""资本"概念的引入使我们在运用实践理论分析农民的生育行为时，以一种差异化的视角来看待处于不同社会经济地位的农民对"男孩偏好"选择的不同意义。在既定村庄场域中，"精英分子"和"村民百姓"作为村庄既定的分类体系，人们划分为不同的阶层，他们对性别偏好的选择具有自身的选择性和差异性，充分表达了在同一个"场域"中，虽然拥有相同的"惯习"，但是不同阶层的村民有着不同的性别偏好追求，充分体现了"惯习"在实践中的策略性与选择性。

第三，生育政策、生育抚养成本对农民生育行为的约束作用。在现代社会转型时期，生育政策的普遍实行和生育抚养成本的上升，客观上对农民的生育偏好产生了较强的约束力，使农民的生育数量普遍减少。而在经济社会文化较为传统的农村中，生育数量的减少意味着适龄劳动力的减少，加之农村社会保障体系还存在诸多不足，势必会使农村老年人养老问题更加突出、形势更加严峻。

参考文献

[1] 原新,2011,《专家解读第六次全国人口普查数据 应重点关注人口结构》,http://www.022net.com/2011/5-21/494064312693317-2.html,2013-12-20。

[2] 刘中一,2005,《场域、惯习与农民生育行为》,《社会》第6期。

[3] 李银河,2009,《生育与村落文化》,内蒙古大学出版社。

[4] 李冬莉,2000,《儒家文化和性别偏好:一个分析框架》,《妇女研究论丛》第4期。

[5] 景跃军,1991,《农村生活方式对生育行为的影响》,《人口学刊》第4期。

[6] 〔美〕加里·斯坦利·贝克尔,2005,《家庭论》,王献生、王宇译,商务印书馆。

[7] 董辉,1992,《中国农民家庭功能及成员活动社会化与生育行为的思考》,《社会学研究》第1期。

[8] 陈俊杰,1995,《亲子关系中的代际倾斜与农民生育观念》,《人口研究》第1期。

[9] 陆益龙,2001,《生育兴趣:农民生育心态的再认识》,《人口研究》第2期。

[10] 刘中一,2006,《生育性别偏好研究的范式:反观与重构》,《南京人口管理干部学院学报》第1期。

[11] 王文卿、潘绥铭,2005,《男孩偏好的再考察》,《社会学研究》第6期。

[12] 〔法〕皮埃尔·布迪厄,2003,《实践感》,蒋梓骅译,译林出版社。

[13] 〔美〕乔治·瑞泽尔、D.J.古德曼,2004,《现代社会学理论》,北京大学出版社。

[14] 林易,2009,《布迪厄实践理论述评》,《东方论坛》第5期。

中国的科层制激励与地方经济转型：以东莞为例*

方志操**

摘要：本文提出，要理解中国地方经济转型的困局，必须从经济发展作为地方官员的激励与合法性来源的重要地位入手。在官员轮转制度驱使地方官员注重短期利益与晋升的前提下，当经济转型与经济发展同时成为科层制内激励机制的一部分但两者发生冲突时，地方官员出于思维惯性，很可能倾向于优先保护经济发展，这是造成以政府政策为中心的地方经济转型举步维艰的重要原因。本文以东莞为例对这一问题进行了经验考察，并提出了未来进行中国地方政治经济研究的一些方向。

关键词：科层制　激励　经济发展　经济转型　东莞

一　引言

一般认为，出口导向的工业化，尤其是自 20 世纪 70 年代以来由外国及中国港澳台地区直接投资推动的工业化，使珠江三角洲（简称珠三角）崛起为"世界工厂"。珠三角地方政府通过特定的官员激励机制和增强地方政府能力来提供市场激励措施，以刺激外国投资，使其成为经济发展的积极参与者。1978 年改革开放以来，东莞开始了快速工业化的进程。1988 年，东莞从一个县级市提升到地级市，大大增强了地方政府的自主性。由于本地政府积极参与经济建设，在 20 多年的时间里，东莞迅速转变为以出口为导向的制造业为基础的经济，并呈现惊人的经济增长，人均生产总值每年平均增长 10%，超过了中国的平均增长率。① 20 世纪 90 年代东莞又成功地引进外国直接投资（FDI），取代乡镇和村庄企业，以引入更多的技能和技

---

* 本文根据作者在芝加哥大学的硕士论文编译而成，有删改。
** 方志操，广东省东莞市东莞社会建设研究院。
① 关于东莞经济增长率的统计，参见 Yeung, 2011。

术密集型企业。现在，东莞主要产业不仅包括衣履制造业，而且涉及技术相对密集的电子、IT 制造、装配、化工和特种设备生产等。

尽管过去 20 多年东莞的地方经济处于快速增长阶段，但东莞的整体发展落后于其他具备内源性研发发展能力和拥有地方知名企业的产业集聚中心。此外，由于经济主要是出口导向型，东莞经济在 2008 年受到国际金融危机和随后的全球经济衰退的冲击，新的《劳动合同法》的实施又显著增加了企业劳动力成本，导致东莞经济一度出现大幅度滑坡。政府统计数据显示，2008 年至 2009 年东莞的 GDP 增幅只有 5.3%，而出口量在上年同期的基础上下跌 16%，并出现了长达 11 个月的负增长。①

本文认为，思考东莞经济转型问题，应该注意科层制内激励机制的影响。东莞的地方政府能力是使本市在全球价值链中占有一席之地并形塑目前独特的社会结构的最主要因素。东莞的崛起和衰退，是中国的科层机构和国家能力再分配这一宏观过程的缩影：以经济指标作为激励官员上升的动力，促使科层机构积极构建市场经济的基本制度和为企业提供各种发展机会，是新兴市场经济体所必须经历的一步；但市场经济成熟之时，地方政府为了维护自身的绩效合法性而拒绝撤出，而中央政府对行政体制的改革也使原先简单的激励机制复杂化，导致地方政府在升级转型和持续推动经济发展两个具有潜在冲突的目标中进退两难。

本文正文共分为四个部分：第一部分提供相关文献综述，并定义关键概念，如科层激励和地方政府能力；第二部分对东莞的经济发展及其与强大的本地政府能力的关系进行了概述；第三部分论述经济升级转型中所表现的激励机制与政策目标的冲突及其对东莞经济发展的影响；最后一部分总结全文的意义，并提供进一步研究的设想。

二 文献回顾：科层制、激励与经济发展

(一) 为何选择东莞？

长三角，特别是上海、江苏等经济发达地区，一向是学者们关注中国

---

① 参见《东莞统计年鉴 2009》，http：//tjj.dg.gov.cn/website/flaArticle/art_show.html? code = nj2009&fcount = 2，2012 年 6 月 1 日登入。

地方经济发展时所采用的样本。①已有的研究多把东莞置于珠三角这一特殊经济区位中考察；②对于经济转型的研究，则多采用各社会阶层在经济资源上的不平等，③环境污染、公共设施不足和相对恶劣的工作条件，④农民工的工作条件和城市落户问题⑤等视角，较少讨论科层制激励及其意义。事实上，珠三角尤其是东莞的制造业对于中国地方经济发展与转型的样本意义是非常重要的，一句流行语"东莞堵车，全球缺货"也表明了东莞在全球经济中的地位。分析东莞的经济转型与科层制激励的关系，有助于更深入地探讨中国地方经济转型中出现的问题。

（二）科层制、官员激励与经济发展

马克斯·韦伯将科层制（Bureaucracy，又译官僚制）定义为"理性"和价值中立的组织形式，其中配备的专业人员按照层层下达的指令集中处理细化的、专业的工作任务。⑥现代经济和社会的"理性化"是树立科层制在现代国家的政治中心地位的前提条件。⑦韦伯认为，在一个科层系统中，每个官员的最终目标都是寻求晋升。科层制激励指的就是官员为寻求晋升而必须集中其主要工作精力去推动的政策领域和指标。

西方学者一度认为，长远来说科层制对于经济发展而言是中性的，甚至是有负面作用的。⑧但最近二三十年以来，东亚地区的经济奇迹促使学者们提出一种"发展型国家/政府"的理论。⑨东亚的发展型国家，如日本、韩国和新加坡，其科层机构配备了具有相当的专业水平和长远眼光，同时坚定地追求经济发展的官员；他们的晋升与完成国家制定的经济发展任务、提高工业生产率及制订创新发展计划密切相关。⑩这种激励促使官员们与财

---

① 对于长江三角洲经济发展与地方政府角色的研究，参见 Huang, 2003, 2008; Oi, 1992, 1999; Walder, 1995。
② Cheng and Zheng, 2001; Eng, 2009; Yang, 2007; Yeung, 2001a, 2001b。
③ Johnston, 1999.
④ 如 Pun and Smith, 2006, 2007。
⑤ 潘毅教授对于中国工人工作与生活状况的研究较有代表性，参见 Pun, 2010。
⑥ Weber, 1922 (1999).
⑦ Silberman, 1993.
⑧ Schumpeter, 1947 (1962); Mann, 1984.
⑨ 对于东亚发展型国家和地区的论述，特别是日本、韩国、中国台湾地区等地的比较研究，参见 Johnson, 1982; Wade, 1990; Vogel, 1991; Kohli, 2004。
⑩ Johnson ed., 1994.

阀和工业企业建立合作伙伴关系，提供税收优惠，照顾工业发展中有前途的行业部门，制定各具特色的灵活的产业政策。但另一方面，科层机构不可能完全掌握整个经济发展，它们的自主权必须嵌入在一组有效沟通科层机构和其他社会行动者的关系中，促使科层机构及时回应社会各方的诉求，并与主要的行动者协商行动计划和目标。①

因此，可以合理地认为，解释东亚地区经济发展的关键在于意识到，传统对于科层制的认识并不能解释科层制对于经济发展的重要作用。科层激励机制催生了这样一种官员：他们有足够的政策执行力，既屏蔽来自利益集团的影响，维持社会经济的长远发展，又保持同精英和企业的良好关系。②

（三）官员绩效、绩效合法性、地方政府能力与中国的经济发展

尽管关于东亚的研究并不能直接强加于解释中国经济的发展，且一度有学者认为中国经济的快速增长似乎是来源于对中央计划经济的抗拒与背离，③但自20世纪80年代以来的经济成长，其实伴随着相当重要的地方与中央权力的再分配过程。④经济发展指标考核逐渐取代共产主义意识形态，成为中国地方官员晋升的主要影响因素。⑤此外，整个中央政府的合法性也逐渐转移到"绩效合法性"上：国家通过发展经济，承诺对社会公众提供持续的、普遍的福利来获取合法性，哪怕是最轻微的经济衰退中的经济和福利的下降，都可能影响政府在公众心目中的形象。⑥

另一方面，激励机制的改变，也影响了中国地方政府的施政能力。王

---

① Evans, 1995.
② Clark, 2005; Naughton, 2007.
③ Barry Naughton 认为，中国经济在20世纪80~90年代的发展，是各地自发在中央允许的改革基础上主动发挥市场力量、"在计划之外增长"而取得的成果。参见 Naughton, 1995。
④ Susan Shirk 指出，研究中国改革开放初期的政治经济，必须注意在经济发展背后暗含的中央与地方就政治权力和财政收入分配所展开的博弈。参见 Shirk, 1993。
⑤ Huang and Yang, 2002; Kung and Chen, 2011; Zhou, 2007.
⑥ Yang and Zhao, 2013. 赵鼎新将政府合法性类型分为三种，即意识形态合法性、程序合法性和绩效合法性，分别以意识形态和对国家命运与精神的信念、政府产生的程序和政府对公众福利与经济发展的承诺支持。在现代国家中，合法性主要来源于程序和绩效。赵鼎新认为中国政府目前的发展模式基本上完全基于绩效合法性；而由于中国传统上存在"天命所归"等政治观念，要求中央政府以惠泽万民的方式完成"天命"，故从某种意识形态合法性转型到绩效合法性的路径是相对简单的。另见 Zhao, 1994, 2009。

绍光和胡鞍钢[①]提出，国家能力主要包括从经济中提取税收和财政收入能力，动员社会能力，提供基本的社会服务能力，以及维护领土完整和国家安全并不断现代化的能力。其他学者则认为王绍光和胡鞍钢过度集中于中央政府及经济指标，而忽视了地方政府维护市场经济发展的决策能力作为国家"基本能力"的重要性。[②]长三角和珠三角的蓬勃发展表明，放松中央权力、给予地方自主性，对于地方经济发展有重要的刺激作用；[③]过分强调国家中央权力的作用，可能导致国家蜕变为"掠夺型"国家。[④]尽管地方政府能力容易育成腐败、贿赂和寻租，但只要地方精英保持一定的监控能力，促使地方官员回应政策诉求，同时地方政府保持相对注重绩效主义的晋升制度，则腐败并不一定会阻遏经济的持续发展。[⑤]

简单地总结，中国转型期的科层制激励改造，强调的不仅是中央和地方权力再分配，以及抽取税收和财政收入的能力，更重视赋予地方政府营造良好经济环境的能力。[⑥]在这个过程中，中央和地方政府的绩效合法性也得到了巩固。然而在这一套激励机制中，将保持快速增长的GDP作为晋升的主要资本与其他指标之间往往存在着相互冲突的关系。

（四）作为官员激励的GDP

GDP指标对于地方官员晋升的巨大作用，促使他们通过提高经济绩效来巩固绩效合法性，而最方便的途径就是引进外国直接投资以提升本地GDP数字。[⑦]由于珠三角地理位置靠近港澳台，引资方便，故引进外商直接投资拉动GDP向来是地方官员所钟爱的政策。但特定类型的外国直接投资实际上可能有损地方企业的自主转型和升级。黄亚生证明，地方政府若过分迷恋堆砌外资数字，反而将抑制本地企业的创新和转型能力；[⑧]例如多年来集聚在珠三角的电子制造企业中，属于本地品牌的企业长期得不到发展，

---

① 据称，王绍光、胡鞍钢二人的著作后来成为"分税制"政策出台的重要推手。Wang and Hu, 1994; Hu, 1998.
② Soifer, 2008.
③ Oi, 1995.
④ Lee, 2000.
⑤ Chang, 2004.
⑥ Pei, 2006.
⑦ 对于GDP数字对中国官员升迁的激励作用的量化研究，参见 Shih, et al., 2010。
⑧ Huang, 2003, 2008.

反而是台湾企业逐渐有了自主创新能力并走向世界。①

多数研究指出，充满活力和创新精神的地方政府曾在珠三角经济建设中发挥了重要作用。②但另一方面，这种"制度红利"在经过了市场经济初期的快速成长阶段后也在逐渐消退。外资企业已经深深嵌入本地经济和社会结构中，往往拒绝顺从政府的产业转型升级政策。③总的来说，现存的经济激励和经济升级之间的紧张关系在于：从短期来看，地方的领导官员不得不通过快速增加的 GDP 数字作为晋升的主要资本，引进外国直接投资就是一种最便利的措施；但从长远来看，过度引进同质型的外国直接投资，使本地经济结构固化、定型，对于晋升激励作用较小的产业转型升级政策，地方官员难以全心全意地执行。

（五）激励与经济发展：一个初步结论

科层制度在中国经济发展中的作用可以总结为：通过重新组合晋升激励制度，取代原有的合法性基础，并重新分配中央和地方政府的权力，促使整个官员系统将精力和资源集中到经济发展上来。一套稳定的科层激励机制，加上充满活力和创新能力的地方政府，是以出口为导向的经济在东莞及珠三角繁荣的关键。这套激励机制的缺陷，则是容忍地方上的腐败，以及领导官员普遍倾向于关注短期利益而非长远后果。但最大的问题在于，此套稳定的激励机制取决于经济的持续发展及中央政府自上而下的授权。④20 世纪 80～90 年代，经济增长相对稳定，中央政府可以默许地方政府采取"力保 GDP"的经济增长模式；而 21 世纪以来一系列社会经济变化，特别是 2008 年以来的经济危机，促使中央政府以改变激励机制的方式推行经济和社会转型，却与地方政府的惯性产生了冲突，而重新上收权力的运作方式又削弱了地方政府推行升级转型的能力。

三 东莞经济：从繁荣到转型阵痛

由于地理位置的优势和政策便利，珠三角自 20 世纪 70 年代以来便以吸

---

① Kawakami and Sturgeon, eds., 2011; Sturgeon, et al., 2011.
② Lin, 1997; Enright, et al., eds., 2005; Yeung and Shen, eds., 2008; Yeh and Xu, eds., 2011.
③ Yang, 2006, 2012; Meyer, et al., 2012.
④ Zhao, 1994, 2009.

引外资、本地加工的方式成功推动了经济发展。直至 21 世纪初，地方政府仍积极嵌入本地经济发展。有学者总结，东莞市政府对于相关企业提供的便利包括廉价土地、电力和水等基本设施，良好的业务环境，相对宽松的税务政策、劳工政策和工作环境要求，对于工厂扩建和产品出口的便利，等等。[1]没有一个强大、自主的地方政府，是无法推行这些政策的。[2]东莞对于外资的重视，使其成为外向/出口依赖型经济最突出的代表（见表1）。地方政府以政策确保市场经济运行稳定并逐渐提升 GDP，工业发展带动的市场经济繁荣与较高的地方自主性相结合，互相依赖，后者保障前者的持续发展，前者则向后者的受益人——地方官员输送绩效合法性。[3]地方行政领导的稳定也保障了发展模式的持续性，如截至 2001 年，无论是市委书记还是市长，都是东莞本地居民，并在东莞生活、工作多年。最后一任本地市委书记李近维，就在东莞生活了超过 20 年，任市委书记 7 年。其继任者、第一位外地书记佟星，在晋升书记之前也曾在东莞政府部门工作逾 15 年。激励机制、地方政府能力和地方领导人的任期稳定的结合，也促进了地方经济的进一步发展。

表 1　珠三角各主要城市 2006 年出口额及占 GDP 比重

城市	出口额（亿美元）	GDP（千亿元人民币）	出口额占 GDP 比重（%）
广州	477.9	4115.8	96.1
深圳	1472.8	3422.8	357.1
珠海	218.1	546.3	331.4
佛山	216.9	1656.3	108.7
江门	78.4	834.6	78.0
东莞	645.2	1155.3	463.5
中山	156.2	601.1	212.5
惠州	166.7	667.1	206.1
肇庆	16.6	386.6	35.8

注：需要注意的是，在主要的珠三角城市中，东莞出口额占 GDP 的比重最高，出口量是国内生产总值的近 4 倍。

资料来源：Yang, 2012。

---

[1] Enright, et al., eds., 2005.
[2] Lin, 1997.
[3] Yang, 2012.

外向型加工企业在镇、村两级深深嵌入东莞的经济地理。在 1978 年到 2008 年期间，村一级企业占东莞生产总值的比例从 14% 增加至 53%。①此外，以出口为导向的生产活动也为地方政府和本地居民提供了诸如土地租赁费等收入，并进一步整合了交通和商业网络。②

经历超过 20 年的惊人增长后，珠三角出口导向型经济的有利环境，自 2000 年初遇到了戏剧性的挑战。劳动力成本上升、人民币升值、通胀和飙升的原材料价格、劳动力短缺等，造成生产成本剧增，表明低成本生产的时代在珠三角已经过去了。③产业形态单一的外向型加工企业难以适应不断变化的全球经济动态，尤其是低端产品的需求萎缩。

尽管经济增长率的放缓可能是每个快速增长的经济体所自然而然需要经历的过程，但东莞经济急剧滑坡的背后，有两个非常重要的原因：一是劳动力价格自 2008 年《劳动合同法》实施以来的急剧上升。④二是东莞产业结构的特殊性：即使是在经济繁荣时期最具有技术强度的产业，如化工及电子制造和装配业，在全球价值链中仍然处于较为低端的位置。虽然东莞具有相关和配套企业共同生产的集聚优势，但人力资源和本地研发设施远远落后于长三角等地区。此外，这些行业经营的厂房、雇佣工人和雇员使用的设备只适用于生产特定类型的产品。虽然工厂老板可以相对容易地将生产转移到低工资地区（如东南亚），但厂房及闲置的土地和设备不能轻易转到其他行业使用，于是农民工只能寻找具有类似产业的其他地区就业。换言之，东莞资本和劳动结构的独特性大大抑制了其相对顺利转型升级的可能性。⑤

四 激励机制的矛盾与转型升级的迟滞

自 21 世纪初开始，中央政府便开始努力加强中央的政策权威，并促进各地的经济转型。《劳动合同法》在 2008 年经济危机时期的推出，被广泛认为是中央政府以法律为推手促进劳动密集型产业的经济结构升级，既降

---

① 参见《东莞统计年鉴 2009》，http：//tjj.dg.gov.cn/website/flaArticle/art_show.html? code = nj2009&fcount = 2，2012 年 6 月 1 日登入。
② Yang, 2007; Eng, 2009.
③ Wang, et al., 2009.
④ Wang, et al., 2009.
⑤ Yang, 2012.

低对盲目吸引外资的激励，又限制地方政府的能力，防止其为保持经济增长而袒护企业。①自 2006 年 9 月，中央政府又作出了对加工贸易制度进行修改的决定，包括对于出口增值税退税更严格的规定。②

而另一方面，中央政府加强推行地方官员轮转任职制度，强调地方主要领导官员在一定任期后需要离开原来岗位，切断了官员长期相互配合及与本地社会群体发展联系的机制。③虽然这无疑有助于遏制腐败和地方权贵资本主义，但也破坏了地方政府对地方经济的持续扶持，并造成新来者对地方经济社会情况的疏远：地方官员只追求短期利益（即通过维持亮丽的经济数据寻求晋升或尽快转移到较佳的位置），导致只要求维持现有的地方政策和经济模式，作为维护政绩的一种方式。同时很多新的指标被添加到激励指标中，如"集体性事件"（抗议、骚乱和其他破坏活动）的数量，地方特定时期内的信访数量和是否获得高等教育学位④等。地方官员无法抽出更多精力关注经济转型，因而他们往往不愿意以经济指标的下降为代价去推动经济结构的转型（特别是出口型经济的内向转型），因为这会削弱他们的绩效指标，影响其晋升。而这种轮转制度的另一个效应则是，地方官员越来越多地在任期内提出各种运用政府投资的规划，试图以政府投资的方式积累政绩以做晋升资本，以及提高 GDP 数字。而在他们离任后，这些规划若还未能完成，则大多无疾而终，这里仅以 2002 年以来东莞的重大建设项目为例（见表 2）。

表 2　2002 年以来东莞的部分重大建设项目一览

名称	简介	提出年份	时任市委书记	结果
东莞大道	双向 6 车道景观大道	2002	佟星	2003 年完工
新行政中心	政府行政办公楼、市民广场、剧院等设施	2002	佟星	2004 年完工
松山湖科技园	原松木山水库，规划为高新技术产业园及大学分校校园，兼顾休闲度假等服务业	2003	佟星	基本完工，有高新科技企业进驻，但也有房地产企业进占地皮建设高级别墅

① Duckett and Hussain, 2008.
② Chen and Funke, 2009.
③ Edin, 2003；Shambaugh, 2008.
④ Shih, 2010.

续表

名称	简介	提出年份	时任市委书记	结果
文化中心建设	努力提升东莞文化产业质量和地位	2006	佟星	玉兰大剧院完工
"图书馆之城"	大力建设城镇图书馆和乡村图书阅览室,力图使东莞成为"图书馆之城"	2007	刘志庚	2008 年启动以来扩张了东莞市图书馆的规模,但 2009 年之后未再被提及
"博物馆之城"	"图书馆之城"的姊妹计划	2007	刘志庚	2009 年后未再被提及

注:表中的重大建设项目是选取 2002 年以来历届东莞市政府工作报告中含有"重要""重大""献礼"等字眼描述或被工作报告以二级标题提及的工程计划。

资料来源:http://xxgk.dg.gov.cn/publicfiles/business/htmlfiles/zwgk/zwgklistindex.htm?siteid=437&cateid=26145&sitecode=0000&catecode=7,2012 年 6 月 30 日登入。

东莞绝大部分人口是来自中国内陆农村的农民工,[①]流动性巨大。数量庞大的农民工有助于保持低劳动力成本,但他们不仅无法提升自己的技能,而且在经济停滞期间倾向于到别处找工作,或干脆回到自己的家中务农(尤其是在中国通过了旨在提高农村人口收入的农村政策后),因此,农民工在产业升级中的作用必然很有限。留在城市的本地居民,要么(在村镇中)成为依赖地租和村分红过活的食租阶层并逐渐脱离农业,要么在本地工商业部门或政府机关工作。他们的经济福利取决于现有的经济结构的持久性。转型升级过程中所必然出现的动荡可能会损害他们的利益;有些人可能成为富裕的工厂老板,但很少注意科技研发事业的开展。至于外国投资者、工厂主及房地产集团等利益集团,对于经济结构转型则一向保持矛盾的态度,因为其经济收入相当程度上也来源于东莞在全球经济链中的较低地位。[②]

中央政府早就想从沿海地区挤出劳动密集型和低附加值产业,释放空间和资源以发展高附加值产业和现代服务业,且在同一时间提高中部和西部的经济水平。继中央政府的举措后,广东省委和省政府通过了多项促进省内产业和劳动力迁移的产业转移政策,试图迁移劳动密集型、低附加值

---

① 最新的统计数据显示,农民工/流动人口占东莞总人口的比例可能已高达 70%。参见《东莞统计年鉴 2010》,http://tjj.dg.gov.cn/website/flaArticle/art_show.html?code=nj2010&fcount=2,2012 年 6 月 30 日登入。

② Lai, et al., 2005.

型、高能源和资源消耗的产业。为了便于产业转移，广东省政府颁布《关于抓好产业转移园建设加快产业转移步伐的意见》(2009 年 6 月)，①通过将珠三角城市与粤西、粤北欠发达地区城市一一配对，将产业转移植入地方官员的激励机制中。但另一方面文件也强调经济发展应尽可能地保持。

然而，搬迁战略在东莞却受到重重阻挠。在相对混乱的激励机制中，保持现状已经成为当地官员的最优选择。往日经济发展对于晋升的重要作用，诱导地方政府引入尽可能多的外商直接投资，促进经济总量的提升，而很少考虑经济结构和社会效果。②政府能力的全面下放，既加强了东莞这一级别单位的决策能力，营造了良好的投资和营商环境，又使得每个地方的行政单位（包括镇、村等）为吸引外资而展开了近乎无序的竞争。一方面，中央及省政府试图直接通过在层级内下达指令的方式，将升级转型标定为新的激励，以行政命令的形式推行升级转型；但另一方面，对东莞的领导干部来说，因为其政绩合法性取决于经济总量的提升，所以任何经济放缓或衰退都是无法忍受的。于是导致了以下后果：在现行的政府主导的经济发展体制下，行政措施仍是推进经济结构调整和产业升级最有效的方法，广东省已经推出了一系列的措施和政策，但地方官员在推行政策上的三心二意使整个重组进程步履缓慢。地方官员的这种"惯性"是科层制内行动者们面对两种冲突激励而作出选择的结果。

由于全球金融危机造成外部的需求萎缩，地方政府仍然需要依靠劳动密集型、低附加值型、高能耗和高污染的制造业来维持地方经济的增长，因而默许绝大部分企业不去回应中央和省级政府的措施。仅以对香港企业的访谈为例，根据香港工业总会在东莞 2008 年 4 月进行的一项调查，被调查企业中有 48.8% 宣称不会考虑投入产业转移园，因为运输和生产成本过于高昂；另有 43.8% 的企业则表示"长远来说可以搬迁，但现在不行"。许多企业选择"扩张性搬迁"，即在其他地区设立分厂，而主要产能仍然保持在珠三角地区。另一种策略则是通过将本地亲戚或朋友加入工厂或公司股东或合伙人中而将香港工厂或公司转变为"三自"企业。根据香港企业的说法，这些做法均获得了地方官员的默许，③因为其具有"一石二鸟"的效

---

① 原文参见 http：//www.gd.gov.cn/govpub/zfwj/zfxxgk/gfxwj/yf/200906/t20090619_95649.htm，2012 年 6 月 30 日登入。
② Whittaker, et al., 2010.
③ 以上数据转引自 Gereffi, 2009；Yang, 2012。

果：既实现了由省级政府制定的"双转移"指标，①同时也保持了地方 GDP 和税收。故而，地方政府受到了来自多方面的抑制和刺激：原本是积极的产业政策的执行者，现在成为既得利益的维护者；既要面对多种多样的社会角色，又要照顾经济发展。

自 20 世纪 80 年代初期以来，东莞顺应将 GDP 增长作为官员晋升指标的中央政策，逐步创建了一个基于低端制造业的独特的经济模式。虽然这些产业仍处于全球价值链的低端，但其带来的经济增长持续了近 20 年。而近年来，由于科层制内激励机制改变和地方自主能力逐步消退，东莞本地政府不仅受到各社会群体及经济结构的限制，而且面临激励上的两难：实施上级政府制定的积极的产业转型升级政策必然导致经济发展的相对停滞；但国内生产总值下降和经济增长同时会影响绩效合法性和晋升。

五 结语

经过 30 年由出口和外资驱动的快速工业化和经济发展，以出口为导向的制造企业已从东莞快速工业化的引擎沦落为向高附加值行业转型的绊脚石；但它们的存在对于维持高速经济增长，暂时还是不可或缺的。另一方面，中央政府一系列再分配中央、地方权力的举措，也暴露了依靠科层制激励发展经济的局限性。在经济的高速增长时期，科层制的激励机制保持相对稳定，绩效合法性保存完好，激励机制和体制的作用往往被视为理所当然；但当经济处于衰退和转型期，地方政府能力和正确激励的必要性就凸显出来。经济发展中不断形成新的社会力量，企图"夺取"地方政府能力为其服务；地方官员面对来自上级的、不断变化的激励措施，选择了最为简便的惯性路径，从根本上造成了地方经济和社会结构的"惰性"。

本文认为，欲在此基础上进一步理解中国地方经济与社会转型的过程，可以从以下几个方面着手。首先，应该着力开展科层制内激励机制和经济转型的成功程度方面的比较研究，特别是在全国都面临经济转型的情况下，选择如珠江三角洲和长江三角洲地区等具有类似产业结构和存在转型问题

---

① 关于东莞市经济转型成就的官方数据，参见 2011 年及 2012 年东莞市政府工作报告。2011 年：http://xxgk.dg.gov.cn/publicfiles/business/htmlfiles/0000/7/201108/409116.htm，2012 年：http://xxgk.dg.gov.cn/publicfiles/business/htmlfiles/0000/7/201108/409116.htm，2012 年 6 月 30 日登入。

的地区开展研究，可以更充分地掌握这一轮经济转型的模式及后果。

其次，本文突出了地方政府能力和制度创新的重要性。中央政府对于中央、地方权力的再分配，很可能刺激地方政府创造本地独特的营商环境和采取灵活措施。但另一方面，中央政府自上而下的行政措施有利于加强管理的合理化，遏制腐败，并重申绩效合法性中的发展（而非寻租）职能。中央、地方政府对于各项改革的不同取向和政策，在改革和转型过程中出现的中央和地方的博弈与冲突，值得进一步细化研究。

最后，本文提出应注意科层激励体系中的冲突性及其后果。研究东亚"发展型国家"的学者们一向认为，长期、连贯而稳定的官员激励机制有利于东亚国家的经济发展和创新。本文则表明，在中国的激励机制，随着时间的推移而逐渐发生内容和性质的改变，上级政府习惯于在激励指标中添加内容，激励地方官员完成上级政府视为重点任务的政策使命，而各项指标之间却可能相互产生冲突。地方官员必须采取一定的策略以平衡不同的目标，平衡自上而下的命令和本地所面临的特殊情势之间的关系。中央政府是否确实愿意以牺牲一部分经济增长和绩效合法性为代价，推进经济结构调整，尚有待观察；而更重要的意涵则是，中央政府可能会因此而改变整套地方官员的激励机制，通过选拔愿意顺从新的激励模式的官员，以此来改变中国的转型和发展路径。

参考文献

[1] Chang, Tieh-chih. 2004. "Growth, Corruption and State Capacity? China in Comparative Perspective," paper presented at the Mini-APSA, Department of Political Science, Columbia University, April 2004. http://www.columbia.edu/cu/polisci/pdf-files/apsa_chang.pdf, accessed April 7th, 2012.

[2] Chen, Yu-Fu and Michael Funke. 2009. "China's New Labor Contract Law: No Harm to Employment?" *China Economic Review* 20: 558–572.

[3] Cheng, J. Y. S. and P. Y. Zheng. 2001. "Hi-Tech Industries in Hong Kong and the Pearl River Delta-Development Trends in Industrial Cooperation," *Asian Survey* 41: 584–610.

[4] Clark, Ian. 2005. *Legitimacy in International Society*. New York, NY: Cambridge University Press.

[5] Dongguan Bureau of Statistics. 2009. Dongguan Statistical Yearbook 2008. Beijing: Statistical Publication House.

[6] Duckett, J. and A. Hussain, 2008. "Tackling Unemployment in China: State Capacity and Governance Issues," *Pacific Review* 21 (1): 211–229.

[7] Edin, Maria. 2003. "State Capacity and Local Agent Control in China: CCP Cadre Management from a Township Perspective," *China Quarterly* 173: 35–52.

[8] Eng, Teck-Yong. 2009. "Manufacture Upgrade and Interfirm Relationship Development: The Case of Electronics Firms in the Pearl River Delta," *Asia Pacific Business Review* 15: 507–525.

[9] Enright, Michael J., Edith Scott and Ka-mun Chang eds. 2005. *Regional Powerhouse: The Greater Pearl River Delta and the Rise of China*. Singapore: John Wiley & Sons (Asia).

[10] Evans, Peter B. 1995. *Embedded Autonomy: States and Industrial Transformation*. Princeton, N.J.: Princeton University Press.

[11] Gereffi, G. 2009. "Development Models and Industrial Upgrading in China and Mexico," *European Sociological Review* 25 (1): 37–51.

[12] Lee, Pak Kuen, 2000. "Into the Trap of Strengthening State Capacity: China's Tax Assignment Reform," *China Quarterly* 64: 1007–1024.

[13] Hu, Angang, 1998. "Background to Writing the Report on State Capacity," *Chinese Economy* 31 (4): 4–29.

[14] Huang, Yanzhong and Dali Yang. 2002. "Bureaucratic Capacity and State-Society Relations in China," *Journal of Chinese Political Science* 7 (1): 19–46.

[15] Huang, Yasheng. 2003. *Selling China: Foreign Direct Investment During the Reform Era, Cambridge Modern China Series*. New York, NY: Cambridge University Press.

[16] Huang, Yasheng. 2008. *Capitalism with Chinese Characteristics: Entrepreneurship and the State*. Cambridge, New York: Cambridge University Press.

[17] Johnson, Chalmers. 1982. *MITI and the Japanese Miracle*. Stanford, CA: Stanford University Press.

[18] Johnson, Chalmers, ed. 1994. *Japan: Who Governs? The Rise of The Developmental State*. New York, NY: W. W. Norton & Company.

[19] Johnston, M. F. 1999. "Beyond Regional Analysis: Manufacturing Zones, Urban Employment and Spatial Inequality in China," *China Quarterly* 157: 1–21.

[20] Kohli, Atul. 2004. *State-Directed Development: Political Power and Industrialization in the Global Periphery*. Cambridge, MA: Cambridge University Press.

[21] Kawakami, Momoko and Timothy J. Sturgeon eds. 2011. *The Dynamics of Local Learning in Global Value Chains*. London: Palgrave Macmillan and IDE-JETRO.

[22] Kung, James Kai-sing and Chen Shuo. 2011. "Tragedy of the Nomenklatura: Career

Incentives and Political Radicalism during China's Great Leap Famine," *American Political Science Review* 105: 1, February 2011, 27 – 45.

[23] Lai, Hsien-Che, Chiu Yi-Chia and Leu Horng-Der. 2005. "Innovation Capacity Comparison of China's Information Technology Industrial Clusters: The Case of Shanghai, Kunshan, Shenzhen and Dongguan," *Technology Analysis & Strategic Management* 17 (3) 293 – 315.

[24] Lin, George Chusheng. 1997. *Red Capitalism in South China : Growth and Development of the Pearl River Delta*. Vancouver : UBC Press.

[25] Meyer, Susanne, Daniel Schiller and Javier Revilla Diez. 2012. "The Localization of Electronics Manufacturing in the Greater Pearl River Delta, China: Do Global Implants Put Down Local Roots?" *Applied Geography* 32: 119 – 129.

[26] Mann, Michael. 1984. *The Sources of Social Power*, Vol. 2. Cambridge: Cambridge University Press.

[27] Naughton, Barry. 1995. *Growing out of the Plan: Chinese Economic Reform*, [STBX] 1978 – 1993 [STBZ] . New York, NY: Cambridge University Press.

[28] Naughton, Barry. 2007. *The Chinese Economy: Transitions and Growth*. Cambridge, Mass. : MIT Press.

[29] Oi, Jean. 1992. "Fiscal Reform and the Economic Foundations of Local State Corporatism in China," *World Politics* 45 (1): 99 – 126.

[30] Oi, Jean. 1995. "The Role of the Local State in China's Transitional Economy," *China Quarterly* 114: 1132 – 1149.

[31] Oi, Jean. 1999. *Rural China Takes Off: Institutional Foundations of Economic Reform*. Berkeley, CA: University of California Press.

[32] Pei, Minxin. 2006. *China's Trapped Transition : The Limits of Developmental Autocracy*. Cambridge, MA: Harvard University Press.

[33] Pun, Ngai. 2010. "Creating Wealth and Poverty in Postsocialist China," *China Journal* 64: 264 – 265.

[34] Pun, Ngai and Chris Smith. 2006. "The Dormitory Labor Regime in China as a Site for Control and Resistance," *International Journal of Human Resource Management* 17: 1456 – 1470.

[35] Pun, Ngai and Chris Smith. 2007. "Putting Transnational Labor Process in Its Place: The Dormitory Labor Regime in Post-Socialist China," *Work Employment and Society* 21: 27 – 45.

[36] Shambaugh, David. 2008. *China's Communist Party: Atrophy and Adaptation*. Berkerley, CA: University of California Press.

[37] Schumpeter, Joseph. 1947 (1962). *Capitalism, Socialism and Democracy*. New York, NY: Harper Perennial.

[38] Shih, Victor, Wei Shan and Mingxing Liu. 2010. "Gauging the Elite Political Equilibrium in the CCP: a Quantitative Approach using Biographical Data," *China Quarterly* 201: 79 – 103.

[39] Shirk, Susan L. 1993. *The Political Logic of Economic Reform in China*. Berkeley, CA: University of California Press.

[40] Silberman, Bernard, S. 1993. *Cages of Reason: The Rise of the Rational State in France, Japan, the United States, and Great Britain*. Chicago, IL: University of Chicago Press.

[41] Soifer Hillel. 2008. "State Infrastructural Power: Approaches to Conceptualization and Measurement," *Studies in Comparative International Development* 43: 231 – 251.

[42] Sturgeon, Timothy, J. and Momoko Kawakami. 2011. "Global Value Chains in the Electronics Industry: Characteristics, Crisis, and Upgrading Opportunities for Firms from Developing Countries," *International Journal of Technological Learning, Innovation and Development* 4: 120 – 147.

[43] Vogel, Erza V. 1991. *The Four Little Dragons: The Spread of Industrialization in East Asia*. Cambridge, MA: Harvard University Press.

[44] Wade, Robert. 1990. *Governing the Market: Economic Theory and the Role of Government in East Asian Industrialization*. Princeton, NJ: Princeton University Press, c1990.

[45] Wang, H. Y., R. P. Appelbaum, F. Degiuli and N. Lichtenstein. 2009. "China's New Labor Contract Law: Is China Moving Towards Increased Power for Workers?" *Third World Quarterly* 30: 485 – 501.

[46] Wang, Shaoguang and Hu An-Gang. 1994. Zhong Guo Guo Jia Neng Li Bao Gao (A Report on China's State Capacity). Hong Kong: Oxford University Press (Chinese series).

[47] Walder, Andrew. 1995. "Local Governments as Industrial Firms: An Organizational Analysis of China's Transitional Economy," *American Journal of Sociology* 110 (2): 263 – 301.

[48] Weber, Max. 1922 (1999). "The Bureaucratization of Politics and the Economy", in Max Weber (edited by Richard Swedberg), *Essays in Economic Sociology*. Princeton, NJ: Princeton University Press.

[49] Whittaker, D., Tianbiao Zhu, Sturgeon Timothy, Tsai Mon and Okita Toshie. 2010. "Compressed Development," *Studies in Comparative International Development*

45: 439.

[50] Yang, Chun. 2006. "Overseas Chinese Investments in Transition: The Case of Dongguan," *Eurasian Geography & Economics* 47: 604 – 621.

[51] Yang, Chun. 2007. "Divergent Hybrid Capitalisms in China: Hong Kong and Taiwanese Electronics Clusters in Dongguan," *Economic Geography* 83 (4): 395 – 420.

[52] Yang, Chun. 2012. "Restructuring the Export-Oriented Industrialization in the Pearl River Delta, China: Institutional Evolution and Emerging Tension." *Applied Geography* 32: 143 – 157.

[53] Yang, Dali. 2004. *Remaking the Chinese Leviathan: Market Transition and the Politics of Governance in China.* Stanford, CA: Stanford University Press.

[54] Yang, Hongxing and Dingxin Zhao. 2013. "Performance Legitimacy and Economic Miracle of China," *Xue Hai* 3: 16 – 32.

[55] Yeh, Anthony G. O. and Jiang Xu. eds. 2011. *China's Pan-Pearl River Delta: Regional Cooperation and Development.* Hong Kong: Hong Kong University Press.

[56] Yeung, Godfrey. 2001a. "Foreign Direct Investment and Investment Environment in Dongguan Municipality of Southern China," *Journal of Contemporary China* 10: 125 – 154.

[57] Yeung, Godfrey. 2001b. *Foreign Investment and Socio-Economic Development in China: The Case of Dongguan.* New York, NY: Palgrave Macmillan.

[58] Yeung, Y. M. and Shen Jianfa eds. 2008. *The Pan-Pearl River Delta: An Emerging Regional Economy in a Globalizing China.* Hong Kong: The Chinese University of Hong Kong Press.

[59] Zhao, Dingxin. 1994. "Defensive Regime and Modernization," *Journal of Contemporary China* 3: 28 – 46.

[60] Zhao, Dingxin. 2009. "The Mandate of Heaven and Performance Legitimation in Historical and Contemporary China," *American Behavioral Scientist* 53 (3): 416 – 433.

[61] Zhou, Li'an. 2007. "A Study of Promotion Competition Among China's Local Officials," *Economic Research* 7.

案例分析

东莞利用异地商会优化异地务工人员服务管理

东莞社会建设研究院课题组[*]

摘要： 本文以东莞在全省乃至全国率先开展异地务工人员服务组织建设试点工作为背景，客观分析了异地商会在内部创建异地务工人员服务组织的必要性，细致梳理了异地商会的主要创新举措，全面总结了异地务工人员服务组织成立以来取得的主要成效，最后深刻揭示了对东莞及其他先进城市未来创新社会管理模式的启示。

关键词： 异地商会　异地务工人员　服务组织

一　背景

异地商会是地域经济交流发展过程的必然产物，是真正独立的、能够自主开展活动的民间化的社会组织。近年来，东莞异地商会呈现蓬勃发展之势。截至目前，全市正式登记成立的异地商会已达 26 家，另有 30 多家异地商会也在筹备之中。

2012 年，东莞在全省乃至全国率先开展异地务工人员服务组织建设试点工作，在"老乡会"等组织不被政策允许的前提下，通过在异地商会内部建立非法人的异地务工人员服务组织，拓展服务与管理异地务工人员的平台和载体，搭建与异地务工人员沟通联系的桥梁，有效引导异地务工人员自我教育、自我服务、自我管理，有力促进异地务工人员与本地居民有机融合。目前，全市已成立 5 家异地务工人员服务组织，分别内设于东莞市湖南娄底商会、东莞市湖南永州商会、东莞市贵州商会、东莞市贵州遵义商会、东莞市江西九江商会。同时，还有多家异地商会也正在筹备成立异地务工人员服务组织。

东莞依托异地商会，具有乡情浓、乡贤多、平台宽、资源广等独特优

---

[*] 课题组成员：曹秋静、查日升、江炎骏。

势,在商会内部创建异地务工人员服务组织是符合东莞市情、顺应时代变化的创新性举措。具体表现在以下三方面。

(一) 东莞人口结构特殊性的需要

广东是劳务输入大省,东莞更是其中的典型地区。目前东莞有常住人口 825 万,异地务工人员高达 640 多万,异地务工人员与户籍人口数量比例严重倒挂,这也是东莞最显著的城市特征。数量庞大的异地务工人员生活和工作稳定与否,直接影响着整个东莞社会的和谐稳定;其问题和困难解决与否,直接考量着党委、政府的管理理念和服务能力;其需求和期待满足程度,直接反映着东莞地区的社会文明程度和人民幸福指数。针对外来务工人员在生产生活中存在的困难与不便,异地商会依托丰富的资源优势,在异地商会内部创建服务组织,有利于为外来务工人员安居乐业创建良好的生活环境,为东莞实现高水平崛起营造良好的社会环境。

(二) 东莞经济社会转型升级的需要

当前东莞经济社会处于转型升级的特殊时期,人才和企业是促进经济社会转型升级的主力军。在异地商会内部创建异地务工人员服务组织,依靠内部组织来解决实际困难,有利于提高在莞务工人员的幸福感和归属感,使得无论是在莞企业家还是异地务工人员中的精英都自愿长期为东莞经济发展做贡献。只有留住优秀的人才和企业,才能更好地为东莞经济社会转型升级服务。

(三) 异地务工人员融入东莞城市的需要

身在异乡为异客,异地务工人员身在东莞更需要东莞的特殊关怀。为加强对外来务工人员的管理,东莞异地商会顺应时代的变化,以异地商会资源为基础,以地缘亲情为纽带,创新性地建立了异地务工人员服务组织。服务组织在有效保障异地务工人员的基本生活条件、积极开展适合异地务工人员的业余活动、有效引导异地务工人员遵纪守法等方面发挥了重要的作用,有利于提升对在莞务工人员的服务和管理水平,使在莞务工人员积极地参与东莞建设,融入东莞、扎根东莞,也使改革发展的成果能惠及在莞务工人员。

二 主要创新举措

对于党委、政府而言,东莞在异地商会内部创建异地务工人员服务组织增加了一个有效服务和管理异地务工人员的"抓手";对于异地商会及会员企业来说,既可以为当地政府"排忧",又可以为异地务工人员"解难";对于异地务工人员而言,则多了一个沟通交流、互助服务的平台。这一创新举措受到时任省委书记汪洋等省委领导的肯定和社会各界的好评。具体可以归纳为以下五点。

(一) 建立异地商会在莞人员服务站,有效引导异地务工人员的自我服务和自我管理

目前,东莞异地商会创建的异地务工人员服务组织已在南城、万江、虎门、长安、横沥、桥头、塘厦7个镇(街)建立了服务站,由当地的娄底籍企业提供免费服务,服务对象突破老乡界限,面向所有在莞务工人员。截至2013年3月底,东莞市异地商会设立的在莞人员服务站已为5000多人次异地务工人员提供各种服务,服务效果立竿见影,名声也在外来务工人员中口口相传。服务站作为新莞人与其他社会组织、政府部门之间的中转站,或是通过直接方式满足异地务工人员的诉求,或是通过间接方式帮助异地务工人员寻找合适的解决路径,在维护社会和谐方面发挥了积极的作用,具体以湖南娄底商会在莞人员服务站为例。

1. 推出"贴心服务"

服务站收集、整理并反映异地在莞人员的呼声和要求,促进与东莞市有关部门、企业以及其他单位的沟通和联系,推出"贴心服务",协助东莞市委、市政府更加有效地服务广大异地务工人员。如2012年底,服务站开展的"百车回乡"服务,受到了异地务工人员的欢迎。在此期间,服务站认真统计会员企业内部车辆在春运期间往返娄底—东莞情况,并通过商会与交通部门协调,让有需要的老乡能搭上顺风车,最大限度地满足了娄底籍务工人员的返乡需求。

2. 营造"异地家园"

通过定期或不定期举办各类活动,加强异地在莞人员的交流和沟通,营造"异地家园"。服务站充分利用商会资源,组织开展扶危济困、助学资教、婚恋辅导等多方面工作,致力于搭建异地务工人员沟通联系的桥梁。服务站的人性化做法体现在具体细节上,如某务工人员家中有亲人去世,回乡后情绪低落。得知此事后,服务站专门联系相关企业负责人前往这位务工者家中探望,让务工人员深受感动。又如服务站在知悉个别人员存在

家庭、社交和婚恋困扰后,服务站会通过组织联谊聚会活动、安排专业辅导等方式对其进行安抚和疏导。

3. 构筑"互助网络"

服务站通过就业援助、情绪疏导、物质资助等多种形式,有效帮扶在工作、情感、经济或生活等方面存在困难或有其他帮扶需要的异地在莞人员,为其构筑"互助网络"。如东莞市湖南娄底商会建立了"互助宿舍",向社会上有需要的外来务工人员免费开放。商会不仅为求职期间生计困难的异地务工人员免费提供食宿,而且向有需要的外来务工人员提供车费,满足其基本的生活需要。服务站还为异地务工人员提供及时的就业信息,帮助异地务工人员尽快落实工作。

(二)创新异地务工人员服务组织的运作模式和组织建设,切实保证对异地务工人员的服务质量

目前,东莞市湖南娄底商会在莞人员服务站等异地商会在莞人员服务站已建立了东莞市湖南娄底商会、异地务工人员、社会组织和服务站窗口四位一体的服务站工作机制(见图1)。具体的工作程序包括:①服务对象以电话、电邮或直接来访等方式向服务站提出服务申请;②服务站接待人员核实相关情况并向服务对象说明相关内容;③服务站安排服务对象附近会员企业和相关社会组织提供服务;④服务对象享受相关服务;⑤相关会员企业和社会组织向服务站反馈相关情况。

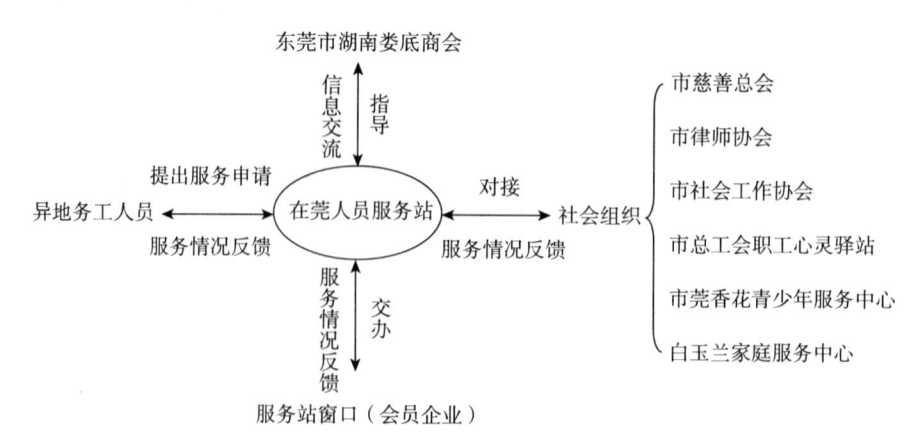

图1 在莞人员服务站工作机制

详尽的活动守则和服务指南,以及陆续开通的多条服务热线和多个QQ

群，有效地保证了向广大异地务工人员提供高质量、有效率的服务。服务的内容已经从解决食宿困难向提供技能培训、进行矛盾调解等方面延伸，服务对象已经从娄底籍人员向其他地区人员拓展，组织功能已经从侧重扶危济困、专注互助服务向注重教育引导、协助政府维稳层面跃升。

（三）建立东莞市异地务工人员服务组织指导服务中心，有效提升服务组织的服务能力

东莞市异地务工人员服务组织指导服务中心积极支持符合条件的异地商会内部建立异地务工人员服务组织，不断提升异地务工人员服务组织的服务管理能力；指导和协助异地务工人员服务组织加强与政府部门、相关社会组织的沟通和联系，共同参与异地务工人员的服务和管理；引导异地务工人员服务组织依法依规开展活动，鼓励并协助异地务工人员服务组织建立健全以规程为核心的各项内部管理制度。

在长期的实践工作中，异地务工人员服务组织定期向服务中心报告工作和活动情况；服务中心及时向异地务工人员服务组织宣传国家相关法律法规和政策，形成了以异地务工人员和服务中心为核心的双向信息交流机制。这种双向的信息交流机制有效地保证了异地务工人员服务组织各项活动顺利有序地开展。

（四）坚持培育发展与规范管理并重的工作原则，确保服务组织既充分发挥作用又不偏离正确方向

异地商会在探索异地务工人员服务管理新模式的实践过程中，始终坚持培育发展与规范管理并重的原则，既积极创造条件培育发展，又全面强化规范管理。

东莞各级党委、政府在培育发展异地务工人员服务组织中，主动担当三种角色：一是积极担当"倡导者"角色，因势利导地鼓励异地商会参与对异地务工人员的服务和管理；二是积极担当"设计者"角色，在组织功能定位、服务网络构建、内部规章制度等方面对异地务工人员服务组织进行指导和督促；三是积极担当"统筹者"角色，充分发挥党委、政府总揽全局、统筹各方的优势，寓管理于服务中，在服务中体现管理，动员和组织更多的相关社会组织和社会力量共同参与，支持异地务工人员服务组织更有效地开展管理活动。

与此同时，各级党委、政府对异地务工人员服务组织进行有效监督，

认真研究制定支持、评估和监管异地务工人员服务组织发展的政策措施。党委、政府通过适当的方式，指导相应异地商会建立健全以规程为核心的内部治理结构，及时制定符合政策规定、具有自身特点的组织章程和活动守则，明确服务的对象、范围、内容、方式，以及申请救助和参与服务的渠道，为异地务工人员服务组织顺利运转并发挥实效奠定基础。同时协调有关部门将年检工作与定期评估、信用监管与执法查处相结合。做到既精心培育又严格监管，既倾心服务又注重引导，积极探索新形势下党委、政府管理和服务异地务工人员组织的有效渠道，确保服务组织既充分发挥作用又不偏离正确方向，做到既"有用"又"有控"，既"有建"又"有管"。

（五）加强异地务工人员服务组织的党团建设，充分发挥党组织对异地务工人员服务组织的领导和带动作用

在社会组织发展到哪里，党的组织就建设到哪里、党员的先锋模范作用就发挥到哪里思想的指导下，及时指导异地商会筹备成立党组织并由当地党组织选派指导员，切实加强异地务工人员服务组织的党团建设工作力度。通过建立属地管理的党组织向异地务工人员服务组织派出党建工作指导员的制度，指导有条件的异地务工人员服务组织建立党团组织。

在推动异地商会建立异地务工人员服务组织的过程中，始终按照"党团组织全覆盖"和"党团工作全覆盖"的原则和要求，及时引导相应商会和服务组织同步成立党团组织。同时，通过定期开展"把党员身份亮出来""把党员承诺摆出来""把党员风采现出来"等系列活动，团结凝聚异地务工人员中的党员、团员。注重把优秀商会会员和异地务工人员培养成为党员，在优秀党员中推选服务组织负责人，充分发挥党组织对异地务工人员服务组织的领导和带动作用。

三 主要成效

（一）利用异地商会资源服务和管理异地务工人员，有效降低社会运行成本，促进社会治理结构的优化

异地商会具有乡情浓、乡贤多、平台宽、资源广的独特优势。依托异地商会建立异地务工人员服务组织，利用商会资源更好地管理和服务老乡，

能有效降低社会运行成本，有力地激发了社会自治活力。湖南娄底商会凭借拥有各类企业总数达3000多家、在莞务工人员达30多万的资源优势，建立了服务组织首个试点，通过独创的工作机制为有困难的异地务工人员提供及时的服务。

在异地商会内部建立异地务工人员服务组织是东莞创造性地推出的一种积极的社会管理之道，它超越了以被动防范为手段、以维持现状为目标的消极管理，主动采用建设和创新手段，充分发挥异地政府驻莞办事机构、异地商会在推动异地务工人员自我服务与管理方面的作用，增强了在莞务工人员的自我服务与管理意识。这种对异地务工人员进行服务与管理的模式，是一种促进异地务工人员自我管理、自我教育、自我服务、自我发展的新型社会管理模式，对于发挥商会资源优势、激发社会自治活力、调动公众广泛参与、创新社会管理模式、促进社会治理结构的优化具有重要意义。

（二）利用异地商会服务组织的沟通平台，有效拓展服务与管理异地务工人员的载体，协助党委、政府服务与管理广大务工人员

东莞有600多万外来务工人员，仅凭政府管理还远远不够，依托商会资源建立异地务工人员服务组织有利于缓解政府在社会管理方面的压力。异地务工人员服务组织通过组织开展扶危济困、助学资教、就业援助、情绪疏导、婚恋辅导、矛盾调处、信息反馈等多方面工作，能有效拓展服务管理异地务工人员的载体，搭建与异地务工人员沟通联系的桥梁，积极调动广大异地务工人员广泛参与社会活动。

异地务工人员服务组织在协助政府提升服务和管理能力方面取得了显著的成效。商会通过设立服务组织，借助民间力量，对来莞务工人员提供更具体、更细致的帮助，减轻了政府在社会管理方面的压力。湖南娄底商会服务组织成立4个月内，已为500多人次异地务工人员提供各种服务。其中，扶危济困65人次，助学资教8人次，就业援助56人次，社区联谊130人次，婚恋辅导65人次，情绪疏导137人次，矛盾调处75人次，其他类别的服务20人次。通过合理引导异地务工人员更好地自我教育、自我服务、自我管理，协助党委、政府更加有效地服务和管理广大异地务工人员。

（三）利用异地商会服务组织的"乡贤"凝聚力，有效化解群体性事件，开创社会协同、公众参与的社会管理工作新格局

异地务工人员服务组织始终坚持"团结互助、共谋发展；扶危济困、共建和谐；服务家乡、建设东莞"的服务宗旨，加强与政府相关部门的联系与合作，朝着枢纽型社会组织发展。由于"乡贤"具有巨大的凝聚力和良好社会声誉，加之异地务工人员服务组织深厚的群众基础，服务组织有效地将来莞打拼的务工者团结起来，开创了社会协同、公众参与的社会管理工作新格局。

先后成立的白玉兰家庭服务中心、妇女维权与信息服务站、市莞香花青少年服务中心等服务组织，积极履行社会管理职责，不回避异地老乡守望相助的需求，主动采用建设和创新手段，在化解群体性事件中发挥独特的作用，是政府履行社会管理职能的有效补充。在部分人员遇到劳资纠纷或其他矛盾时，服务组织则尽力做好沟通和调解工作；当部分群体因故可能出现集体过激言行时，如在2012年9月涉日抗议示威活动中，服务组织及时教育引导有关人群理性表达爱国热情、依法表达抗议诉求，有效避免了部分人员可能出现的过激行为。

四　启示

东莞在异地商会内部创建的异地务工人员服务组织是东莞对创新社会管理模式的积极探索，是东莞朝"高水平崛起"迈出的关键步伐，是东莞创建全省创新社会管理引领区的重大突破。之所以取得巨大成功，主要有以下四个方面原因。

（一）创新社会管理必须坚持加强党的建设

社会管理创新是为进一步发挥党的先进性作用，维护党的执政地位，切实体现广大人民群众的根本利益，实现中华民族的伟大复兴。东莞市异地商会创建的异地务工人员服务组织作为一种创新的社会管理模式，一直坚持以"党团组织全覆盖"和"党团工作全覆盖"为原则，同步成立党团组织，注重把优秀异地商会会员和异地务工人员培养成为党员。与此同时，通过定期开展组织生活等形式，团结凝聚异地务工人员中的党员，充分发挥党组织的政治领导作用和党员的先锋模范作用，有效地确保了服务组织

在服务和管理广大异地务工人员的过程中永远坚持正确的发展方向，不走"弯路"，少走"歧路"。

（二）创新社会管理必须坚持政府引导和监督

在异地商会内部建立的异地务工人员服务组织作为异地商会内设的非法人服务机构，积极接受政府的引导和监督，有效地发挥了政府在社会管理中的主导作用，强化了政府社会管理的职能。东莞市异地务工人员服务组织，一方面认真汲取了政府对东莞异地商会在莞人员服务组织在制度设计、组织建设和党建工作等方面的指导意见，确保异地商会在莞人员服务组织依法依规开展活动；另一方面，严格有序地遵守政府制定的符合异地务工人员服务组织特点的评估标准和考核办法，促使服务组织不断加强自身建设，真正达到"以评促改""以评促建"的目的。

（三）创新社会管理必须坚持社会协同和公众参与

在探索异地务工人员服务与管理新模式的实践过程中，党委、政府充分调动了异地商会等各方社会资源，鼓励异地商会内部建立异地务工人员服务组织，积极创造条件支持异地务工人员服务组织，利用商会"资源多""平台广""能量相对较大"等组织优势，借助商会平台，利用商会资源，发挥商会能量，团结、凝聚并组织、引领同一地缘在莞人员开展自我服务、自我管理，既互利共赢，又事半功倍。在异地商会内部创建的异地务工人员服务组织，通过多途径搭建沟通桥梁、多形式组织联谊活动、多方式开展志愿活动、多渠道展示互助成效，尽可能多地吸引、激励、调动、组织在莞务工人员以申请成为志愿互助队队员或其他方式积极参加互助会组织的志愿互助活动，真正做到了"有钱的出钱""有力的出力""有点子的出点子"，充分调动了一切可以调动的力量，充分利用了一切可能利用的资源。

（四）创新社会管理必须坚持开拓创新，拓展社会管理创新的工具和平台

作为一种全新的服务模式，在异地商会内部建立异地务工人员服务组织并利用商会资源服务和管理异地务工人员，在全省乃至全国范围内都是一种创举，需要在实践中不断创新，在创新中不断完善。在政府的指导和

实践探索下，服务组织通过进一步明确服务的对象、范围、内容、方式，以及申请救助和参与服务的渠道，逐步确立了清晰的组织功能定位，形成了完善的内部治理结构和成熟的工作机制。

与此同时，服务组织不断拓展、创新社会管理工具和平台，如面对救助者密集而造成的救助资金紧张的情况，东莞正在制定政府向社会组织放权和购买服务两个目录，今后将实现"费随事转"，即政府部门将一部分职能转移给社会组织来承担，那么部门这项职能对应的行政经费，也相应地用于向社会组织购买服务。异地商会通过参与社会组织评估，3A 以上的就具备了承接政府职能的资质，服务组织这种新型社会管理模式就能持续性地发展。

参考文献

[1] 常敏，2012，《异地商会发展及其在社会管理中的作用——基于浙江的实证分析》，《中共浙江省委党校学报》第 2 期。

[2] 胡昀，2007，《政府职能转变背景下的商会发展研究》，首都经济贸易大学硕士论文。

[3] 江华、周莹，2009，《异地商会发展中的制度滞后与政策推进——基于异地温州商会的研究》，《中国行政管理》第 4 期。

[4] 李长文，2008，《异地商会地方治理功能研究述评》，《广东行政学院学报》第 5 期。

[5] 姚蕙蕙，2007，《商会功能研究》，上海交通大学硕士论文。

基层社会管理创新的成功探索*

——东莞市虎门镇集体资产交易平台改革分析

东莞社会建设研究院课题组**

摘要：通过农村工业化并以传统要素投入为主发展起来的"东莞模式"，在经历金融风暴冲击之后，其基层社会面临的矛盾和问题日益凸显出来，其中不少问题在珠三角及整个广东带有一定的普遍性。通过改革，创新农村基层经济与社会管理体制，实现经济持续发展和社会和谐，是转型期东莞及广东面临的重大课题。虎门镇是"东莞模式"的典型代表，根据广东省和东莞市推进农村改革的总体部署，虎门镇被确立为农村集体资产交易平台建设的重要试点单位。经过一年多的实践，取得了显著的改革成效，为加强农村经济事务管理提供了重要经验，也为基层社会管理体制创新提供了一个范例。

关键词：社会管理创新　东莞模式　虎门　集体资产交易　农村改革

地处珠江入海口的虎门，是中国历史名镇。1839年，民族英雄林则徐率领军民在虎门销烟抗御外辱，展示了中华民族反对外来侵略的决心，广东也成为民族革命的潮头之地。进入改革开放新时期，虎门人又以其敢为人先的精神，为中国工业化、城市化中写下了浓墨重彩的篇章。1978年，虎门诞生了全国第一家"三来一补"企业——太平手袋厂，点燃了新时期虎门经济爆发式增长的导火线，也拉开了"东莞模式"的序幕。历经金融风暴的冲击之后，以要素投入为主并依靠镇、村经济支撑的东莞经济该如何摆脱传统模式，推进转型升级，实现浴火重生呢？当人口、土地等传统要素红利渐失后，就必须通过管理体制的改革创新以开辟经济持续发展的动力源，并借此推进经济社会转型。在推进农村管理体制创新的改革过程

---

*　本文是东莞市虎门镇2013年8月委托东莞社会建设研究院研究的课题报告。
**　课题组成员：孙霄汉（课题负责人）、李俊雄、刘晋飞。

中，虎门再次勇敢地站在了改革的潮头，被东莞市确立为农村集体资产交易平台建设改革的主要试点镇，通过一年多的实践探索，取得了显著的改革和管理成效，为东莞、广东乃至全国农村综合体制改革创造了又一个成功范例。

一 背景

2008年以来肆虐全球的金融危机给中国经济带来不小的冲击，广东作为中国改革前沿阵地和经济大省所遇到的挑战前所未有，以传统制造业为主、以加工贸易和外向型经济为基本特征的东莞经济更是感受到了"切肤之痛"。面对新的经济形势，为实现"东莞模式"的再度辉煌，东莞确立了推进经济社会双转型的战略。传统模式持续了近30年，转型十分艰难。要实现转型，必须找到撬动传统发展模式的杠杆。杠杆在哪里？东莞在思考，广东在思考，整个中国都在思考。

进入2011年，中央把加强和创新社会管理提到了前所未有的战略高度，出台了《中共中央国务院关于加强和创新社会管理的意见》，广东省出台了《中共广东省委 广东省人民政府关于加强社会建设的决定》和7个配套文件，东莞市也出台了一系列加强社会建设的文件，并提出要"创建全省创新社会管理的引领区"。解决经济领域的问题，不能单纯从经济层面考虑，应当把握和处理好社会建设与经济发展的关系，通过创新社会管理，为经济转型提供强有力的支撑；推进传统东莞经济模式的转型升级，必须进行社会管理体制的创新，新的管理体制就是撬动传统发展模式的重要杠杆！

社会管理创新和体制改革是全方位的，农村体制改革无疑是一个重点。尤其是在经济发达的珠三角地区，镇、村乃至组一级的经济是其快速发展的重要活力源，而镇、村经济的低端性、分散性使其在金融危机中受到的冲击也更大。为此，广东省委、省政府在总结佛山、南海等地做法的基础上，把加强农村集体资产交易管理和"三资"（资金、资产、资源）监管工作作为推进农村管理体制改革、创新社会管理、推进经济转型升级的一个突破口。在2011年9月印发的《关于深化珠江三角洲地区农村综合改革的若干意见》中明确提出，要"加强农村集体资产交易管理"；2012年9月召开了全省推广顺德南海综合改革试点工作现场会，时任广东省委书记汪洋同志作出要"加快推进集体资产管理交易平台建设"的指示；省财政厅在《关于加强珠三角地区农村集体经济财务监管的指导意见》中明确提出，珠三角地区要争取在2014年底之前全面完成农村财务监管平台的建设和应用工作。

为落实省委、省政府有关文件精神，2012年来，东莞市委、市政府先后召开全市农村综合改革暨镇村集体经济发展工作会议、农村"三资"监管工作会议和集体经济统筹管理工作会议，对农村集体经济的发展、改革和管理进行了全面部署。2012年8月24日颁布的《中共东莞市委　东莞市人民政府关于进一步加强镇村集体经济管理的若干意见》强调，"十二五"时期是东莞市加快转型升级、建设幸福东莞、实现高水平崛起的关键时期。加快镇村集体经济转型升级、提质增效，着力壮大集约优质新型的物业型经济，积极发展完善城市功能的服务型经济，培育扶持稳健高效专业的投资型经济，对于持续深入推进经济发展、社会和谐与民生改善，增强基层组织的凝聚力和战斗力，具有重大的战略意义和现实作用。在此基础上，市委、市政府把建立农村集体资产交易平台作为改革重点，要求各镇（街）都要建立农村（社区）集体资产交易平台，设立农村（社区）集体资产交易中心，根据本地实际明确交易的类型、准入标准和交易程序。村（社区）和组达到一定标准的标的物，必须通过镇（街）资产交易平台进行交易登记、招标公告、投标和交易结果公示；大额资产所有权的出让、使用权的出租，必须进入镇（街）资产交易中心公开交易。

建立农村集体资产交易平台，是一个大胆的探索。改革有风险、有阻力，需要尝试，需要从点到面，需要有人"吃第一只螃蟹"！这一次，虎门再次站在了东莞农村改革的潮头。经过大量的前期准备，2012年10月，虎门镇集体资产交易管理中心正式开始试运行，当年11月2日完成了第一宗交易。经过一年多的运行，虎门镇已经形成具有本地特色的资产交易理念、交易规则和交易流程。截止到目前，虎门镇所完成的集体资产的交易宗数和规模占到了东莞全市80%以上，在2013年8月召开的全市农村集体资产交易和"三资"监管平台建设工作现场会上，虎门的工作经验得到市有关领导和与会代表的充分肯定，虎门的做法成为东莞全市农村集体资产交易平台建设的典范。

二 为什么是虎门？

（一）经济总量的"龙头"地位

东莞发展模式和发展成就已广为人知，发达的镇域经济是东莞经济的一大特点，而虎门不仅是"东莞模式"的发祥地，也是东莞 32 个镇（街）经济发展的一只领头羊。改革开放以来，虎门经济规模不断跃上新的台阶，先后获得"全国财政之星"、"中国乡镇之星"、"中国女装名城"、"全国体育工作先进集体"、"中国民政全优镇"、"国家卫生镇"、"中国小康建设明星乡镇标兵"、"中国军民共建社会主义精神文明先进单位"、"全国纺织模范产业集群"、首批"中国服装产业示范集群"等多项殊荣，在"中国首届小城镇综合发展水平 1000 强"评选中成为"中国千强镇之首"；2012 年虎门再次获得中国城镇综合实力 500 强第一名。截止到 2012 年，虎门镇生产总值达 348.09 亿元，位居东莞各镇（街）第一。经济总量在东莞各镇（街）中的龙头地位赋予了虎门担当东莞农村体制改革先锋的使命。

（二）发展模式的代表性

经济发展模式的典型性也是虎门担当改革先行者角色的重要条件。虎门镇现有 30 个社区居委会和 148 个集体经济组织，包括 121 个经济合作社和 27 个经济合作联社。虎门不仅经济体量在东莞镇域经济体中是"龙头老大"，而且从经济发展历程、发展模式与产业结构等方面看都可以说是传统东莞发展模式的典型代表。虎门产业以服装、玩具和手袋等传统制造业为主，以"三来一补"为主要特征，发展方式粗放，物业的出租、出让是镇、村（社区）、组及居民个人的重要收入来源。同东莞大多数镇的情况一样，虎门镇经济发展的主体是多元的，既有镇一级的发展公司，也有村（社区）、组和居民个人。在快速推进的工业化、城市化和商业化进程中，虎门镇社会财富呈爆发式增长，镇、村（社区）、组三级集体经济实力和可支配财力持续增强，居民个人的收入和财富也不断增长。截止到 2012 年底，虎门镇所属社区集体两级总资产达 106.6 亿元，占全市同级总资产的 10% 左右，集体资产年总收入高达 13.4 亿元，其中物业出租年收入达 8.2 亿元。集体资金、资产、资源总量不断增长，必然就有一个如何加强监督管理的问题，包括资金如何使用、资产的经营权如何流转、闲置资产如何处置、资源如何合理利用等。如果缺乏一个科学有效的规则和管理办法，集体资金就可能被滥用，资产在交易过程中可能被贱卖而造成集体资产的流失，同时也会为权力寻租留下空间，导致少数人利用权力影响和干预交易过程，损害集体和公众的利益。传统经济模式在金融危机中暴露的弊端使得加强对集体资产的监督管理更加迫切。

（三）群众对改革的期待

探索建立资产交易平台，把集体资产的交易置于公众的监督之下，也是虎门广大群众的呼声和期待。在虎门经济快速增长的过程中，由于"三资"体量不断增大，对其监督管理涉及面广、利益关联性强，加之资产运营管理过程不透明，特别是技术监管手段仍停留在较低水平，使得财务审核不及时、资产资源承包不公开、集体土地资源处置不规范等现象越来越突出，集体资产流失的风险与日俱增。一些重大的资产交易事项既没有事前公开，交易过程也不透明，加之少数基层干部存在作风不实、铺张浪费、办事不公、与民争利的问题，引起群众对政府的质疑和对干部的不信任感。一个时期以来，集体资产管理交易问题已成为社区群众信访的热点问题，不仅影响了干群关系，而且威胁到社会的和谐稳定。2011年，虎门镇原主要领导因涉嫌腐败问题被查处，群众对集体资产交易管理改革的呼声更高了。虎门镇班子调整后，新任主要领导和领导班子根据省市有关加强农村"三资"监管的文件精神，抓住了改革的有利时机，坚持从虎门发展的长远利益出发，冲破阻力，把建立农村集体资产交易平台作为改革的一个重要突破口，顺应了群众加强农村集体资产监管的呼声和要求。

（四）改革本身的关键意义

建立资产交易平台，是推进虎门农村各项改革的关键一环，这一改革如果能够成功，将成为其他方面改革的示范，并有力推动虎门经济转型升级。从要素供给看，多年来高强度的发展，使得虎门传统的发展要素尤其是土地资源所剩无几，在传统发展方式潜力挖掘殆尽的情况下，如何寻求新的发展动力是虎门面临的重要课题。虎门的思路是，一方面要吸引增量投资，发展战略新兴产业；另一方面必须盘活存量资产，即对现有资产进行价值再造。要实现这一目标，必须改变既往的资产配置方式，把资产的配置权从政府部门转向市场、从少数人决策转向面向公众进行竞价选择，使得资产转移到最具创业精神和创新能力的社会个体和企业手中，让资源在市场中释放潜力和活力。

三 虎门的改革思路与主要做法

建立集体资产交易平台，核心就是要把镇、村（社区）、组集体资产的出租、出售等活动由传统的"领导班子研究决定"甚至"领导个人决定"转变为在规范、公开的交易平台上进行。根据这一思路和东莞市集体资产交易平台建设的要求，在镇委、镇政府的统一领导和部署下，经过精心筹划、充分准备，虎门镇集体资产交易管理中心于2012年10月正式开始试运行。集体资产交易平台的基本交易流程可分为5个步骤。第一步是交易申请，即由业主单位将合同到期资产向镇社区资产管理办公室（以下简称社资办）提出交易申请；第二步是审批立项，即由镇社资办根据有关规定审核业主单位的交易申请，审核通过后交由交易中心办理交易事项；第三步是公开招标，即由交易中心面向社会公开发布资产交易公告；第四步是公开竞标，即由交易中心组织符合条件的竞标客户参与公开性竞标会，并根据中标情况由业主单位与中标者签署资产交易合同；第五步是合同执行，即由交易中心监督中标者和业主单位按交易合同条款履行各自的义务。经过近一年的探索，虎门镇已经形成既符合东莞农村集体资产建设改革总体要求又具有鲜明本地特色的资产交易理念、交易规则和交易流程，成为东莞农村集体资产交易平台建设改革的一个成功样本。

具体看来，虎门集体资产交易平台建设改革遵循以下思路和做法。

（一）坚持党委领导和政府主导，为交易平台建设提供强有力的组织保障

虎门镇委、镇政府高度重视集体资产交易平台的建设，从一开始就确立了政府主导的指导思想，在人力、财力、物力的投入上给予充分保障。为加强对交易平台建设改革的组织领导，成立了由镇主要领导挂帅，镇纪检办、宣传文体局、社资办等11个部门负责人为成员的创建集体资产交易平台工作领导小组。在此基础上成立了专门的集体资产交易活动的管理机构——镇集体资产交易管理中心，负责日常交易的管理和指导工作。镇集体资产交易管理中心设置主任1名,副主任1名,工作人员共12名。通过相应的岗位设置,保证平台建设事事有人抓、处处有人管、天天有人推。除了机构和人员外,虎门镇还在财力、物力等方面加大投入,为镇集体资产交易管理中心安排了600多平方米的场地,并在财政经费比较紧张的情况下投资300多万元,用于装修镇集体资产交易管理中心、购买设备及交易软件等。

镇集体资产交易管理中心建设的人力、财力、物力完全由政府投入,参与交易活动的买卖双方不需要缴纳任何费用,虎门镇这种看似不计成本的投入方式,既展示了镇委、镇政府推进这项改革的决心,更体现了其通过加强社会管理、提高公共服务水平以促进经济社会发展的远见卓识。

(二) 广泛宣传发动,凝聚干群共识,为交易平台建设和日常交易管理营造良好氛围

集体资产上平台交易是一个新事物,推进这项改革的好处显而易见,广大干部群众是拥护的。但改革如何推进,能否把平台建设好,不少干部和群众都心存疑虑。有些人担心这项改革要触及管理者的利益,会遇到很大的阻力;有些人怕上平台交易,程序多、手续烦琐,赶跑了大客户,影响集体经济发展;有些人担心搞集体资产交易改革是换汤不换药,无法实现资产的保值增值。

为凝聚共识,虎门镇委、镇政府高度重视宣传动员工作,组织进行了多轮次的宣传发动,形成了强大的改革"舆论场"。在平台建设初期,通过传达相关文件,召开座谈会,使干部群众全面了解建设交易平台的重要性和必要性,坚定建设交易平台的信心和决心。在平台规划阶段,镇创建集体资产交易平台工作领导小组成员多次深入社区基层,与社区干部坦诚交流集体资产交易管理的工作安排,倾听他们的想法和意见,解答他们的疑问,接受他们的建议,并组织社区干部观摩首宗交易活动的全过程,促使他们放下思想包袱,积极投身于平台建设。在平台正式启动之时,召开全镇性的动员会,向干部群众传达全市加强"三资"监管工作会议精神,部署集体资产交易管理工作。为发挥示范作用,镇委、镇政府决定将镇属的集体资产流转也一并送上平台交易。镇委、镇政府这种带头触碰自身利益的举动,在社区干部中引起了极大的反响和震动。在强大的舆论宣传影响下,干部群众的顾虑慢慢消除了,发牢骚的少了,创建的共识增强了,创

建的速度因此也大大加快了。

（三）重视制度与流程设计，为交易活动的规范运作提供标准化的操作指南

集体资产交易平台建设是加强农村"三资"监管工作的一项重要改革，涉及多个方面的体制和利益关系，关联度高，复杂而敏感，必须做好制度设计。为保证改革制度设计的科学性，虎门镇组织了精干的队伍，先后到先期进行改革的顺德、南海等地学习考察，并借鉴了一些与交易平台建设相关的拍卖中心的做法，在此基础上制定了《虎门镇创建集体资产交易平台实施方案》《虎门镇集体资产交易规则》《虎门镇集体资产交易办法（试行）》。为保证交易的顺利进行，还精心设计了集体资产交易管理的各个环节的流程，制定与交易相关的规章制度，如《举牌竞投规则》《书面报价竞投规则》《交易会场纪律》《镇交易中心操作流程》《镇级平台交易流程》《社区平台交易流程》《简易交易流程》《续约交易流程》等基础性文件，以及《交易会准备事项清单》《立项资料清单》等指导性文件，这就保证了交易活动的可操作性和规范性，使交易平台建设和交易资产的管理有了规范的操作指引。

虎门镇在集体资产交易程序中，明确界定了不同交易主体所适用的申请流程、立项手续、交易组织和参加竞拍的过程，使业主单位、交易组织者和竞争者很容易就能照单实施、照章运作。交易程序简明扼要，针对性和可操作性强，方便了交易活动的开展，降低了交易活动的执行难度。在短短一年的时间里，虎门能组织数量众多的资产交易活动，这些精心的流程设计功不可没。

（四）分级管理、分类交易，实现交易平台对各类集体资产交易管理的全覆盖

1. 分级管理

虎门在建立集体资产交易平台过程中，设置了镇、村（社区）两级交易平台。镇级交易平台（交易管理中心）的主要职能如下。一是负责组织实施镇属集体资产和较大规模的村（社区）属资产的交易和管理。根据《虎门镇集体资产交易办法（试行）》规定，以下情况必须进入镇级集体资产交易平台交易：业主单位是纳入镇财政管理的行政事业单位、社会团体及镇属有关部门、镇属全资企业的；集体建设用地使用权流转；单宗合同

面积 20 亩以上或出租年限在 10 年以上（含 10 年）的耕地、鱼塘、荒地、林地、滩涂等农用地土地承包经营权的交易；单宗合同年标的金额 30 万元以上（含 30 万元），或占集体上年总收入 10% 以上，或单宗合同面积 3000 平方米以上，或出租年限 5 年以上（含 5 年）的集体物业（含厂房、仓库、办公楼、商铺、市场等）使用权发包、出租的交易；原值 50 万元以上（含 50 万元）的集体固定资产的转让、变卖交易。二是负责对村（社区）交易平台进行指导与管理。

村（社区）交易平台是镇级交易平台下设的交易点，也是各村（社区）一般性集体资产交易的机构。村（社区）交易平台根据镇集体资产交易管理中心的要求建立交易场所、配备工作人员和其他必要设施，并按照镇集体资产交易管理中心制定的交易细则规定的交易程序组织和实施交易。社区居委会及其下属集体经济组织的资产交易未达到进入镇级交易平台交易标准的，由集体经济组织依照本办法在本社区交易点自行组织交易。

设置两级交易平台，能避免平台过度集中所造成的主体积极性挫伤、对资产权属的担忧以及交易不及时等问题。

2. 分类交易

为保证交易的便捷性，节约交易成本，《虎门镇集体资产交易办法（试行）》根据资产不同的类型，将资产交易分为零短资产交易、流拍资产交易、续约资产交易、磋商交易等 6 种交易类型，分门别类地制定交易方案，确保交易平台适用于各种类型的资产交易。

由于村（社区）一级的资产交易不少属于小宗、短期、零碎型的，对于这类资产交易，《虎门镇集体资产交易办法（试行）》规定，经业主单位主管部门或集体经济组织理事会同意后，可由业主单位直接进行交易或合同续期；对涉及优质企业、纳税大户、更新改造及企业配套和持续经营的集体资产，由股东代表大会表决通过，并经业主单位主管部门审查同意后，可以直接与原承租或承包方在合同到期后协议续约；因执行国家产业政策或规划需要所招引的特别项目，经政府主管部门同意，还可依照相关规定直接与特定意向人磋商达成交易。

虎门与东莞其他镇（街）一样存在企业数量多但小而分散的问题，因此，引进优质大项目也是推进经济转型升级的重要任务。由于一些大的项目前期投入比较多，成本较高，相对那些资金回收快、周期短的小型项目不一定能形成竞价优势。为了解决这一问题，虎门镇结合产业发展规划，在《虎门镇集体资产交易办法（试行）》里规定了适合引进大项目进行的资产交易细则，在对大项目科学评估的前提下，为大项目的交易开辟"绿色通道"，实现集体资产交易竞争性与有序性的统一。

资产交易遵循分类交易原则，尊重资产的实际属性，使得集体资产交易更灵活、便捷，更具实效性。

（五）交易平台建设与资产管理相结合，形成了集体资产保值增值的长效机制

建立集体资产交易平台，是加强农村"三资"监管的重要改革举措，虎门镇在建立交易平台的改革中，坚持交易平台建设与集体资产监督管理有机结合的思路。根据《虎门镇集体资产交易办法（试行）》的设计，虎门镇集体资产交易管理中心实际承担着台账动态管理、交易信息发布、组织交易、组织合同鉴证、审核监督、档案管理六大职能，并重点通过以下方式加强对集体资产的管理。

一是实行各类集体资产台账管理。通过对镇、村（社区）、组三级集体资产进行全面的调查摸底和清产核资，建立起各类集体资产台账，由镇集体资产交易管理中心对镇辖的集体"三资"采用"立体定位"，对全部资产都做到账实、账账、账表、账证、证证的"五相符"，实现集体资产管理的全覆盖和台账管理常态化。

二是强化对集体资产交易的监管。需要上平台交易的所有资产项目，业主单位都要向镇集体资产交易管理中心提交交易立项申请。不属于镇级交易平台受理的交易事项，也需要把交易结果送交镇集体资产交易管理中心备案。虎门镇《关于加强集体资产管理的通知》还对财务监管职能作出明确要求，凡未经镇社资办批复同意擅自进行集体资产交易的，不予办理收支业务；对违反规定的，会计、出纳等财务人员将被辞退。这就从财务核算上确保了资产交易管理工作能够落实到位，堵住了撇开平台搞交易的制度漏洞。

三是建立"交审分离"机制，即交易与交易条件审查独立。虎门镇在组建集体资产交易管理中心的同时，设立了资产交易会审小组。会审小组由镇国土、规划、环保、农业、社资办等部门组成，负责对产权不清晰、资产专业用途等复杂交易事项进行会审，社区集体资产交易的一般事项由镇社资办直接审批。虎门镇集体资产交易管理中心则相对独立地履行交易

组织业务职能，主要负责与交易相关的各项组织工作。这就从程序设计上杜绝了暗箱操作、内部交易行为。

四是提升资产管理的信息化水平。虎门镇集体资产交易平台建设中采用了东莞市农村集体资产管理办公室统一开发的交易软件，结合虎门实际把镇、村（社区）、组三级交易资料进行统一管理。共享市级交易软件，不仅大大节省了资金，而且还能保证交易数据的安全可靠。虎门镇的信息平台，横跨镇政府门户网站、集体资产交易网等多种媒介，保证了信息发布的广泛性，提高了社会对交易平台的知晓度、认可度，成为这项改革的重要技术支撑。

交易平台建设与资产管理相结合，为集体资产保值增值提供了更加有力的制度支撑。如果说公开公正的资产交易是一种价格发现机制的话，有效的监管则是集体资产走上价格发现之路的保证。

（六）交易过程公开透明、多元主体监督，彰显社会管理"公众参与"的本质要求

虎门镇集体资产交易自始至终都贯穿着民主公开、交易公平、监督公正的原则。在作出集体资产交易决策时，最大限度地扩大群众的参与权、知情权。在资产交易遇到重要问题或分歧时，也寻求村民代表大会的机制来进行最终的仲裁，整个集体资产的交易活动都在公众的关注和监督之下进行。

交易的公开性是公正性的保证。为了保证信息公开，虎门镇专门建起了虎门集体资产交易网和官方微博，业主、干部群众和承租（让）人可以随时随地上网查询资产信息、交易结果及交易时间，并可以在网上开展交易咨询。镇集体资产交易管理中心将各类资产交易信息都及时地上传到网站、微博和镇有线电视台公开发布。业主单位是社区居委会及其下属集体经济组织的，还必须同时在本社区公布栏公布。

《虎门镇集体资产交易办法（试行）》还对公示期限作出明确规定，公示期从交易信息发布之日起至交易日不得少于7个工作日；集体建设用地交易信息发布不得少于30天。在信息发布期限内，经镇集体资产交易管理中心同意，业主单位可撤回交易。业主单位需要变更发布信息的，须在交易日3天前向镇集体资产交易管理中心提出书面申请，变更信息后需重新公示7天。

除了交易信息公开之外，虎门镇还建设了较完备的交易监督体系，主要包括三个方面。一是集体经济组织监事会成员现场监督。业主单位是社区居委会及其下属集体经济组织的，公开交易竞价时，须由不少于 2 名的集体经济组织监事会成员到场见证监督交易全过程。监事会成员因故不能亲自到场的可书面委托其他股东代表到场见证监督。二是镇集体资产交易管理中心对社区交易点自行组织的交易进行现场监督。集体资产交易过程参与人员应当严格遵守相关规定，对泄露标底、围标、串标等违纪违法行为，由镇纪检部门依法追究相关责任人的责任。三是纪检部门监督。《虎门镇集体资产交易办法（试行）》规定，集体资产交易过程应当接受镇纪检部门的指导和监督。违反规定进行集体资产交易的，由镇纪检部门追究相关责任人的责任；造成集体经济损失的，由直接责任人承担经济赔偿责任；构成违法犯罪的，移交司法机关处理。

从虎门集体资产交易平台建设的改革设计看，交易平台不仅具备对集体资产进行交易的功能，而且通过广泛的信息公开，把资产交易全过程置于包括所有者监督、管理者监督、媒体监督、社会监督等在内的各类监督之下，彰显了社会管理"公众参与"的本质要求。

四 虎门改革取得的主要成效

虎门镇在全市首创了镇、村（社区）两级集体资产交易平台，率先实现镇、村（社区）、组三级集体资产上平台交易，把广东省及东莞市有关加强农村"三资"监管的要求变成了生动的改革实践，探索出了一套比较科学的农村集体资产交易和监管方式，取得了多个方面的改革成效。

（一）农村集体资产收益显著增加

近些年来，受国际国内综合因素影响，整个东莞的农村集体资产经营效益一直处在下行轨道之中。金融危机以来，虎门的集体资产收益率也一直在底部徘徊，回升的信号并不明显。通过建立集体资产交易平台，虎门许多物业性资产通过平台公开竞价交易，租金比过去大幅度提高，集体资产整体收益得到了显著提升。

虎门南栅社区有一集体物业资产，在没进入平台交易之前，原租户根本不愿提及租金上涨的事，交易前对外声称"租金加 1 块钱都不要了"。但该物业上平台交易后，该租户在参与竞标举牌时将租金抬高了1倍，也未保住其经营权，新的租户看中了该物业的资产潜力，以更高的出价获得了经营权。2013年3月5日，在镇集体资产交易管理中心交易的小捷滘社区"昆圹"旧厂区改造项目，经过2个多小时187次举牌竞价，最终以2.27亿元成交，溢价幅度达148%，租金从原来每月每平方米8元提高至22.3元，增值179%。

从2012年10月试运行至2013年10月25日，虎门两级交易平台共受理交易立项1360宗，已实际完成交易1089宗；完成交易合同标的总金额14.18亿元。其中实现溢价的交易有282宗，占交易总宗数的25.9%；物业租金比交易前增加了3546.4万元，增幅为34.8%。

（二）新的交易与管理方式为集体资产保值增值提供了重要保障

在市场经济条件下，资产的价值必须通过市场检验才能充分展示出来。同全国其他地方一样，虎门的农村经济脱胎于传统的计划经济，既往的集体资产经营权的转让方式往往是由少数人决策。由于监督机制不健全，极容易因利益关系造成暗箱操作、私下交易。掌握资产经营权归属决策权的人可能利用手中的权力去寻租，牺牲集体利益换取个人私利；同时，由于这种交易方式中参与交易的对象往往是有限的，甚至是特定的，资产的转让过程多为"体内循环"，资产的潜在价值常常被抑制或萎缩。建立资产交易平台，不仅使集体资产交易全过程置于公众的监督之下，而且把资产完全置于市场竞争之中，通过拓宽信息发布渠道，让更多有经营能力、有更先进经营理念的投资者参与竞标，为买卖双方提供更宽广、更及时、更便捷的双向选择平台，有效地促进了资源和产业的优化配置。这种新的资产交易方式本质就在于让市场充分发现、发掘集体资产的价值，从而保证集体资产保值增值。

（三）开辟了先进产业的进入通道，为经济转型升级提供了动力

在改革开放以来不长的时间里，虎门能够快速地推进工业化和城市化的进程，实现经济跨越式发展，得益于先进生产要素的集中。根据经济发展的一般规律，要素聚集的结果往往是成本上升，经济发展的速度会因此而趋缓。如果要激发新一轮发展活力，必须进行生产要素的置换、重组、

再聚和创新，这一过程无疑也蕴含着阵痛与风险，需要勇气与胆识。经过前 30 多年的发展，传统的生产要素组合所带来的发展红利释放殆尽，调整不可避免。但在实践中，相当一部分基层干部害怕失去"老客户""长租户"，宁可租金低一些，也要留住老客户，导致资产价格长期徘徊在一个较低的水准。世界上没有不老的产业，事实上，有部分"老客户""长租户"并非优质客户，倒闭者有之，拖欠租金、工资者有之。通过建立资产交易平台，把集体资产经营权置于公开的市场竞争中，"老客户""长租户"就有了压力，要么通过调整生产和产品结构、更新经营模式、提高经营管理水平等来提高效益，以消化渐趋增加的成本，要么被更优质的经营者所取代。同时，一些具有先进投资理念和能力的投资者，则可以通过公开公平交易的方式获得集体资产经营的机会。虎门镇南栅社区有一物业，地理位置本来不错，原租户以前一直从事低端的服装生产，由于市场环境变化，利润大幅下降，经营出现困难。这一物业资产上平台交易后，新的租客以高于原租金 1 倍的价格成功竞标，并把这一物业用作从事电子商务，生意十分红火。落后产业的淘汰、传统经营模式的调整更新、新的优质客户的进入，就这样在集体资产交易平台的运作中完成，集体资产交易平台因此成为产业转型升级的一个重要枢纽。

（四）创新了农村管理体制，有利于建设法治化营商环境

虎门两级资产交易平台的建设，直接改变了农村集体资产转让方式，实现了集体资产收益的增加，这就是制度创新所带来的红利；而从更深层次看，这种改革所带来的是管理者与市场的关系变化，是对营商环境的优化。

在交易平台建设前，经营者要获得集体资产经营权，首先想到的是与资产管理者搞好关系，讨好具有决策权的人。集体资产交易平台建立后，资产交易方式公平化，资产转让过程透明化，每个投资经营者都得面对同样的门槛、同样的竞争条件。要想获得集体资产的经营权和更好的投资回报，他们不需要去考虑与资产管理者的"关系"，而是要考虑市场回报、成本承受能力等问题，这就会使其投资行为变得更为理性、更为科学。

虎门集体资产交易平台也建立了竞拍参与者的资格考察制度，特别是把投资人的信用记录作为参与竞拍的重要标准。通过调用企业信用记录，包括企业的税费缴纳、租金交付、工人薪酬发放情况和劳资纠纷问题等，

来确定参与竞标企业或投资人是否有准入资格。这一制度设计，对企业的从业行为起了正面引导作用，使得企业更加重视社会信用，营造了诚信受益、失信受惩的市场氛围。同时，经过交易平台的资产转让，交易双方须签订规范的合同，具备更强的法律效力。合同一旦生效，合同各方都要严格履行相关义务，这使得资产所有人、投资经营者依法经营的意识大大增强。

虎门集体资产交易平台的改革实践，对各类市场主体和群众也是一个市场经济规则宣传教育的过程。在按新的交易方式交易过程中，少数竞标人由于受长期以来的"关系思维"影响，在举牌竞价时表现得不太理性，使自己在交易过程中遭受到了较大损失。如有的竞标者为了"争面子"斗气举牌加价；有的认为自己跟负责资产管理的领导"关系好"，投标时，抱着"不管价格多高先投下来再说，等私下再去降价"的心态。实际情况是，一旦举牌，就会要求签合同并履行相应的承诺。有个别投标者因此付出了高额的违约金，这对投资者个人和公众都是很好的规则和法治教育。

（五）提高了政府的公信力，改善了干群关系

集体资产交易平台建成之前，由于农村管理体制不健全，集体资产的转让、处置等是通过"领导研究"决定，有时甚至是个别人决定。这种交易过程未向社会公开，基本排斥了公众的参与，群众对交易的公正性就会产生很多质疑，因此对基层干部和政府产生不信任感，进而引发一些群众上访。据东莞市农资办提供的资料，近年来东莞农村上访事件近80%与集体资产交易有关。集体资产交易平台建成后，全部的集体资产转让、处置都需要上平台交易，交易事前有规则，参与交易的主体面向市场，交易过程有群众的全程参与和监督，这不仅压缩甚至排除了权力寻租的空间，保证了集体资产的安全，而且让群众感受到基层干部和政府办事的公正性，消除了他们对一些干部的误解，增强了他们对干部的信任感，也增强了政府的公信力。虎门镇的集体资产上平台交易以来，镇、村（社区）、组在新处置物业方面目前处于"零投诉"状态；一些基层干部也深深感受到，集体资产交易平台建设与运行还了他们一个"清白"，干群关系因此大为改善。

从另一个方面看，虎门集体资产交易平台的改革实践，也向农村干部提出了重新定位自身角色的新要求。在转型发展的大环境下，村（社区）、

组干部管理集体经济的方式必须从掌控"三资"交易权转向搞好公共服务、营造更高级经济要素落户所要求的优质环境，这在一定程度上形成干部素质提升的倒逼机制。

总体上看，虎门集体资产交易平台建设扮演了三个角色，一是集体资产的交易管理中心，负责镇一级交易的管理工作，并指导和监管社区一级交易平台的运作。二是农村"三资"（资产、资金、资源）的监管中心。三是农村社会再发育、经济再发展的创新中心。虎门集体资产交易平台已成为一个对农村干部群众进行政治文明教育、市场经济教育、法治意识教育和党风廉政教育的大讲堂。虎门集体资产交易平台的开放性、平等性及市场性等特点，促进了公正、公平、公开意识的弘扬与塑造，形成了权力在阳光下公正运营、决策在市场的规则下公平公开、经济在参与者范围扩大下再次发育、社会经济政治在一个新的基础上寻求更多共识与和谐的新格局。

五 虎门集体资产交易平台改革成功的启示

虎门集体资产交易平台建设改革取得了巨大的成功，但虎门的改革并未止步。从虎门推进农村集体资产交易平台建设改革实践中可以得到以下启示。

（一）农村社会管理创新必须坚持"党委领导"的原则

进入转型期的中国社会，各种矛盾纷繁复杂，虎门是中国农村基层社会发展的一个缩影。一方面，经济社会快速发展，社会财富快速增长，人们的收入水平有了大幅度增长；另一方面，由于体制不健全，导致出现一些社会不公、消极腐败现象，影响到群众和集体的利益，影响了干群关系、党群关系，也影响到社会稳定。只有通过深化改革，创新社会管理体制机制，化解社会矛盾，才能推进经济社会持续发展。改革的核心问题和主要阻力也是利益关系的调整，在多方利益博弈的改革实践中，必须有一个超越具体利益关系而坚持把群众根本利益、社会长远利益置于最高位置的主导方——这样一个角色只有坚持"三个代表"的中国共产党能够承担。虎门镇在集体资产交易平台建设改革中，成立了由镇党委主要领导担任组长、党委相关领导同志任成员并分工负责的工作领导小组，制订了相关工作任务和计划,协调相关部门务实推进。正是在镇党委的坚强领导下,改革才得以顺利推进并取得成效。离开了党委领导的改革,要么归于失败,要么走上邪路。以任何借口削弱社会管理体制改革中党委领导的核心作用,都是极其有害的。

(二) 农村基层管理体制改革要充分体现"政府负责"

政府的主要职能是提供公共产品。公共产品除了有形的设施、服务外,更为重要的是制度供给。东莞农村经济发展到今天,需要进行制度创新。改革是客观需要,但改革不会自动发生,在这种情况下,政府的责任就显得至关重要。改革需要投入,虎门集体资产交易平台建设从一开始就坚持政府主导,在人力、财力、物力等方面几乎是"不计成本"地投入。如为交易平台提供良好的场地,并投入300多万元装修标准的虎门镇集体资产交易管理中心,配备先进的硬件设施和各种工作用品及交易系统;在镇一级设立有12名工作人员组成的常设管理机构——虎门镇集体资产交易管理中心,设有主任1名,副主任1名;同时要求各村(社区)、组固定专人负责交易平台的日常工作。这一系列重要的政府投入使得虎门集体资产交易平台建设获得强大的加速度。改革需要成本,政府不能只算小账,通过改革的较小投入,创建新的管理体制机制,为经济转型升级带来快速发展的活力,这就是改革产生的制度"红利"。

(三) 科学合理的流程设计是改革成功的关键

改革不光要有好的理念和思路,还必须进行科学合理的制度与流程设计,否则,不仅可能使改革变形走样,背离初衷,而且还会败坏改革的名声。虎门经济发达,群众民主意识强,社会管理压力大,集体资产交易方式改革又是群众高度关注的热点问题。为使集体资产交易平台建设改革按照预期的目标有效推进,虎门镇组织了精干力量,进行交易平台的制度和流程设计。在深入调研和学习其他地区经验、广泛征求意见、科学论证的基础上,制定了《虎门镇创建集体资产交易平台实施方案》《虎门镇集体资产交易规则》《虎门镇集体资产交易办法(试行)》,交易会场纪律,举牌竞投、书面报价竞投等规则,以及镇级交易、村级交易、简易交易、续约交易等流程,形成覆盖工作全环节、全流程的完整的制度体系,这也成为虎门改革成功的一个关键。

(四) 广泛的公众参与是改革成功不可或缺的条件

群众是社会实践的主体。改革不能只是政府唱"独角戏",更不能只是少数"精英们"自我陶醉式的设计,必须有广泛的公众参与。集体资产是集体成员共同的资产,集体资产交易与集体每个成员利益息息相关,如果交易平台建设改革脱离基层群众的实际,把群体和社会公众排斥在改革过程之外,那么改革要么无法推进,要么走上邪路。虎门镇在推进集体资产交易平台建设改革中,坚持走群众路线,充分尊重群众对改革信息的知情权、对改革事务的参与权、对改革过程的监督权。虎门镇集体资产交易平台建立之后,资产交易重要事项决策不透明、不公开的现象被终结,集体资产交易从一种相对封闭的交易状态,转变为一种开放的、社会性的、竞争性的阳光交易状态。在虎门的资产交易过程中,群众只要愿意,就能很方便地通过虎门太平网站群、微博群、手机报、《虎门报》、虎门电视台、社区公布栏等多种信息渠道查询到各项资产的现实状况和交易状况。在这一过程中,除了集体资产所有单位群众外,基层管理者、投资人、媒体、社会中介组织等多个方面主体都参与其中,形成了一种社会共治的新局面。

(五) 坚持和维护群众的根本利益是改革发展的不竭动力

群众是推进历史进步的动力,这是历史唯物主义的基本观点。中国30多年来的改革开放之所以能够取得辉煌的成就,根本原因之一就是改革的群众利益价值取向,这也是中国共产党"三个代表"重要思想的根本要求。科学的理论总是来自生动的实践并被实践所证明。近些年来,一些地方借发展地方经济之名,打着改革的旗号,漠视群众利益甚至直接侵害群众利益,如一些地方政府在征地拆迁中,不给失地农民以应有的补偿,造成农民与政府对抗、上访等恶性事件,极大地影响了社会的和谐稳定,这类违背群众利益的"改革"不可能得到群众的支持,当然也不可能取得真正的成功。虎门集体资产交易平台改革实践中,坚持把广大群众利益放在最高位置,使改革得到了群众的广泛支持。虎门在集体资产交易管理改革中,遵循了交易项目所有权、使用权和收益权"三权"不变的原则,同时资产、资源和资金的交易权、使用权的有限让渡,使得"三资"遵循市场规则来配置,大大提高了"三资"的使用效率,为农村集体资产保值增值提供了广阔的空间,从根本上保障了群众的利益。

六 有待进一步探讨解决的问题

（一）如何防范交易过程中的恶性竞标

集体资产交易平台的竞争性交易，能够充分发挥市场的资源配置功能，使得集体资产在新的价格机制下得到优化利用和保值增值。在这个资产价格重置的过程中，市场竞争和社会参与是两个重要的影响变量，虎门集体资产交易平台的建设既体现了市场对资产的优化配置，又体现了群众对资产交易的积极参与和民主监督。但是，市场从来不是万能的，虎门集体资产交易平台建设实践中个别案例中也出现了"恶性竞标"倾向。如2012年12月虎门沙角社区的沙角农贸市场经营权上平台交易，竞标到最后只剩下两个投标人，双方轮番举牌使价格一路上升，最后以高出底价1倍的价格成交。虽然投标人按照交易相关规则也交纳了交易保证金，签订了交易合同，但实践证明这一资产成交价格大大高出了资产的实际价值，投标人以这一价格经营难免亏损，最后不得不以损失交易保证金的代价放弃经营权。这个结果是谁也不愿意看到的"众输"性结果：竞标人损失了保证金，资产所有人的经营连续性被打断并因此受到损失，交易组织者白白浪费了管理成本。之所以会出现此类"非理性"加价与竞标，很大程度上与竞标者"好面子""不想输给别人"等想法和观念有关。

防范类似"非理性"甚至恶意性竞标，一是要建立健全竞标规范体系，明确恶性竞标的惩罚措施，在交易前期工作人员应预先告知竞标者恶性竞争的危害与影响，可考虑在交易开始前签署竞标者杜绝恶性竞标承诺书，以规范竞标者的交易行为。二是要加强对现场竞标环节的管理与服务，对可能出现的恶性竞标进行有效控制和引导，并对竞标者的出价作出友情提示，尽量减少非理性竞价交易现象。三是要加强市场经济文化和健康的竞争文化意识宣传，营造公平竞争的市场环境、和谐共生的社会环境。

（二）如何防范集体资产交易风险

由于各种原因，农村集体资产大多存在不同程度的"瑕疵"，特别是证照不全的问题。在集体资产交易政策体系尚未健全的情况下，这部分集体资产上平台进行交易，无论在交易前期的组织实施还是在交易后期的监管服务等方面，都存在与有关政策法规不完全吻合、资产信用度较低、交易方借口政策法规不健全而违约等问题。这些风险贯穿于集体资产交易的每个阶段,对集体资产本身和交易主体带来许多不确定性。由于证照不全,集体资产本身存在是否合法、是否能够进入平台交易等问题,这会降低交易双方对集体资产的认知和信任感,潜在地影响和降低交易主体的积极性。目前虎门解决这一问题的办法是,在组织交易前后和合同签订中会明确标明资产标的的具体情况,让交易双方明白交易资产的特性,包括其"瑕疵",并要求交易双方签署风险自负等条款。虽然这样的做法短期内能够促进资产交易的完成,但从长期来看,随着我国《拍卖法》《合同法》《物权法》《招标投标法》等法律制度的实施和不断完善,这些证照不全的集体资产在交易平台上进行交易的隐患可能会暴露出来。如果一些经营不善者借口集体资产的证照不全而违约,资产主体很难用法律手段维护其权益;也不排除有人恶意投标后利用集体资产的"瑕疵"而"绑架"集体资产,扰乱正常的经济秩序。如果交易平台作为一个中介性服务机构陷入交易双方的纠纷之中,不仅会干扰其正常的工作,而且会影响其公信力、权威性和社会声誉。

为防范上述交易过程中的风险,还需要在实践中进一步探索。可考虑从以下两个方面加以完善。一是加强对合同签署环节的管理与服务,在对证照不全的集体资产进行补充性说明的同时,积极争取国土、工商和农资办等有关部门的支持,补办这部分资产的权证,弥补资产的缺陷;二是针对交易主体失约风险问题,镇集体资产交易管理中心应加强对交易双方的权利和义务的宣传工作,同时将交易各个环节存在的风险及时告知交易双方,尽可能降低交易环节中交易主体的不确定性。

(三) 如何处理好集体资产效益最大化与兼顾公益性的关系

集体资产交易平台建设的重要目的在于将集体资产的交易置于市场竞争中,以实现集体资产效益的最大化,维护集体的经济利益。但是,应当看到,相当部分集体资产与民生、与集体成员的福利直接相关,或者说集体资产本身带有一定的公益性。如果将所有集体资产不加区分地都置于交易平台上任凭市场主体竞价,会使得一些公益性资产价格"畸高",而投标人最终会将拉高了的成本转嫁给作为消费者或服务对象的集体成员,从而影响到集体的利益。如与村民生活息息相关的农贸市场,如果市场铺位经营任由市场定价,经营者必然会因为要消化过高的竞价成本而把菜品价格定得很高。由于村民日常买菜一般都是就近消费,在多数情况下他们除了被迫接受高价外别无选择。这样的局面显然同建立集体资产交易平台的初衷是相悖的。

课题组认为,解决这一问题的思路,一是要加强资产分类管理工作,对集体资产用途进行规划和管理,针对公益性显著的资产进行专项管理,制定相应的交易规则和程序,这类资产中标后要对其进行相应的经营价格管理,并把这些约定写入招标文件中,在中标签署合同时通过相应的条款予以明确。二是可考虑在通过中介机构对公益性资产收益进行客观评估的基础上,设定中标价格上限,确保在经营者可承受的成本空间内实现合理"溢价"。三是对于经营民生项目的集体资产,政府可以考虑对其提供一系列优惠经营政策,合理引导经营者进行技术和管理创新,降低经营成本,提高服务质量。总体原则是既要坚持公开公平竞争,又要确保集体资产能够促进民生福利。

(四) 如何处理好集体资产交易平台建设与村民自治的关系

集体资产交易平台是一项集体资产管理体制创新之举,能够有力地推动东莞基层社会体制改革。从社会管理的角度来讲,集体资产交易平台较好地体现了"政府负责"和"公众参与"的特征。特别是对于农村集体资产交易来讲,集体资产长期处于"能人"治理范畴之内,难免会出现少数人拍板定价的现象。如果基层政府不能及时介入监管,农村集体资产交易衍生的一系列乱象势必会延续和固化,最终影响农村的稳定发展。从政府社会管理职能来看,作为社会管理的主体,地方政府有责任、有义务保障农村集体资产的经济社会效益;但是从农村事务管理角度来看,《中华人民共和国村民委员会组织法》第一条规定,"农村村民实行自治,由村民依法办理自己的事情",因此由基层政府主导的农村集体资产交易平台建设改革似乎与村民自治相关法律法规有冲突。如何理解和看待这一问题呢?其一,近年来农村集体资产经济效益下滑,引发了诸多经济社会问题,滋生出一些消极腐败现象,影响了农村基层的社会稳定和健康发展。从农村集体资产管理的现状来看,要打破目前农村一些渐趋固化的不合理利益关系和格局,维护基层群众的公共福利,需要基层政府积极、恰当地介入、干预和管理。那种以村民自治为借口,排斥基层政府推进符合群众利益的改革,甚至排斥基层党组织领导的思想和做法是极端错误和有害的,也是不负责任的。其二,在集体资产交易平台的建设和管理中,需进一步明确镇一级政府与村民委员会权、责、利的边界。在集体资产交易管理工作中，政府要"有所为有所不为"，重在对集体资产交易平台建设进行指导和服务。其三，在改革实践中要广泛征求群众意见，不断完善改革方案，扩大改革的公众参与性。村民自治的本质是体现村民的意愿，如果改革能够让公众广泛参与，并能真正顺应民意，由政府主导的改革就能够与村民自治的目标实现有机统一。

改革既是制度的重新设计与创新，更是利益格局的重大调整。李克强同志曾经指出，触动利益比触动灵魂还要难。在传统模式下高速发展了30多年的虎门，要实现经济发展方式和社会管理体制的创新，特别是要打破固化了的利益格局，难度可想而知。毋庸置疑，虎门集体资产交易方式改革取得了重大成效，但我们也不能因此盲目乐观，集体资产交易是农村经济格局中的一个重要利益"场"，改革中的利益博弈不会是一边倒式的，一些利益主体还会以新的方式争取其利益。从根本上切断集体资产交易活动中的不合理利益链，促进交易更加公正、公平，改革还需深化。改革中的一些试验性措施要制度化、定型化还需要有法律的支撑，改革中面临的问题需要通过深化改革的办法加以完善，从这个意义上说，虎门集体资产交易平台建设改革要作为一项能够普遍推广的农村基层社会管理创新制度，还需要在实践中不断探索、巩固、完善。

参考文献

［1］陈健秋，2012，《东莞社会管理创新研究》，广东人民出版社。

［2］达蕃钦等，2011，《东莞经济社会双转型理论与实践》，中国经济出版社。

［3］魏礼群，2011，《社会管理创新案例选编（上册）》，人民出版社。

研究报告

广东社会发展水平在全国的位置研究报告

吴 翰[*]

摘要：社会发展是人类进步的重要标志之一，它是以人为中心的发展，是以人的全面发展为中心的发展。但人类对社会发展的重要性认识是在饱尝"重经济发展轻社会发展"的苦果以后才获得的。广东也不例外。1998年以前，广东社会发展综合水平随着其经济发展的突飞猛进而领先全国各省份，名列第一。遗憾的是，先富起来的广东未能及时把发展战略调整到追求经济社会协调发展的轨道上来，未能高度重视人的发展，长期在教育、科技、医疗、卫生、生态环境保护、农村社会建设等领域的投入与其经济发展水平不相适应，造成历史形成的本来就比江浙落后的教育、科技等的发展不够强劲，导致广东的优势逐步丧失。进入21世纪以后，广东连续多年社会发展综合评价排在浙江的后面，与此同时，上海赶超北京跃居全国第一，原因何在？值得深究！惨痛的历史教训必须记取。广东应该学习借鉴上海、浙江的经验，加快社会发展步伐，彻底扭转社会发展滞后局面，为率先实现全面小康目标打下坚实基础。

关键词：社会发展综合评价　广东　浙江　教训与经验　对策建议

广东是中国改革开放的前沿地带，而且早就是一个经济强省。那么，广东的社会发展水平是否也处于全国领先地位？众所周知，经济发展不等于社会发展，经济发展更不意味着社会的全面进步。尽管没有经济发展作支撑就难以有社会的全面发展进步，但衡量经济发展的指标与衡量社会发展的指标毕竟不一样。因此，广东省政府决策层自2002年6月19日国家计委、国家统计局下达《关于印发社会发展水平综合评价方案的通知》（计社会〔2002〕973号）并联合制定了《社会发展水平综合评价方案》以后，

---

[*] 吴翰，华南师范大学政行学院教授。

开始要求省统计局参照该方案，制定符合本地区实际的社会发展综合评价方案，每年或每两年完成一份综合性或专题性的工作报告，通过报告带动相关工作的开展。可以说，"计社会〔2002〕973 号"文件的出台对各省、自治区、直辖市的社会发展综合评价工作的开展起着巨大的推动作用，也有力促进了各地社会事业的发展，为全面建设小康社会奠定了良好的基础。正是在这种背景下，笔者于 2007 年开展了广东社会发展水平在全国的位置的研究工作。

客观地讲，要对一个省或自治区、直辖市某个时期的社会发展水平作出全面准确的评价并不是件简单的事，理由有几个方面：首先，评价指标体系的设计要做到科学合理并不容易；其次，要确保指标数值采集过程没有任何差错不容易；再次，就算指标选择和数据采集都做得尽善尽美，也只能反映客观发展水平，而不能反映人们的心态和主观意愿。也就是说，社会发展评价本来应该是客观指标和主观指标相结合，在使用政府统计部门通过统计报表制度获得的统计数据进行客观评价的同时，还要通过定期开展各种问卷调查（一般是抽样调查）、民意测验进行主观评价。假如我们对一个地区的社会发展程度的评价完全靠数字说话，没有一些定性分析，评价结果也许是比较苍白的。可是，数据毕竟具有便于比较分析、容易看出差距的优点，因此，在进行各省、自治区、直辖市社会发展水平综合评价时，不能不采用统一的综合评价指标体系和计算方法。综合评价结果必然有个排序问题，但综合评价目的不是要排座次，而是要通过各地发展的动态变化统计和分析，从一个角度看出各地社会经济是否协调发展，在哪些方面处于领先水平，哪些方面尚需要努力。当然，也希望能看出一些涉及全局性的问题。下面对如何正确评价广东 2007 年社会发展水平在全国的位置进行一些分析研究。

一 90 年代 "北京－上海" "广东－浙江"

社会发展水平综合评价名次的变化及启示如下。

中国社会科学院社会学所"社会指标"课题组（以朱庆芳研究员为主）于 20 世纪 90 年代在多年对社会指标体系研究和应用的基础上，确定了一套由五大领域共 46 个指标构成的社会发展综合评价指标体系，并根据《中国统计年鉴》《民政统计年鉴》等，分别对 1993 年、1995 年、1998 年各地社会发展水平进行了综合比较和评价。这几次评价的结果对我们今天开展社会发展综合评价研究、正确看待各省社会发展综合评价排名以及进一步做好广东社会发展综合评价工作都很有启发。因此，有必要对其进行回顾、分析、总结。

（一）20 世纪 90 年代广东与浙江各领域得分的差异给广东的启示——人的发展是社会发展的核心与源泉

先看根据 46 个社会经济指标对 1993 年各地社会发展水平进行综合评价的结果。居前 10 位的地区依次是：北京（82.4 分）、上海（78.5 分）、天津（74.4 分）、辽宁（65.8 分）、广东（60.6 分）、江苏（58.7 分）、浙江（57.2 分）、山东（57.1 分）、吉林（56.2 分）、黑龙江（56.1 分），这 10 个地区的社会发展水平的综合得分均高于 54.3 分的全国平均总得分（见表1）。

表 1　1993 年各省、自治区、直辖市社会发展指标评分排序

单位：分

位次	地区	总分	社会结构	人口素质	经济效益	生活质量	社会秩序
	全国平均	54.3	10.8	10.1	9.1	18.6	5.7
1	北京	82.4	18.0	16.4	13.3	28.7	6.0
2	上海	78.5	15.8	16.1	15.6	26.8	4.2
3	天津	74.4	16.2	14.6	12.2	25.3	6.1
4	辽宁	65.8	13.1	12.6	11.7	22.4	6.0
5	广东	60.6	13.7	9.8	9.9	22.1	5.1
6	江苏	58.7	11.1	11.2	10.0	21.0	5.4
7	浙江	57.2	10.4	10.4	9.6	23.1	3.7
8	山东	57.1	8.6	10.1	9.5	21.3	7.4
9	吉林	56.2	12.7	11.7	8.1	19.6	4.1
10	黑龙江	56.1	11.8	9.5	9.7	19.2	5.9

资料来源：朱庆芳：《我国各地社会发展水平比较与评价》，《开放时代》1995 年第 3 期。

1993 年的广东在社会发展方面的总分比浙江高出 3.4 分，社会发展综合水平明显高于浙江，但此时的浙江在"人口素质"和"生活质量"两个领域的得分已高于广东，这是非常值得注意的事实。那么，中国社会科学院社会学所是用哪些指标来衡量"人口素质"的，"生活质量"又是如何测量的？

总的说来，这套评价体系用了 8 个指标衡量"人口素质"，这 8 个指标涉及人口的文化素质、科技素质和身体素质等，应该说是比较全面的，而且基本上都采用相对指标，特别是合理使用人均指标。因此，可以说指标设计是比较合理的。1993 年评价的结果显示，广东在该领域落后于浙江，这说明浙江在这个领域的基础确实比广东强。一个地区特别是一个人口大省的人口素质的提高不是一朝一夕所能实现的，它是长期积淀的结果，这一点是不能不承认的。与此同时，人口素质的高低，是决定一个地区各方面发展潜力的重要因素，这就是各省都要提出并实施"教育强省"战略、"人才发展"战略的原因。浙江在 20 世纪 90 年代初社会发展综合评价总得分尚比广东低 3.4 分，其人口素质总体已比广东好，这已预示着它有良好的发展后劲。更重要的是两年后，即 1995 年的评价结果显示，浙江的"人口素质"得分与广东相比优势更加明显（见表 2）。

表 2 1995 年各省、自治区、直辖市社会发展指标评分排序

位次	地区	总分	社会结构	人口素质	经济效益	生活质量	社会秩序
	全国平均	57.7	11.2	10.1	9.6	20.7	6.1
1	北京	83.4	18.9	16.5	12.9	28.7	6.4
2	上海	81.4	16.4	16.3	14.1	29.5	5.1
3	天津	79.6	16.1	15.0	14.9	27.1	6.5
4	广东	66.6	14.0	10.6	10.4	26.8	4.8
5	辽宁	65.4	13.8	12.6	12.0	22.7	4.3
6	黑龙江	65.3	13.3	10.4	12.8	22.5	6.3
7	江苏	64.9	11.8	12.1	11.6	23.9	5.5
8	浙江	62.4	10.8	11.5	10.7	25.9	3.5
9	山东	61.6	10.0	10.7	11.8	21.9	7.2
10	吉林	58.8	12.5	11.7	8.8	21.1	4.7

注：本表是根据 46 个主要指标，采用综合评分法计算的。
资料来源：根据 1996 年《中国统计年鉴》及有关部门的数据加工整理。

广东在人口素质方面与浙江之间的差距进一步拉大，"经济效益"领域的优势已经丧失。不过，由于这个时期的广东在其他 3 个领域仍然领先于浙江，故总体社会发展水平还是高于浙江。不仅如此，1995 年的广东社会发展综合水平在全国省份中是名列第一的，这是非常辉煌的时期。遗憾的

是，先富起来的广东未能及时把发展战略调整到追求经济社会协调发展的轨道上来，未能高度重视人的发展，长期在教育、科技、医疗、卫生、生态环境保护、农村社会建设等领域的投入与其经济发展水平不相适应，造成历史形成的本来就比江浙落后的教育、科技等的发展不够强劲，导致广东优势的逐步丧失。这个惨痛的教训是必须记取的。

（二）上海从明显落后于北京到1998年超过北京跃居第一给广东的启示——加快社会发展速度必须靠规划、政策和常抓不懈

1993年的上海与北京相比在社会发展多个领域以及总评分方面都处于劣势（见表1、图1）。1993年根据46个指标进行综合评价的结果是北京比上海总分高出3.9分，此时的上海只有"经济效益"这一领域的评分高于北京，其他4个领域——"社会结构""人口素质""生活质量""社会秩序"的评分均低于北京。

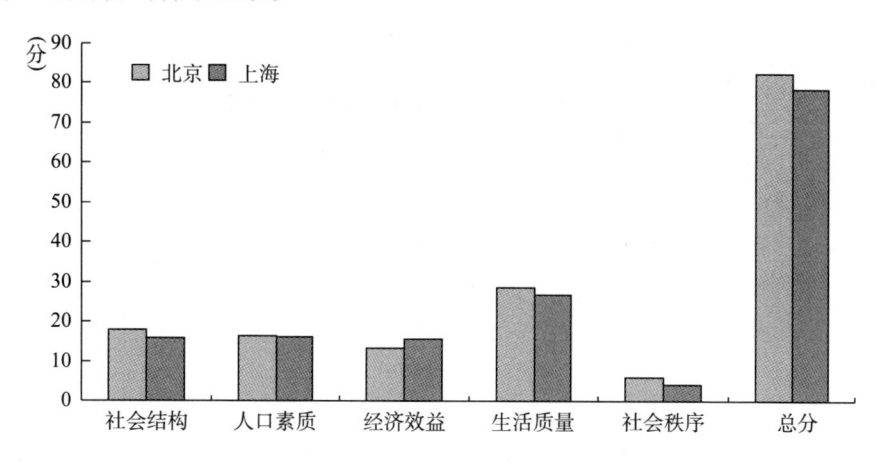

图1 1993年上海、北京社会发展水平比较

再看1995年的情况。1995年的上海虽然总的社会发展水平仍落后于北京，但已经有两个领域（"经济效益"和"生活质量"）超过北京，而1993年时只有"经济效益"高于北京（见图2）。

再看3年后的情况。1998年，用46个指标构成的社会发展指标体系对各省、自治区、直辖市进行社会发展综合评价，得出的结果是：居前10位的地区依次是上海80.0分、北京78.1分、天津74.2分、广东64.6分、辽宁62.0分、江苏60.9分、浙江60.8分、福建57.9分、黑龙江57.6分、山东57.4分（见表3）。

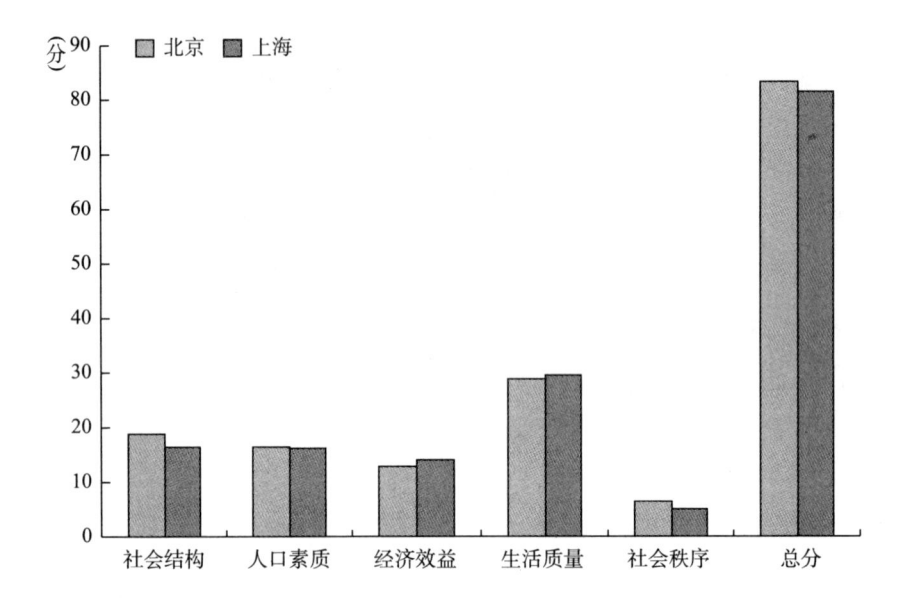

图 2　1995 年上海、北京社会发展水平比较

表 3　1998 年各省市社会发展指标评分排序

位次	地区	总分	社会结构	人口素质	经济效益	生活质量	社会秩序
	全国平均	53.7	11.2	9.7	11.1	17.7	5.0
1	上海	80.0	16.8	15.1	13.4	29.4	5.3
2	北京	78.1	17.6	16.3	12.8	28.4	4.1
3	天津	74.2	15.7	14.2	13.3	25.6	5.4
4	广东	64.6	14.6	11.0	11.4	23.5	4.1
5	辽宁	62.0	12.4	11.6	13.0	19.7	5.3
6	江苏	60.9	12.2	11.9	11.4	21.2	4.2
7	浙江	60.8	10.9	11.5	11.1	23.6	3.7
8	福建	57.9	12.8	10.3	11.2	19.4	4.2
9	黑龙江	57.6	11.1	9.7	12.6	17.9	6.3
10	山东	57.4	10.6	10.2	11.5	19.5	5.6

资料来源：根据朱庆芳 2000 年在《瞭望新闻周刊》第 10 期和其他刊物发表文章进行整理。

这一轮评价的结果，最引人注目的一点是上海首次超过北京，跃居第一，这是很值得关注，也是值得我们进行一番深入分析研究的现象。大家都知道，广东是中国改革开放的先行地区，在改革开放和现代化建设中一直走在全国前列，特别是深圳特区曾在好长一段时间发挥着"试验田""窗口""示范区"作用，也带动了整个珠江三角洲地区的改革发展。但是，始于 20 世纪 90 年代的浦东开发与建设以及由此带动的整个长江三角洲地区的迅猛发展，可以说是长江后浪推前浪、一波更比一波高。由于种种主客观原因，加之外部环境和自身条件存在的差异，浦东的开发与建设比当年深圳特区的开发建设起点更高，追求的目标也更高远，从一开始开发就注意到经济与社会协调发展的问题，这是非常值得总结推广的经验之一，也是 1998 年以来上海一直在社会发展综合评价方面占据全国第一位的根本原因。

社会发展是人类进步的重要标志之一，它是以人为中心的发展，是以人的全面发展为中心的发展。但人类对社会发展的重要性认识是在饱尝"重经济发展轻社会发展"的苦果以后才获得的。美国等早期工业化国家于 20 世纪六七十年代开始觉醒，在制订中长期发展计划时明确提出了社会发展的目标，逐步走上经济社会协调发展的道路。很难要求我国在 20 世纪 70 年代末开始改革开放时就有追求经济社会协调发展的战略眼光，这可以从我国第一次社会发展工作会议的召开时间得到印证。1994 年 10 月国务院召开全国第一次社会发展工作会议，会议明确指出"促进社会发展是建设中国特色社会主义的重要内容，是我国现代化建设的迫切需要"。但十分难能可贵的是，上海浦东开发从一开始就重视功能的开发、社会的开发，而不是单纯的经济项目和土地的开发。浦东新区自 1993 年建立后，在建立和完善新体制、新模式的改革和探索中，推出了一系列加快发展社会事业的新举措，包括理顺管理体制、加大投入、加快硬件建设、提高工作效率、完善社会服务等，使社会事业的存量有了迅速的增长，质量得到明显的提高。1993 年 3 月浦东在全国率先成立"浦东新区社会发展局"[①]，该局一成立马

[①] 浦东新区社会发展局主要职责：贯彻执行有关教育、卫生、体育、人口与计划生育工作的方针、政策和法律、法规，结合新区实际情况，拟订、执行年度计划、具体实施办法和有关补充规定；根据新区国民经济和社会发展总体规划，编制新区社会事业发展规划；协助新区街道、镇综合平衡社会事业发展计划；参与新区总体规划的制定和各开发小区、街道、镇发展规划的制定和审核。协调各有关部门，统筹、规划、领导、管理新区社会事业及其发展工作。会同有关部门管理新区社会事业系统内的资产、资金、财务、基建、人事等工作。主管新区社会事业工作及各基层单位工作，协同有关部门管理根据上级指示应予代管的其他单位。依法审批、核发在新区范围内申办各项社会事业的行证许可，或参与有关社会事业项目的会审。会同新区镇、街道管理、指导、检查、督促所辖社会事业的各项行政工作。组织新区各项社会事业的科学研究。总结、推广所辖各级各类社会事业的工作经验。组织、实施基层单位领导干部、职工和新区街道、镇社会事业系统的行政干部的培训工作。负责教育、卫生、体育、人口与计划生育等的行政执法、行政复议、行政诉讼等的应诉工作。承办区政府交办的其他事项。

上组织上海各界的专家和学者进行"上海市浦东新区90年代社会事业发展战略及规划研究",从1995年开始每年发布《浦东社会发展报告》,力求忠实地记录浦东开发开放过程中社会事业发展的轨迹,分析发展过程中取得的经验和存在的问题,系统地反映新区居民对社会发展的民意指向,科学地提供推动新区社会发展的对策建议。这是非常值得其他地区学习的好做法。而《浦东新区社会发展"九五"计划和2010年远景目标纲要》的制定,更是凸显了上海的战略眼光,《纲要》明确提出"九五"计划期间,社会发展的主要任务是大力发展教育事业,提高市民素质,坚持计划生育基本国策,改善生活环境,提高居民生活质量,完善社会保障制度,提高社会照顾程度,加强基础设施建设。《纲要》还制定出12个方面的具体发展目标,包括基础教育、职业技术教育和成人教育、人口管理、医疗服务、文化建设、体育事业、社区设施建设、社会保障制度改革、社会福利、社会事业投资、专业人才培养和引进等,可以说是有目标、有措施,确保浦东乃至整个上海走上经济社会协调发展的轨道。

以上是20世纪90年代中国社会科学院社会学所先后几次开展各地社会发展综合评价所得出的结果及其启示。下面对进入21世纪以后国家统计局和各省、自治区、直辖市开展社会发展综合评价的情况进行一些分析评价。

二 对2001年至2006年各省、自治区、直辖市社会发展水平

综合评价名次的分析与判断如下。

根据国家统计局对2001~2005年广东省社会发展水平的综合评价(见表4),从总指数来看,广东从2001年到2004年逐年下降,只有2005年才开始回升。2001年至2005年间广东的社会发展水平在全国的排名非常稳定,年年都排第5位。其中,支撑广东稳居第5位的是"生活水准"和"公益服务"两个领域,拖后腿的两个领域是"人口现状"和"社会保护"。

表4 2001~2005年广东省社会发展综合评价指数及位次

年份	总指数	位次	人口现状指数	位次	生活水准指数	位次	公益服务指数	位次	社会保护指数	位次
2005	1.36	5	0.29	8	0.46	4	0.35	5	0.26	15
2004	1.2718	5	0.2612	10	0.4467	4	0.3537	5	0.2100	23

续表

年份	总指数	位次	人口现状指数	位次	生活水准指数	位次	公益服务指数	位次	社会保护指数	位次
2003	1.30	5	0.27	10	0.50	4	0.31	6	0.21	28
2002	1.3325	5	0.2752	10	0.5315	4	0.3540	5	0.1716	28
2001	1.365	5	0.2505	11	0.5348	4	0.3225	4	0.2574	11

这一评价结果一定程度上说明广东经过二十几年的改革发展，已经具有足够的经济实力让广东人民过上水准比较高的物质生活、享受较好的公益服务，但广东的人口发展仍然存在总体素质低、结构不合理的问题，同时，广东在社会保护方面未能跟上经济发展的步伐，使整个社会发展相对滞后于经济发展。不过，这一评价结果也有值得质疑之处：广东在社会保护方面2001年在全国排名第11位，怎么到2002年一下子跌到第28位？是该领域的指标设计太不合理，还是数据采集、上报工作出了差错？

为了从另一个侧面分析这套评价体系的合理性从而说明其评价结果的可比性，我们抽出2005年部分省、自治区、直辖市的评价数据进行一些分析（见表5）。2005年的这个评价结果是有些令人费解的：广东的总指数比浙江低，这一点没问题，可是，广东在"人口现状"和"社会保护"这两个本来处于弱势的领域得分却比浙江高。究竟广东在这两个领域的各项具体指标中有哪些指标优于浙江呢？我们通过分析，看能否找到答案。

表5 2005年各地区社会发展综合评价指数及位次

地区	总指数	位次	人口现状指数	位次	生活水准指数	位次	公益服务指数	位次	社会保护指数	位次
上海	2.41	1	0.65	2	0.87	1	0.57	1	0.32	4
北京	2.26	2	0.69	1	0.70	2	0.48	2	0.40	1
天津	1.54	3	0.47	3	0.42	5	0.37	4	0.27	11
浙江	1.50	4	0.25	11	0.61	3	0.40	3	0.24	19
广东	1.36	5	0.29	8	0.46	4	0.35	5	0.26	15
江苏	1.29	6	0.35	7	0.39	7	0.33	6	0.22	23
福建	1.13	7	0.22	14	0.40	6	0.27	8	0.25	17
辽宁	1.11	8	0.40	4	0.22	14	0.26	9	0.23	20
重庆	1.05	9	0.23	12	0.25	13	0.30	7	0.27	12
山东	1.04	10	0.21	15	0.29	8	0.25	10	0.29	7

表6中"人口现状"领域只有3个指标,广东在"非农人口所占比重"和"第三产业从业人员的比重"这两个指标上的得分都优于浙江,这完全是可以接受的。问题是,人口现状怎么可以没有反映人口的文化素质、受教育程度、人口的科技素质和身体素质方面的指标?由此我们可以看出,当指标设计不合理时,评价结果不仅不能为我们准确把握社会状况提供参考,而且容易引导大家作出有失偏颇的判断。实际上,这套指标体系未能把广东真正的优势凸显出来,也未能把广东在社会发展方面存在的突出问题暴露出来,原因是有些领域的指标设计不尽合理。

表6　2005年浙江、广东、江苏三省社会发展综合评价指标体系

领域	序号	评价指标	浙江	广东	江苏
人口现状	1	人口出生率	1.05	0.93	1.42
	2	非农人口所占比重	0.58	1.78	1.72
	3	第三产业从业人员的比重	1.35	1.78	1.09
生活水准	4	城镇居民人均居住面积	2.08	1.04	1.24
	5	农村居民人均居住面积	3.21	0.69	1.80
	6	城镇居民人均可支配收入	3.78	3.09	1.97
	7	农村居民家庭人均可支配收入	2.71	1.60	1.93
	8	农村改水累计受益率	1.13	1.18	1.19
	9	人均生活用电量	2.06	2.55	1.26
	10	每百户居民家庭拥有的电脑数	2.18	2.80	1.43
公益服务	11	传染病发病率	0.77	1.22	1.40
	12	新生儿死亡率	1.52	1.43	1.48
	13	初中毕业生升学率	1.73	0.91	1.67
	14	九年义务教育完成率	1.65	1.24	1.11
	15	城镇居民人均教育费支出	2.92	1.92	1.47
	16	城镇居民人均文娱费支出	2.01	2.10	1.36
	17	广播电视混合人口覆盖率	1.45	1.16	1.58
	18	有线电视入户率	2.03	1.99	1.33
	19	每万人拥有公共文化设施数	0.47	0.65	0.65

续表

领域	序号	评价指标	浙江	广东	江苏
社会保护	20	享受低保人数占救济对象人数的比例	1.54	1.33	1.29
	21	城镇居民人均可支配收入最高最低收入户差异倍数	0.84	0.35	0.20
	22	调查失业率	1.12	1.75	1.18
	23	意外死亡人口比例	0.30	0.71	0.81

首先，上海从1993年只有"经济效益"一个领域的评价得分高于北京，其他4个领域以及总得分均低于北京，到1998年总分跃居全国第一，而且在"经济效益""生活质量""社会秩序"3个领域的得分均超过北京，这个过程历时5年时间（见表7、表8、表9）。它说明：

第一，始于20世纪90年代初的上海浦东开发使整个上海经济一直保持良好的发展态势，这为上海社会事业的大发展提供了有力的支撑。经济发展是社会发展的前提和基础，不管哪一个省、自治区、直辖市，如果经济实力、经济效益提不上去，其社会事业的发展肯定会受到某种程度的制约。

第二，虽然经济发展可以为一个地区的社会发展提供有力的财力、物力支持，但是，如果在大力发展经济的同时不能高瞻远瞩，及时提出社会发展的目标和对策，有意识、有目的地推进社会事业的发展，使整个地区进入经济社会协调发展的良性循环中，那么，期待该地区在经济不断快速发展的同时自动带来社会的全面发展是不可能的。上海之所以能在短短的5年时间里社会发展综合水平超过北京而跃居全国第一，恰恰是因为其社会发展意识特别强，1993年浦东新区成立的同时就在全国率先成立了"浦东新区社会发展局"，联合复旦大学社会学系、人口研究所等有实力的科研机构，共同谋划浦东的开发与建设，制定浦东社会发展规划，并决定开展浦东新区社会发展系列年度报告的编写工作。这种做法是十分具有超前意识、战略眼光的表现，也是决定上海若干年后能以"社会发展"取胜的先决条件。上海重视社会发展，认真制订并实施社区发展计划，使其"生活质量""社会秩序"都不断得以改善，其经验非常值得总结推广。

表7 1993年上海、北京社会发展指标评分排序

位次	地区	总分	社会结构	人口素质	经济效益	生活质量	社会秩序
	全国平均	54.3	10.8	10.1	9.1	18.6	5.7

续表

位次	地区	总分	社会结构	人口素质	经济效益	生活质量	社会秩序
1	北京	82.4	18.0	16.4	13.3	28.7	6.0
2	上海	78.5	15.8	16.1	15.6	26.8	4.2

表8 1995年上海、北京社会发展指标评分排序

位次	地区	总分	社会结构	人口素质	经济效益	生活质量	社会秩序
	全国平均	57.7	11.2	10.1	9.6	20.7	6.1
1	北京	83.4	18.9	16.5	12.9	28.7	6.4
2	上海	81.4	16.4	16.3	14.1	29.5	5.1

表9 1998年上海、北京社会发展指标评分排序

位次	地区	总分	社会结构	人口素质	经济效益	生活质量	社会秩序
	全国平均	53.7	11.2	9.7	11.1	17.7	5.0
1	上海	80.0	16.8	15.1	13.4	29.4	5.3
2	北京	78.1	17.6	16.3	12.8	28.4	4.1

其次，广东在20世纪90年代的社会发展综合评价排名中（用46个指标进行评价）一直排在浙江省之前，进入21世纪以后，广东却连续多年排在浙江的后面，如何解释？

第一，说明当采用不同的指标体系对各省、自治区、直辖市不同时期的社会发展水平进行综合评价时，所得出的"名次"仅具有某种意义上的参考价值。20世纪90年代中国社会科学院社会学所以朱庆芳研究员为主的"社会指标"课题组所研究构建的社会发展综合评价指标体系由5个子系统构成，其中的"社会结构"和"经济效益"两个子系统分别设计了8个指标共计16个指标，这16个指标大多与经济发展程度有关，它体现了经济发展是社会发展的基础，经济领域的改革与发展，尤其是经济结构的变化会深刻影响社会生活、社会结构的变化，经济发展水平的提高也必然对社会发展具有积极的促进作用。正因为这套由46个指标构成的评价体系有相当分量的指标对经济发展与社会进步之间的内在联系加以衡量，而广东是改革开放的前沿地带，经过20世纪80年代珠江三角洲地区经济的快速发展，带动了整个广东经济突飞猛进的发展，使其进入90年代以后，与长江三角洲地区相比仍然具有"先行一步"的优势。概括地说，1993年、1995年、

1998年三次各地区社会发展综合评价，广东得分都远远高于浙江，至少有两个原因：一是当时的广东经济社会发展与全国其他省份相比确实仍有优势；二是评价指标体系设计相对比较合理，这是应该肯定的。

第二，不能否定的另一个事实是，由于历史文化传统上的差异，浙江在人口素质、人口发展方面确实优于广东，这为其经济社会发展奠定了坚实的基础。

第三，从主观努力方面分析，浙江省各级政府比较重视社会事业的发展，对教育、医疗卫生、科技文化等的投入随着其经济发展水平的提高而不断提高，同时，城镇居民与农村居民的人均收入水平也随着经济的发展而得到应有的提高，社会发展与经济发展比较同步协调。而广东总体上存在社会发展跟不上经济发展步伐、社会发展滞后的现象，这可以用很多指标加以说明。例如，广东的常住人口与浙江的常住人口之比大概是9∶5，而两省的总的教育经费之比约为8∶5（如2006年广东教育经费为8066357万元，浙江为5684275万元），同时，浙江的各类教育比较均衡发展，尤其是基础教育（包括学前教育）一直比较稳步发展。又如浙江的城乡居民收入水平的提高速度和均衡程度一直不亚于广东。浙江省城镇居民人均可支配收入连续7年居全国各省区第一，农村居民人均可支配收入连续23年居全国各省区第一。而广东城乡居民人均可支配收入不仅增长速度缓慢，而且城乡差别有逐年拉大的趋势（见表10），城乡居民人均纯收入比从改革开放初期的1.72∶1扩大到2007年的3.15∶1（浙江2007年城乡居民人均纯收入比只有2.5∶1）。

表10　广东城乡人均纯收入及消费性支出差距变化

年份	城镇居民家庭		农村居民家庭		城乡差距比	
	人均可支配收入（元）	人均消费性支出（元）	人均纯收入（元）	人均消费性支出（元）	人均纯收入	人均消费性支出
1980	472.57	485.76	247.37	222.22	1.72∶1	2.19∶1
1990	2303.15	1983.86	1043.03	932.63	2.21∶1	2.29∶1
2000	9761.51	8016.91	3654.38	2646.02	2.67∶1	3.03∶1
2005	14769.94	11809.87	4690.49	3707.73	3.15∶1	3.19∶1
2007	17699.30	14336.87	5624.04	4202.32	3.15∶1	3.41∶1

如果从城乡居民收入的基尼系数来考察，广东的收入差距可以说早就突破临界点，从2003年到2007年一直处于0.4以上（见图3）。

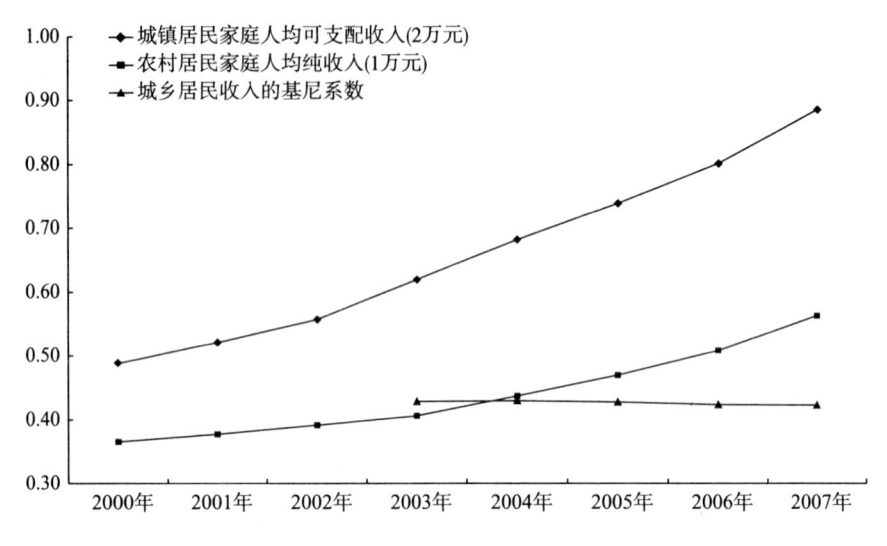

图 3　广东省城乡居民收入与基尼系数的比较

很多人都知道，基尼系数是国际通用的衡量贫富差距的重要指标，当一个国家或地区收入分配的基尼系数达到一定值时，社会的稳定和谐就会受到挑战。因此，浙江省能够有效控制城乡居民收入差距，事实上就是为全社会的和谐稳定创造良好的条件，因而也是有效促进社会发展的良策。

前面讲过，社会发展是人类进步的重要标志之一，它是以人为中心的发展，是以人的全面发展为中心的发展。浙江在抓经济建设的同时努力提高城乡居民的收入水平，并通过狠抓教育、科技、文化、卫生事业，不断提高人口素质，这些举措都体现了其发展是以人为中心的发展，是在追求人的全面发展，也就是力图促进社会的全面发展。这是进入 21 世纪以后社会发展总体水平一直领先于其他省份的主观原因。

三　2007 年广东社会发展与江浙两省的比较分析

广东省委、省政府、省发改委、省统计局对做好全省及各地级市的社会发展综合评价工作高度重视，于 2005 年 6 月 10 日以省政府办公厅的名义发出《关于印发广东省社会发展综合评价方案和广东省社会发展综合评价指标体系的通知》（粤府办〔2005〕53 号），明确"评价工作以地级以上市为单位进行，由省集中进行测算。具体组织实施方案由省发改委、统计局另行制定"。可以说，粤府办〔2005〕53 号文件的出台使广东的社会发展综合评价工作进入有制度保障、真抓实干的阶段。特别值得肯定的是，不管是综合评价指标体系的设计，还是各指标权数的确定，省发改委、省统计局都广泛听取专家意见，进行多方论证和修改完善。2007年国家发改委对社会发展综合评价指标体系作出修改（发改社会〔2007〕3437号）后，广东省发改委、省统计局也及时组织有关专家学者对广东省的社会发展综合评价指标体系进行修改，形成如下评价指标体系（见表11）。

表11　2007年广东省社会发展综合评价指标体系

领域	序号	评价指标	单位	权重（方向性）	指标
人口发展	A1	符合政策生育率**	‰	（逆）	92.51
	A2	平均预期寿命*	年		75.47
	A3	人口总负担系数*	%	（逆）	37.08
	A4	城镇人口所占比重*	%		63.14
	A5	平均受教育年限*	年		8.80
生活水平	B1	恩格尔系数*	%	（逆）	35.30
	B2	城镇居民家庭人均可支配收入*	元		17699.30
	B3	农村居民家庭人均纯收入*	元	（逆）	5624.04
	B4	城乡住房困难户占总户数的比重	%		2.01
	B5	城市人均住房使用面积*	m²		25.42
	B6	农村人均住房面积*	m²		27.24
	B7	每百户居民家庭拥有的电脑数*	台		78.79
	B8	农村饮用自来水人口占农村总人口的比重*	%		77.51
	B9	人均生活用电量*	千瓦时		444.77
	B10	农村卫生厕所普及率*	%		78.26
	B11	食品和药品安全系数			87.92
公共服务	C1	5岁以下儿童死亡率*	‰	（逆）	7.59
	C2	传染病发病率*	1/10万人	（逆）	241.26
	C3	孕产妇死亡率*	1/10万人	（逆）	17.83
	C4	初中毕业生升学率*	%		77.65
	C5	每万人拥有公共文化设施面积**	m²		399.54
	C6	基本社会保险覆盖率**	%		22.65

续表

领域	序号	评价指标	单位	权重（方向性）	指标
公共服务	C7	每万人口拥有收养性社会福利单位的床位数*	张		11.70
	C8	社会事业和公共服务支出占财政一般预算支出的比重**	%		40.18
	C9	信息化发展指数			120.14
社会和谐	D1	城镇失业率**	%	（逆）	2.85
	D2	交通、火灾死亡人口比率*	1/10万人	（逆）	8.73
	D3	社会安全指数**			132.09
	D4	民主法治建设指数			1
	D5	城镇居民人均可支配收入最高最低收入户差异倍数*	倍	（逆）	5.60
	D6	城乡人均收入之比*		（逆）	3.15
	D7	城乡居民人均收入发展速度与人均GDP发展速度之比			0.80
	D8	高中阶段在校学生性别比*		（逆）	1.06

注：加*的项目属国家2007年确立的30个评价指标，加**的项目为与国家2007年确立的30个评价指标中的相关指标相似但设计更为合理的指标。

以上综合评价指标体系的构成特点是从2007年国家制定的30个指标中选用了22个比较可取的指标；增加了B4、B11、C9、D4和D7这5个非常重要且都设置成比例、系数或指数的较具说服力的指标；另外，A1、C5、C6、C8、D1和D3这6个指标是对国家30个指标中的相关指标的改造。可以肯定地说，修改补充后的这套评价体系是相当不错的，用这套指标体系对广东社会发展水平进行综合评价所得结果是具有说服力的。但美中不足之处是缺乏反映"社会结构"和"生态环境"两个领域的指标。中国在计划经济时代，社会结构相当稳定，几十年里没有什么大的变化，与此相适应，那个时代中国的社会发展也十分缓慢。1978年以来，尤其是1992年中共十四大召开，把建立社会主义市场经济体制确定为我国经济体制改革的目标以来，中国社会结构随着工业化、城市化、市场化程度的不断提高而日益发生深刻的变化。社会结构转型早已成为我国社会学界争相研究的课题，而热衷于构建社会发展评价体系的学者一般都不可能无视社会结构领域的变化及其对社会发展的影响。产值结构、就业结构、城乡结构、阶层结构等方面的变化都时刻在影响着整个社会的发展变化。特别是像广东这样的经济市场化程度比较高的经济强省，其社会结构方面所发生的深刻变化以及对整个社会的发展进步的推动力之大是不容低估的。因此，对广东社会发展水平的综合评价如果缺乏社会结构领域的指标设计，就很难谈得上是"综合评价"。

既然社会发展是以人为中心的发展，是以人的全面发展为中心的发展，那么，肯定要考虑人的生活质量，而"生态环境"的优劣是直接影响人的生活质量的因素。因此，衡量社会发展水平的指标体系不能没有反映生态环境的指标。如果从指标体系覆盖比较全面的角度进行衡量，浙江省2003年以来使用的综合评价指标体系是比较可取的。

比较江苏、广东和浙江三省自"计社会〔2002〕973号"出台以来的社会发展综合评价工作，我们可以清楚地看到三省在做法上存在很大的差异：江苏省和广东省在2003年至2006年所采用的综合评价指标体系都是与国家2002年确定的四大领域23个指标大致相同的，江苏的指标体系由五大领域（比国家的多了一个"社会结构"领域）共34个指标构成，广东的指标体系由四大领域共30个指标构成。但是，2007年国家发改委、国家统计局《关于修订和印发社会发展水平综合评价方案的通知》（发改社会〔2007〕3437号）出台后，广东与江苏的工作拉开差距了：正如前面所讲，广东省2004年以来的社会发展综合评价工作一直都是有专家学者参与的，如何构建一个适合广东省情的社会发展综合评价指标体系以及每一项指标的赋权，都广泛征询各方面专家的意见，所以，2007年广东对原有的综合评价指标体系进行修改完善以后便形成了如表11所示的指标体系。而江苏省的情况是，社会发展综合评价工作开展比较早，把评价结果发布到市一级政府也早已成为常规性工作。但无论是综合评价指标体系的设计，还是综合评价工作实施的其他环节，基本上是靠省统计局社会和科技统计处的五六个人在发改委的协助下完成。这一定程度上会影响其综合评价工作向纵深发展。所以，江苏省2007年的综合评价所使用的指标是"发改社会〔2007〕3437号"所确定的30个指标，没进行任何修改补充。江苏省用该指标体系对其2007年社会发展水平进行综合评价的结果是：全省发展指数为105.39，其中，人口发展指数为24.78，生活水平指数为26.98，公共服务指数为26.70，社会和谐指数为26.92。由于广东与江苏两省2007年进行综合评价时四大领域所使用的指标存在较大的差别，故各领域评价所得指数也没有多大的可比性。

浙江省的做法与广东、江苏差别更大，其综合评价指标体系几乎完全是自己开发的，与国家发改委和国家统计局 2002 年确定的"各地区社会发展综合评价指标体系"可以说是截然不同的。浙江省 2004 年印发《2003 年浙江省社会发展综合评价指标体系及指标说明》（浙发改社会〔2004〕888号），它由八大领域共 25 项中间指标和 53 项终端指标组成。

这个由"人口与就业""经济发展""生态环境""科技与教育""卫生与文化""生活质量""社会保障与公平""公共安全"八大领域组成的综合评价体系，覆盖面广，指标设置也比较合理，有参考价值。但个别指标数值不容易获得，如"畜禽养殖污染物治理率"比较难统计，因此，在实际运作中，浙江事实上只用到 52 个指标。不过，就算 52 个指标也显得有些琐碎，像第 15 项中间指标"文化投入和基础设施"与第 12 项中间指标"卫生投入"可以合并，又如第 18 项中间指标中包含的"（36）城镇居民人均娱乐、教育、文化支出占消费支出比例"和"（37）农村居民人均娱乐、教育、文化支出占消费支出的比例"这两个终端指标是非常难以获取准确数据的。另外还有些指标目前还极少有省、自治区、直辖市把它作为统计指标，因为数据不容易获得，如"（11）城市声环境质量综合评分"和"（14）废水排放强度"。

因此，我们可以对 52 个指标进行删改合并，使其更具可操作性。调整后的指标体系还是由八大领域构成，但终端指标只剩下 45 个。我们用这 45 个指标来对 2007 年的广东、浙江、江苏三省的社会发展水平进行评价（见表 12）。

表 12　2007 年广东与浙江、江苏社会发展水平比较

领域	中间指标	终端指标						领域权重
		指标名称	浙江	广东	江苏	单位	权重	
A. 人口与就业	1. 人口变动	A1. 人口自然增长率	4.81	7.3	2.3	‰	0.01803	0.1388
	2. 文化素质	A2. 每十万人口在校高中生数	3539	3089	4058	人	0.02490	
	3. 生命素质	A3. 人均期望寿命	76.5	75.3	74.1	年	0.02128	
	4. 城市化水平	A4. 城镇人口占总人口比重	57.2	63.1	53.2	%	0.02616	
	5. 就业状况	A5. 第二、第三产业人员占全部从业人员比重	77	70.6		%	0.02748	
		A6 城镇登记失业率	3.3	2.0	3.2	%	0.02101	

续表

领域	中间指标	指标名称	浙江	广东	江苏	单位	权重	领域权重
B. 经济发展	6. 经济实力	B1. 人均生产总值	37130	33151	33689	元	0.02598	0.0948
		B2. 人均地方财政收入	3260	2948	2935	元	0.02759	
	7. 产业结构	B3. 第三产业增加值占生产总值比重	40.35	43.3	37.4	%	0.04121	
C. 生态环境	8. 城市环境	C1. 城市空气综合污染指数	1.81				0.02420	0.1188
		C2. 森林覆盖率	60.5	56		%	0.01658	
	9. 污染处理	C3. 城市污水集中处理率	59	50		%	0.02073	
		C4. 城市生活垃圾无害化处理率	82	60		%	0.01634	
D. 科技与教育	10. 科技投入与成果	D1. 科技活动经费支出总额占生产总值的比重	2.68	2.2	3.2	%	0.03967	0.1353
		D2. 每万人口专利授权量	30	59.8	41.7	项	0.02359	
	11. 教育投入与资源	D3. 人均财政性教育经费支出	639.9	496.6	642	元	0.02686	
		D4. 高等教育毛入学率	38	25.6	37	%	0.02631	
E. 卫生与文化	12. 与15两个中间指标合并	E1. 文化卫生支出占财政一般预算支出的比重		1.9	1.48	%	0.02369	0.1191
		E2. 每万人拥有公共文化设施面积	480	399		m²	0.01162	
	13. 医疗资源	E3. 每千人拥有医生	1.98	1.45	1.56	人	0.01218	
		E4. 每万人拥有医疗病床	28.7	26.6		张	0.01160	
	14. 妇幼保健和疾病控制	E5. 5岁以下儿童死亡率		7.59	26.9	‰	0.01497	
		E6. 传染病发病率	272	239	348	1/10万人	0.01377	

续表

领域	中间指标	终端指标						领域权重
		指标名称	浙江	广东	江苏	单位	权重	
F. 生活质量	16. 居民收入	F1. 城镇居民人均可支配收入	20574	17699	16379	元	0.02296	0.1574
		F2. 农村居民人均纯收入	8265	5624	6561	元	0.02422	
	17. 居住状况	F3. 城镇居民人均住房建筑面积	34.7	25.4	30.9	m²	0.01619	
		F4. 农村居民人均住房面积	57	27.2	42.9	m²	0.01592	
	18. 消费结构	F5. 城镇居民家庭恩格尔系数	34.7	35.3	36.7	%	0.01134	
		F6. 农村居民家庭恩格尔系数	36.4		41.6	%	0.01120	
	19. 生活水平	F7. 人均生活用电量		444.8		千瓦时	0.01220	
		F8. 农村安全卫生饮用水人口覆盖率	89.7	77.5		%	0.01312	
		F9. 农村卫生厕所普及率	80.6	78.26		%	0.01049	
G. 社会保障与公平	20. 基本保险	G1. 参加基本养老保险、失业保险、基本医疗保险人数占各从业人员的比重				%	0.02953	0.1503
		G2. 新型农村合作医疗人口覆盖率	89	93.6	98	%	0.01678	
	21. 社会福利	G3. 民政事业经费占地方财政支出的比重				%	0.01930	
		G4. "五保""三无"人员集中供养率			65	%	0.01044	
		G5. 每万人口拥有收养性社会福利院床位	27.2	7.73	20.6	张	0.01197	
	22. 分配状况	G6. 城镇收入基尼系数	0.3315	城乡收入基尼系数大于0.4			0.01702	
		G7. 农村收入基尼系数	0.3535				0.01699	
	23. 城乡差距	G8. 城乡居民人均（可支配/纯）收入之比	2.5	3.2	2.5	倍	0.02825	

续表

领域	中间指标	终端指标					领域权重
		指标名称	浙江	广东	江苏	单位	权重
H. 公共安全	24. 意外事故与损失	H1. 交通死亡人口比率	13	9.3	9	1/10万人	0.01563	0.0855
		H2. 火灾事故损失占GDP比重	2.84	1.79	1.47	%	0.01425	
		H3. 意外死亡人口比率	12.9	8.7	7.8	1/10万人	0.01100	
	25. 社会治安	H4. 每万人口立案数				起	0.02326	
		H5. 青少年刑事案犯占刑事案犯比重				%	0.02134	

根据已经找到的数据，我们先把广东与浙江进行比较，看广东在八大领域中的哪些领域比浙江领先，哪些领域比浙江落后。

（1）"人口与就业"设有6个指标，其中A1和A6为逆指标。广东只有A4和A6两项指标优于浙江，其他4项均比浙江落后，故该领域总评价明显落后于浙江。

（2）"经济发展"设有3个指标，广东的产业结构得分高于浙江，但用两个人均指标衡量的"经济实力"却十分残酷地把广东甩在后面，故该领域总评价是浙江比广东略胜一筹。广东虽然是经济大省，2007年全省生产总值多达31084亿元，但广东同时也是人口大省，2007年末常住人口达9449万人。浙江2007年全省生产总值为18638亿元，只占广东省生产总值的59.96%，但其2007年末常住人口只有5060万人，占广东总人口的53.55%。

（3）"生态环境"领域按表12所列的4个指标（有1项指标数值收集不全）进行比较，广东的生态环境比不上浙江。如果再从水资源保护（广东人均水资源为1647立方米，浙江人均水资源为1805立方米）、化学需氧量（COD）排放量、二氧化硫排放量和生态建设等方面进行比较，广东可以说是明显落后于浙江。

（4）"科技与教育"设有4个指标，广东只有"D2. 每万人口专利授权量"一项的得分高于浙江，其他3项均落后于浙江，所以，这个领域广东明显比浙江落后。

（5）"卫生与文化"领域中的"医疗资源"（含E3和E4）一项广东比浙江缺乏，广东的"E2. 每万人拥有公共文化设施面积"也比不上浙江，但广东的"传染病发病率"比浙江低,其他两个指标数值浙江暂缺,故无法进行比较。

(6)"生活质量"领域有4个中间指标:"居民收入""居住状况""消费结构""生活水平"。虽然反映"消费结构"和"生活水平"的指标数值收集不齐全,但浙江省的城乡居民人均收入水平明显比广东高,而消费水平决定消费结构,其消费结构方面的得分也不会低于广东。另外,浙江一直致力于缩小城乡差别,其农村社会发展水平总体比广东好,故"生活水平"这一项的得分也不会低。总的来讲,浙江的"生活质量"明显高于广东。

(7)"社会保障与公平"由4个中间指标构成,广东只有"基本保险"具有优先地位。2007年底,广东全省职工基本养老保险、医疗保险、失业保险和工伤保险参保人数分别达2210万、2007万、1300万和2109万,五大险种基金积累1917亿元,均居全国第一;农民工参加医疗保险、工伤保险和失业保险人数分别达1055万、1350万和458万,均居全国第一。但其他3项"社会福利""分配状况""城乡差距"广东都处于劣势。

(8)"公共安全"领域中的"意外事故与损失"这一项广东的情况比浙江好。"社会治安"方面数据暂缺。

综合以上8个领域的情况,广东至少在"人口与就业""经济发展""生活质量""生态环境""科技与教育""社会保障与公平"6个领域均落后于浙江。广东与江苏的比较受掌握数据的制约,不能确定各自的优势领域,但可以肯定的是,江苏在"科技与教育""医疗资源""城乡居民人均居住面积""农村居民人均纯收入""城乡差距""意外事故与损失"等方面都好于广东。

四 对策建议

社会发展综合评价的最终目标不是搞清楚广东省在全国的排名,而是搞清楚广东省的社会发展在哪些方面与其他省份相比存在差距。当然,仅仅是找出差距也还是没有意义的,必须能够分析清楚造成差距的原因并提出缩小差距的行之有效的举措。下面根据前面的分析研究提出一些加快广东社会发展步伐、促进广东经济社会协调发展,从而促使广东率先实现全面小康社会目标的对策建议。(说明:这部分只讲差距及缩小差距的对策,对做得好、成绩突出的没有提及。)

（一）发挥社会学专业人才在广东各个层面的决策咨询中的作用，让各级领导树立"社会发展优先"的理念

广东的决策层要提高对经济社会协调发展重要性的认识，要时刻警惕"重经济发展轻社会发展"变成"习惯成自然"的惯性思维所造成的决策上的失误。为此，要注意在重大决策咨询方面多听听社会学专业人士的意见，如在制订广东的一些中长期发展计划、区域发展规划、重点建设项目时，不要只重视经济学家的意见，要多倾听社会学专业人士的意见，以便及时纠正一些不利于广东省社会发展进步的想法和决策。

（二）重视社会统计工作，加大人力、物力、财力的投入，提升社会统计信息对广东科学决策的贡献率

要进一步加强和改进广东省的统计工作，提高统计质量，让统计信息真正成为衡量社会经济发展是否良性循环的标尺，为科学决策提供强有力的数据支撑。近年来省领导越来越重视统计工作，因为意识到情况不明就难以作出正确决策，因此利用统计信息减少决策失误逐步成为领导们的自觉行为。这就无形中给统计工作提出更高的要求，也造成更大的压力，使进一步加强和改进本省的统计工作变得更加迫切。本课题组研究发现，广东省的统计工作与广东的社会经济发展一样存在"重经济轻社会"的现象（当然，这不是广东特有的现象，国家统计局也是在经济统计方面投入绝对多的人力、财力、物力），各级社会统计工作部门占用的资源比经济统计部门少得多，而社会统计工作的开展相对而言难度更大，在市场经济条件下甚至可以说是困难重重。广东是个人口规模大、结构复杂、流动性大，由工业化、城市化、市场化所带来的各种社会问题非常突出的省份，不狠抓社会统计工作，建立健全社会统计指标体系和相应的社会统计工作制度，保证信息的及时收集、整理和逐级报送，就难以让各级领导的决策建立在对现状的全面掌握和对发展趋势的正确预测之上。希望省委、省政府请有关专家评估一下全省目前的社会统计工作状况，从人力、财力、物力和制度建设等方面切实解决存在的问题，推动全省社会统计工作的健康发展。另外，目前社会科技统计与人口就业统计分别由"社会和科技统计处""人口和就业统计处"负责，这也许有利于各自工作的更好开展。但在编制《广东社会统计资料》时可以不受国家统计局的影响，编出有广东特色的比较实用的《广东社会统计资料》，也就是把"人口和就业"也编入《广东社

会统计资料》，以呈现给所有使用"社会统计资料"的人一本完整意义上的《广东社会统计资料》。

（三）建立一种能够保证城乡居民收入水平、教育科技文化卫生等投入随广东经济增长、财政收入增长而按适当比例增长的机制，提升广东人的素质

要充分认识到广东在过去在社会建设方面投入不足、欠债过多所造成的严重后果，要对进入21世纪以来广东经济社会发展水平一直被浙江甩在后面进行深刻的反思。广东在20世纪90年代社会发展综合水平排在浙江之前的时候，其"人口素质"和"生活质量"两个领域已经比浙江差，但进入21世纪以后，广东仍然没有在提高人口素质的教育、科学、文化、卫生等领域加大投入，以缩小人口素质方面与浙江存在的差距，致使广东的综合竞争力、发展潜力逐步变得没有优势。另外，广东多年荣膺"经济强省"的光荣称号，为国家作出很大贡献，但在如何让广东人民的人均收入水平随经济发展、财力增强而不断有所提高的问题上，似乎没有好的对策，致使广东的城镇居民和农村居民的人均纯收入都低于浙江，让浙江省独揽"农村居民人均可支配收入连续23年全国各省区名列第一"和"城镇居民人均可支配收入连续7年全国各省区名列第一"的殊荣。更值得忧虑的是，广东的教育、科技、农村居民人均纯收入等指标也比江苏省落后，而一个地区这类指标的落后往往预示着若干年后该地区的各方面发展潜力将受到制约。因此，广东确实需要有一种忧患意识，要勇于承认我们过去对社会发展重视不够，要痛定思痛，狠下决心，以实际行动扎实推进广东省各项社会事业的大发展。

（四）借鉴浙江经验，下大力气统筹城乡经济社会发展，为实现"和谐广东"创造良好社会条件

广东城乡收入增长缓慢且差距大，而浙江城乡居民人均纯收入增长快而且实现了城乡比较均衡的发展，那么，浙江在提高农村居民收入、统筹城乡发展方面有哪些可以借鉴的好经验？浙江省各级领导对统筹城乡发展的重要性认识到位，决心大、措施得力，注重跟踪检查监控，做到心中有数。其中有一项举措是特别值得广东效仿的，那就是制定浙江省城乡统筹发展水平综合评价指标体系，开展城乡统筹发展水平综合评价，发布城乡统筹发展水平综合评价年度报告。浙江于2005年开始抓城乡统筹发展水平综合评价工作，2006年进一步修改完善2005年的《城乡统筹发展水平评价

方法》（见表13），非常值得借鉴。

表13 浙江省2006年城乡统筹发展水平综合评价表

领域	序号	指标名称	单位	权数	目标值	2005年			2006年		
						实际值	评价得分	目标实现度	实际值	评价得分	目标实现度
统筹城乡经济发展	1	第二、第三产业从业人员比重	%	6							
	2	第一产业劳动生产率	元/人	5							
	3	人均GDP	元/人	6							
	4	人均地方财政收入	元/人	7							
统筹城乡社会事业和基础设施	5	财政支出中用于"三农"的比重和增幅	%	6							
	6	标准化公路通行政村率	%	4							
	7	农村安全饮用水覆盖率	%	4							
	8	城乡生均教育事业费比率	%	5							
	9	千人医务人员数*	人	5							
	10	农业技术人员相当于农业从业人员的比例	‰	4							
统筹城乡人民生活和社会保障	11	城乡居民人均收入差距倍数	倍	10							
	12	城乡人均生活用电支出比率	%	3							
	13	城乡人均文化娱乐教育、医疗保健支出比率	%	3							
	14	城乡信息化水平比率	%	3							
	15	城乡低保水平差异度*	分	3							
	16	参加社会保险人数占全社会从业人员比重*	%	10							
统筹城乡生态环境	17	环境质量综合评分	分	5							
	18	农村垃圾收集处理率*	%	3							
	19	农村卫生厕所普及率	%	4							
	20	村庄整治率	%	4							
		合计		100							

注：1. 本指标体系以2020年数值作为目标值；2. 加注"*"的指标，统计口径、目标值和计算公式进行了调整。

针对广东城乡差距大,"珠三角"与东西两翼、粤北山区发展不平衡的实际,很有必要学习借鉴浙江的做法,制定出《城乡统筹发展水平综合评价办法》和《区域协调发展水平综合评价办法》,通过综合评价及时掌握各项政策措施的实施效果,有目的、有步骤地推进广东全省城乡、区域协调发展。

三边建构：城市农民工市民化新路径研究

——以东莞市为例

张锡铃 *

摘要： 本文聚焦于农民工市民化问题，以东莞市为例对城市农民工市民化的路径进行分析。分析表明，原有的农民工市民化路径存在困境，正从原来的政府单边推动路径逐渐转变为包含政府、农民工与社会领域的三边建构路径。这一转型受到了政治、经济和文化等方面的影响，为了促进农民工市民化的继续实现，需要作为主体的农民工的有效参与，社会领域继续发挥作用，从而真正形成政府、农民工与社会的良性互动。

关键词： 农民工　市民化　路径转变

一　问题的提出

20世纪80年代以来，随着我国社会经济的发展，我国城市化快速推进，全国城市化率从1978年的17.92%提高到2009年的46.59%，发展速度惊人。城乡隔离体制逐渐放松，城市就业机会大幅增加，大量农村劳动力涌入城市，农民工数量日益庞大。2012年国家统计局公布的数据显示，全国农民工总量达25278万人，比上年增长4.4%。农民工的社会生存状态以及与当地原户籍人口之间的各种差异，都受到社会越来越多的关注。同时，中央政府开始出台各种规定和政策加强对农民工各方面的治理，许多地方政府也随之出台并执行了各项相关政策，特别是在户籍制度改革上的一些地方性尝试。但是，仅仅户籍制度的改革并不足以完全解决农民工如何在城市中良好地生活这一问题。

随着对农民工问题关注的增加，农民工的研究视角正从"生存－经济"转换为"身份－政治"的叙事模式，更加着重讨论农民工的公民权利，倾

---

* 张锡铃，广东省东莞市东莞社会建设研究院。

向于从农民工与其他社会成员、与国家的关系来界定农民工问题,避免了原有视角中的生存预设使其研究范围变得过小的问题(王小章,2010)。在"身份－政治"的叙事模式下,学界开始使用农民工市民化的概念来关注农民工的权利问题。综合学者们对这一概念的解释,农民工市民化概念指的是在城市中农民工公民身份的建构,包括了农民工公民权利,即就业权、社会保障权和市民权三种权利的实现,以及情感上认同感与归属感的获得这两方面的内容。现有研究普遍认为,城市农民工并没有顺利实现市民化,在就业权和社会保障权基本实现后,市民权却得不到有效落实,并且缺乏在城市社会中的认同感和归属感。

对于农民工市民化的实现,许多学者提出了不同的实现路径。

一是自上而下或者自下而上的单向路径。这一取向认为市民化的困境在于以户籍制度为核心的城乡二元制度体系,通过对原有制度和政策的改革,农民工便能由此实现市民化(黄锟,2011)。另外,该取向也逐渐加强了对在市民化过程中农民工群体能动性的关注(郭秀云,2008)。

二是两者结合的双向路径。通过对我国公民身份权利发展历史的考察,学者指出国家主导的制度构建与公民积极行使权利是公民身份发展的双动力模式(褚松燕,2007)。在对农民工市民化问题的研究中,苏黛瑞则认为单是关注其中的结构或者行动者是不足够的,主张通过两者的有机结合,即从结构上实行自上而下的解决方案,结合行动者自下而上的争取,从而实现城市中农民工的市民化(苏黛瑞,2009)。

三是社会领域加入后的多向路径。社会领域在农民工市民化中所扮演的角色越来越重要,企业、工会、社区、农民工非政府组织等的作用正日益突出。有学者就此指出,公民身份的建构路径是三种模式的结合,即国家主导、公民抗争和公民社会带动,称为三动力的综合模式(张雪琴,2011)。这启发了对于市民化过程中多主体共同作用的思考,社会领域的作用逐渐得到更多关注。

本文将在上述研究的基础上,通过对个案的分析对城市中农民工市民化的路径变化进行考察,经历了从单向实现路径到自上而下与自下而上相结合路径的转变,讨论能否逐渐形成一种多边参与的农民工市民化路径的问题,并分析转变的原因,从而进一步探讨农民工市民化问题。

二 农民工市民化的实现困境

自20世纪90年代以来，作为在珠三角地区的主要城市，东莞市经济快速发展，以对劳动力的巨大需求和相对农村较高的收入水平，吸引了大量农村劳动力，全市外来暂住人口从1991年的80.58万人增长到2011年的413.62万人。其中，2001年外来人口增长到457.82万人，接近2000年数量的2倍，打破了之前一直稳定的增长速度，此后一直处于此规模上下。2006年东莞市外来人口的规模到达了586.76万人的最高峰，之后渐渐有所回落，但是外来人口规模仍然保持在400万人以上。若没有城市农民工的市民化，中国城市也不能真正实现城市化。由此，21世纪以来，东莞市农民工市民化的实践发生了许多变化。

（一）农民工市民化中的政府单边推动

21世纪初期，400多万外来人口进入东莞市工作和生活，其中农民工占据了最主要的比例，并逐渐受到各方的重视。在政策背景上，国家和省级政府都出台了工作意见和计划，在广东省可以依据的主要是《广东省人口与计划生育条例》和《广东省流动人员租赁房屋治安管理规定》等政策法规，但是更多的是对于计划生育和治安管理方面的要求。因此，面对数量庞大的农民工如何在城市安居乐业的问题，东莞市政府的主导行为主要体现以下几个方面。

第一，政策规定的出台。在21世纪初期，东莞市出台了一系列关于农民工群体的政策规定，例如2003年东莞市政府出台的《东莞市出租屋及租住人员管理暂行规定》，体现了"以屋管人"原则的确立、对主体和目标的强调以及各职能部门的执行细则。

第二，专门机构的建立。设立专门的机构是政府对于某一领域关注的重要体现，随着政府对农民工相关问题逐渐重视，东莞市政府也建立了专门机构。同样依据"以屋管人"的原则，通过《关于设立东莞市出租屋及租住人员管理办公室的通知》和《关于各镇区设立出租屋及租住人员管理服务中心的通知》的出台，东莞市出租屋及租住人员管理办公室在2004年2月正式设立，同时在各个镇区设立出租屋及租住人员管理服务中心。

第三，管理的政策核心。总结这一政府主导的工作过程，对农民工群体进行管理是其中的核心，各项工作都围绕着管理这一主题进行。主要有以下三个特点：第一，在政府主旨上以管理为主，如何有效掌握农民工群体情况是其关键，对农民工的服务是被忽略的。第二，在关注领域上，人口信息、治安管理和计划生育是工作的重点领域。第三，即使农民工相关工作的专门机构后来权限得到扩充，也是管理上的权限扩充。

（二）农民工市民化中的农民工被动回应

21世纪初期，在东莞市政府主导的农民工市民化实践中，农民工群体明显处于被动地位，并没有作为主体的行动空间，农民工回应方式主要如下。

第一，遵循政策规定。进城务工的农民工希望在城市安居乐业，需要对其合法权益进行维护，离不开各项权利的实现，这都建立在遵循各项政府政策规定的基础上，例如及时办理暂住证、计划生育证明以及缴纳费用等。在户籍制度下，拥有城市户籍是农民工市民化的最直接方法，但是大部分农民工当时并不具备获得城市户籍的较高条件。因此，遵循政府相关的农民工政策是他们的主要选择。

第二，对不满的表达。面对政府政策，农民工的许多需求并没有得到满足，当表达不满时也是以被动的方式为主，包括在日常交谈中的讨论、在网络上发言或躲避相关的政府人员，基本上都是农民工在面对政府主导时的被动回应，表达不满的方式也较为和缓。一些农民工选择"用脚投票"的方式，离开不满的城市来实现一种"日常抗争"的反抗（苏熠慧，2009）。

（三）原有农民工市民化路径的成效与困境分析

在21世纪初期，农民工市民化的主要特点是由政府自上而下进行主导，以及农民工被动回应，笔者将其总结为单边推动的农民工市民化路径，并且取得了一定的成效。

第一，掌握信息，达成管理。东莞市政府通过一系列政策的出台和各职能部门的合作，获得了农民工的基本人口信息以掌握整体情况，同时在社会治安和计划生育方面都达到了一定的政策目标。

第二，对农民工合法权益的维护。对于农民工来说，更多的是当合法权益受到侵害时，政府给予维护的要求才得到实现。在政府主导下，农民工的劳动权益得到了一定的维护。

但这些成效不足以使农民工实现市民化,单边推动的农民工市民化路径存在难以避免的困境。

第一,政府目标与农民工市民化的背离。单边推动的农民工市民化路径的主要困境在于,政府推动农民工市民化的最终目标是落实国家层面和上级政府的政策要求,以及维护社会治安和维持社会稳定。于是,地方政府对社会治安和计划生育两方面较为重视,而农民工市民化过程中市民权利的获得是被忽略的。

第二,对管制型政策工具的选择。有学者指出,对于政策工具的选择可能引发的争议,往往不亚于政策本身的选择可能引发的争议。按照政策工具的分类,政府管制是强制型政策工具的一种,政府通过设定规定,要求被管制者必须遵守,否则将受到惩罚。在政府的单边推动之下,政府通常较多使用管制型的政策工具。

第三,农民工主体的参与不足。政府工作集中在对农民工进行管理上,农民工不能在政策过程中有效地表达他们的意见和建议,并不能参与到自身市民化的过程中,从而更缺乏在城市中的认同感和归属感。

三 三边建构:农民工市民化的新路径

随着农民工相关问题的进一步凸显,原来的单边推动的农民工市民化路径由于其存在的困境而亟须转变。2007年4月,东莞市确定"新莞人"作为对"外来工"的新称谓,随后政府进行了一系列调整行为,这可以说是农民工市民化路径转变的开端。经过政府与农民工之间的调整、回应和不断互动,以及社会领域作用的凸显,逐渐形成一种新型的互动关系,转变为不同于政府单边推动的农民工市民化路径。

(一) 政府行为的调整

1. 原有政策规定的变化

在对农民工的称谓和专门机构方面,东莞市政府以"新莞人"作为对农民工的新称谓,这是政府对于农民工工作开始进行调整的标志,并将"新莞人"的说法统一运用在随后的机构转型和新政策推行等方面。称谓的改变虽然代表不了身份和权利的实质性变化,但固定的称谓能够固化身份和权利，改变称谓就意味着突破这种固化的身份和权利，逐渐关注农民工这一群体的身份转变（苏昕，2012）。"新莞人"一词的使用表明政府侧重点的变化，这是政府行为调整的开始。

随后，农民工专门机构也于2007年由东莞市流动人口和出租屋管理办公室改为东莞市新莞人服务管理局，各镇（街）的流动人口和出租屋管理服务中心也更名为新莞人服务管理中心，在原有职责之外强调协调有关部门做好"新莞人"的服务、培训和维权工作。随着政府对农民工的称谓和专门机构的调整，农民工从原来的管理对象逐渐转变为管理与服务对象，服务工作开始受到更多的重视。

在政策工具选择方面，随着政策目标的转变，政府农民工相关政策从管制这一强制性政策工具的使用转变为逐渐对多种政策工具结合使用，在就业培训、义务教育等方面都能有所体现。例如，2007年东莞市政府在就业培训方面，开始加强对农民工的职业介绍工作，以及运用财政对各镇（街）、培训机构和用人单位提供职业培训补助资金。

在一些具体的农民工政策方面，政府政策规定也有了转变，包括暂住证的废除与居住证的推行、对农民工居住条件的关心、人才入户政策以及子女接受义务教育办法的出台等。

2. 入户与入学政策的推行与调整

从限制农民工入城到帮助农民工在城市生活，农民工入户与入学政策的推行，是政府行为转变中的核心部分。根据2010年《广东省流动人口服务管理条例》，东莞市参照广东省《关于开展农民工积分制入户城镇工作的指导意见》，并结合本市实际情况于2010年9月发布了《东莞市积分入户暂行办法》及《东莞市积分制入户管理实施细则》，开始进行农民工的积分制入户工作。农民工积分制入户的具体积分指标包括文化程度、职业资格和职称、参加社会保险年限、社会服务、获得荣誉、计划生育、工作和居住时间、投资和纳税等方面的分数计算。按照各镇（街）的限定指标，给予分数较高的农民工获取城市户籍的资格。同时，保留了东莞市"优秀新莞人"评选活动，以条件准入的方式作为农民工入户的另一种方法。由此，东莞市形成了积分制与条件准入制相结合的农民工入户政策体系。

在农民工子女入学政策方面，东莞市政府根据各镇（街）公办学校的学位资源，以农民工子女父母的学历、职称、社保等方面作为依据，同样采用积分制，安排农民工子女入读义务教育阶段的公办学校，东莞也是全省第一个对此问题采用积分制方法的城市。之后，入学政策在原来的基础上，与积分制入户的推行相结合，并由东莞市新莞人服务管理局进行统一受理、评分、公布结果等工作。

随后，东莞市政府对于入户与入学政策都进行了调整。在入户政策上，东莞市政府一方面继续沿用"优秀新莞人"评选等条件准入的入户方法，另一方面对积分制入户政策中各方面的设置再次进行调整。首先，从2011年开始取消了年度入户指标的任务，即把最低分数设定为130分，满足即可获得入户机会，并没有人数限制。其次，不断修改积分制入户的计分指标，以降低门槛和进行政策引导。最后，进一步简化申请程序，实行常年接受申请报名、同步并联审核以及网上报名，推动积分制入户工作常态化管理。①

在入学政策方面，公办学校的积分制入学仍然采用"总量控制"的形式，各镇（街）都有其名额的限定，符合申请条件的"新莞人"子女提出申请后，根据11项积分项目进行积分，并按照其积分从高分到低分进行录取，而积分项目的分值设置也有所调整。同时，由于公办学校的可申请名额有限以及门槛仍然不低，大多数农民工以对民办学校的选择为主，东莞市政府也努力通过一些政策实施促进民办学校教育的发展。

3. 基本公共服务的提供

随着2010年农民工积分制入户的推行与各方面政策的调整，东莞市逐渐建立了一个相对完整的农民工政策体系，为农民工市民权的实现提供了政策基础，提供了一定程度的基本公共服务。

表1　2010年东莞市农民工基本公共服务情况

项目	具体项目	数量	项目	具体项目	数量
社保医疗服务	参加社会保险	1280.34万人次	就业培训服务	专场招聘会	50多场
	人身意外保险	28.4万份		组织企业提供岗位	19.6万个
	出租屋综合险	56.4万人		服务求职	12.3万人次
	子女免费接种第一类疫苗	200多万人次		资助性技能培训	10.2万人次
				划拨培训补助资金	120多万元

---

① 详见《2012年东莞市积分制入户计分标准》，2012年7月2日。

续表

项目	具体项目	数量	项目	具体项目	数量
社保医疗服务	子女补种乙肝疫苗	20多万剂次	关爱服务、文化宣传	春运返乡专列（客车）	7716辆
	救助管理站实施救助	7108人次		节假日减免参观点门票	67万元
	减免殡葬费用	42.74万元		积分制入户、服务日等宣传活动	319场次

资料来源：实地调研资料。

在入户与入学政策推行的基础上，面对农民工对基本公共服务的诉求，东莞市正建立积分制和普惠制相结合的基本公共服务体系，推动基本公共服务向农民工覆盖，包括就业、子女教育、医疗卫生、社会保障等方面。

4. 农民工参与的空间拓展

在政府对于农民工的行为调整后，农民工参与空间在原有基础上得到一定的拓展，即使参与的人数仍然有限，也是政府行为在这一领域的转变。一是农民工代表与公务员的选拔。2011年东莞市出台相关政策，公开选拔20名农民工到基层部门担任机关公务员和事业单位职员，选拔5名优秀工人、农民为基层公务员。二是拓展农民工表达渠道。在全市建立综治信访维稳工作站，设立诉前联调工作室，建立"法官工作室""社区法官""社区法官助理"等制度，以及举行多场农民工座谈会，健全诉求反馈及调处机制。三是鼓励对社区管理的参与。通过在樟木头镇和横沥镇进行的农民工社区自治试点工作，推动他们在社区层面进行自我管理并融入社区生活。

（二）农民工行为的转变

上述政府行为的调整，为农民工进行有效回应提供了政府政策和制度安排上的空间，农民工回应的转变也促使政府行为继续进行调整，这可以说是一种新型的互动关系。

1. 入户与入学的实践

在积分制和条件准入制相结合的入户与入学政策推行中，需要农民工参与的程度提高。在积分制入户与积分制入学方面，根据计分指标的设置，农民工的文化程度、职业资格和职称、参加社会保险年限、社会服务、获得荣誉、计划生育、工作和居住时间、投资和纳税等方面，都进入计分指标体系。不管计分门槛是高是低，在制度安排上农民工可以经由各方面的积分获得入户与子女入学的资格。在条件准入制方面，部分农民工也能通过东莞市"优秀新莞人"评选活动获得入户机会，尽管条件准入的要求较高、名额较少。于是，农民工能够通过自身努力参与到市民化的实践中，从而实现自身的市民化。在政府与农民工的关系中，农民工从原来的被动回应逐渐转向采取更多主动的行动。

2. 农民工的政策回应

一方面，部分农民工基于自身对市民权的需求，以及政府政策提供的机会与空间，积极回应政府并参与到入户与入学政策的实践中。根据实地调研所得，2010年东莞市推行积分制入户过程中成功受理、累计送审、完成审核的人数分别为16731人、16373人、10838人（均含随迁人员）；2010年东莞市首届"优秀新莞人"评选活动中190名获奖者已完成入户的有62人，其中正在申请办理的有89人；到2011年4月，东莞市共有52.9万"新莞人"子女在莞接受义务教育，其中12.6万人在公办中小学就读，40.3万人在民办中小学就读。这些农民工为了获得市民权以实现自身的市民化，在政府政策提供的有限空间里，通过自身各方面的行动进行回应，体现出回应的积极性。

另一方面，由于政府的农民工政策都设置了一定的指标、门槛、条件等，能够通过这些政策获得市民权的农民工数量有限，而且2010年东莞市的积分制入户对各个镇（街）都有明确入户指标，导致各镇（街）"冷热不均"的情况十分严重。在一些热门镇（街），很多高分的"新莞人"没有入户的机会，而在冷门的镇（街），达到合格线60分即可入户，出现了"政府很热、新莞人很冷""城区很热、镇（街）很冷""经济发达的镇（街）很热、经济不发达的镇（街）很冷"等现象。

从积分制入户与积分制入学的推行情况可以清楚看出入学的门槛较低，可以较迅速满足农民工的当前需求。农民工对政府政策的回应体现出了一种"热"与"冷"的两面性，都在于基本公共服务的获得，体现了市民化过程中农民工对市民权实现的需求。在有限的政策空间中，作为市民化主体的农民工通过自身行动争取实现市民化。

3. 对认同感与归属感的诉求

在进入城市初期，提高收入水平并改善生活状态是农民工的主要目标。随着收入水平和生活水平的提高，他们开始希望能够实现自身的市民化，在获得市民权的同时，也需要获得在城市中的认同感与归属感。因此，农民工在城市中认同感与归属感的获得，除了需要消除城市原有居民对他们的不认同甚至歧视外，更需要的是农民工能够自上而下地回应与表达，以及在各方面更多地参与。总的来说，农民工市民化的实现并不能仅依靠政府政策的推行，市民化的主体是农民工自身，政府更多的是为农民工提供可以进行自主选择的政策保障。

（三）社会领域的参与

在已有对于农民工市民化路径的研究中，农民工所处企业、工会、社区以及农民工非政府组织（NGO）①等对于市民化实践的作用逐渐受到更多的重视，这正是在新时代理解农民工市民化所不能缺少的领域。农民工市民化路径不仅是政府与农民工互动形成的自上而下与自下而上的结合，更需要社会领域的参与从而构成一种三边建构的农民工市民化路径。

1. 政府提供的空间

一方面，在国家与省级政府政策上，随着公民社会的发展，各种社会组织与社会团体的作用逐渐受到重视，包括对非政府组织登记注册的放松、对企业工会以及社区建设的加强等。其中，在2006年的《国务院关于解决农民工问题的若干意见》中强调政府职能的转变，"加强和改善对农民工的公共服务和社会管理，发挥企业、社区和中介组织作用，为农民工生活与劳动创造良好环境和有利条件"。2011年广东省发布了《关于加快推进社会体制改革建设服务型政府的实施意见》等7个加强社会建设的文件，更体现了对转变政府职能的重视。

另一方面，在政策上，东莞市政府对于企业、工会、社区以及非政府组织等的作用都十分重视，并于2011年出台文件设立东莞市社会工作委员会，推动社会组织孵化基地的项目试点工作，规范发展社会组织，并加强社区建设以发挥社区作用。随着越来越多的社会成员由"单位人"转变为"社会人"，社区日益成为社会管理的基本单位和公共服务的重要平台。其中，强调了对非户籍居民参与基层自治新途径的探讨，切实把社区打造成

---

① 非政府组织是 Non-Governmental Organizations 的意译，缩写为 NGO。其中，农民工非政府组织是本文讨论的重点。

为参与社会建设的基础平台。①

各级政府通过相关政策的推行为各种社会组织与社会团体发挥作用提供了空间，从而推动了三边建构的农民工市民化路径的逐渐形成。

2. 社会领域的发展与困难

在农民工市民化实现路径中，政府、农民工与企业、工会、社区、农民工非政府组织等的关系具有重要意义，社会领域的发展促进农民工市民化实践的进行，但是也面临着许多发展的困难。

除了个体经营，大部分农民工都进入企业打工，企业在农民工市民化中扮演着复杂的角色。一些企业为农民工提供良好的工作和生活环境，主动维护他们的合法权益，并通过各种活动建立融洽的劳资关系；同时，拖欠工资和侵害权益的现象却时有发生。但能表明的是，企业与农民工的良好互动关系，对于农民工在城市的工作与生活具有重要影响。

在企业工会方面，早在2009年东莞市建立的工会组织已经有24158个，会员也已有292万人，形成了工会在市、镇（街）、村、企业的四级网络。在东莞市的132家世界500强企业经营机构中，已有超过90%的企业建立了工会组织。由于在东莞市企业中农民工占据了很大比例，企业中的工会组织对农民工有很大影响。但是需要注意的是，许多企业的工会组织建设并不规范，而在成立后的大部分时间内工会常常是隐形的，传统的工会组织官方与政府色彩过于浓厚，在一定程度上丧失了真正意义上的社会组织功能。因此，如何建设现代意义上的工会，并真正发挥工会在维护员工权益方面的作用，是工会发展的难题所在。

在社区层面，东莞市各镇（街）已成立了32个新莞人服务管理中心和621个服务站，各镇（街）服务中心招聘专职工作人员638人和出租屋管理员4500多人，为农民工在社区提供了工作、学习培训以及生活等方面的服务。同时，东莞市致力于建立"社工+志愿者"的社区服务模式，通过5个镇（街）的试点工作，成立了新莞人之家、新莞人心理咨询室、新莞人子女辅导站等。其中，注册志愿者共8100多人，超过一半的志愿者为农民工，这能够使其更好地融入社区生活。而在社区层面需要突破的困境是，社区建设需要以实有人口为依据，不再划分成户籍与非户籍，包括社区的

---

① 详见于2011年发布的《关于设立东莞市社会工作委员会的通知》《关于申报社会建设和创新管理工作试点的通知》《徐建华、黄双福同志在东莞市社会工作委员会揭牌仪式暨第一次全体委员会议上讲话》等文件。

自治与选举等都需要有农民工的参与。

在社会组织方面,从1996年到1999年,我国的农民工社会组织开始出现并受到关注。到2006年,广东省的农民工社会组织总数已达到30~50个,这些组织能够有针对性地为当地农民工排忧解难,取得了较好的社会效果。而在东莞市,从2011年开始政府对社会组织的登记注册明显放松,"蓝衣公益服务中心""烛光公益服务中心""横沥镇隔坑社区服务中心"等农民工社会组织相继注册成功。农民工社会组织在农民工市民化中发挥着重要的作用,包括为实现他们的利益诉求与各方沟通、通过法律行动维护其合法权益、提供各种志愿服务以及举行各种活动促进农民工融入城市生活等方面。因此,如何进一步培育相关的农民工社会组织并有效发挥其作用,是农民工市民化中社会领域加入讨论的关键。

随着社会领域在农民工市民化中作用的逐渐扩大,以及社会领域中企业、工会、社区、农民工社会组织等与政府、农民工互动的发展,农民工市民化已不仅限于政府与农民工之间,而是多方互动的结果。

(四) 农民工市民化的新路径:一种三边建构的形成

农民工市民化是一个全面的动态的概念,市民权的实现与在城市中认同感和归属感的获得是其重要内涵,政府单边推动的农民工市民化路径并不能完整地实现。在各因素推动下,农民工市民化正逐渐形成一种三边建构的路径,其中政府、农民工与社会领域的主体相互作用,从而建构出新型的农民工市民化实践。

首先,从政府单边推动到三边建构的农民工市民化路径的转变,主要在于三个方面。一是市民化实践中参与主体的增加。在单边推动下的参与主体是政府和农民工,主要依靠政府的相关政策规定,其他主体作用不明显;在三边建构下参与主体包括政府、农民工以及社会领域中的社会团体与组织,参与主体类型与数量都有所增加。二是参与主体角色的转变。从原来由政府主导与农民工被动回应,转变为政府、农民工与社会领域的共同作用,不再单纯由政府掌控农民工市民化,参与主体的角色都有所不同。三是各主体互动在市民化中的重要性。在单边推动路径下主要是由政府采取行动,而三边建构的路径是由各个参与主体的互动形成的,政府、农民工与社会领域中的社会团体与组织都不是互相脱离各自行动,如何达到各主体的良性互动尤为重要。

其次，在对东莞市的个案分析中，农民工市民化路径从单边推动到三边建构的转变，以 2007 年东莞市政府使用"新莞人"的新称谓以及推行一系列政策作为分界点。但是，分界点并不代表非此即彼的变化，这个转变过程是在多种因素作用下逐渐形成的。转变中存在一些没有解决并需要继续解决的困难，包括政府能否继续提供空间、农民工如何真正参与、社会领域如何有效发挥作用、多方互动能否真正实现等问题。

四 农民工市民化路径转变的原因分析

根据上文对东莞市情况的分析，强调农民工市民化路径从单边推动到三边建构的转变，关键原因在于实现农民工市民化的重要性与紧迫性，这是由农民工的需要和诉求并结合其他因素综合促成的。

1. 农民工市民化的重要性和紧迫性

首先，随着东莞市农民工数量的增加，农民工市民化问题的重要性日益突出。农民工市民化问题逐渐受到更多的关注，政府单边推动存在的困境更为凸显。全市外来暂住人口从 1991 年的 80.58 万人增长到 2011 年的 413.62 万人。农民工各项权利需要得到实现，数量庞大的农民工展示出对农民工市民化的高度需要。

其次，农民工对于城市认同感和归属感的诉求，在政府单边推动之下是难以实现的。相当一部分农民工以"农民"自居，政府的相关政策难以达到预期效果，仅靠政府单边推动是难以提高农民工的城市认同感和归属感的。于是，一些农民工就会选择"用脚投票"的方式，离开所在城市来实现一种"日常抗争"的反抗（苏熠慧，2009）。而在一些事件的刺激下，部分农民工甚至会采用更激烈的冲突方式表达不满，发生农民工与城市居民之间，或者农民工与政府之间的冲突。出于维护社会稳定和符合上级政府要求的需要，地方政府开始进行一些行为的转变，由此带动市民化实践中其他主体的行为变化。也就是说，原来由政府单边推动的农民工市民化路径，面临着必须转变的情况。

农民工在各项权利、公共服务、城市认同感和归属感等方面所表现出的需要和诉求，是影响农民工市民化路径转型的主要因素。农民工市民化的重要性和紧迫性形成倒逼压力，促使突破政府单边推动的困局，逐渐形成三边构建的新局面。

2. 上级政策要求与空间提供

国家和广东省的相关政策经历了从限制逐渐到开放的过程。21世纪以来，政府开始更多地关注农民工的劳动权益、社会保障等方面，承认并支持农民工在城市的生活，农民工政策的重点也从是否允许农民工进入转变为对农民工权利的关注。

同时，地方政府也拥有一定的行动空间。具体而言，2010年6月广东省政府形成了具有可操作性的《关于开展农民工积分制入户城镇工作的指导意见》，要求地方政府开展积分制入户工作。在此要求下，地方政府快速出台相关政策实行积分制入户，入户效果成为农民工工作的考核指标之一。积分制入户的具体计分指标、配额、分数线以及入户后的相关政策，各个地方政府都有所不同。

因此，上级政府一方面提出政策要求，一方面推动改革给予行动空间；地方政府既需要按要求推行政策，也可以有所创新，这为市民化路径转变创造了可能性和空间。

3. 地方经济的发展

农民工市民化的推进，离不开地方经济的发展。完整的农民工市民化，包括各项权利的实现、基本公共服务的提供以及社会领域的发展等方面，这些转变都需要地方经济发展提供经济条件。

21世纪以来，东莞市地区生产总值与财政收入都持续增长，虽然增长速度在近年来有所持平，但仍显示出地方经济的较好发展情况。相比于其他城市，地方经济的较好发展，为政府推行农民工相关政策和提供公共服务等提供了经济条件，这是东莞市农民工市民化路径得以逐渐转型的原因之一。

4. 公民社会的成长

虽然学者普遍认为公民社会并没有在中国完整形成，但是带有公民社会色彩的非政府组织兴起及其在公共治理领域的广泛参与，表明了中国公民社会的成长。一方面，在中国非政府组织中，农民工社会组织占有很大比例，具体包括由农民工自己组织的维权组织、商会、同乡会，以及由城市居民组建以帮助农民工为目标的民间组织。这些农民工社会组织弥补了政府职能在农民工问题上的缺失，更重要的是农民工社会组织通过与政府互动来促进农民工权利的实现和促进社会公正（王春光，2009）。另一方面，在中国公民社会的发展中，农民工的公民意识也在逐渐增强，意识到公民权利实现的重要性，并且希望获得城市认同感和归属感。因此，随着中国公民社会的成长，农民工市民化也得到了发展的空间和机会，社会领域的参与在农民工市民化实践中越来越重要。

五 总结

城市农民工是在我国社会转型与城市化推进中形成的特殊群体，数量庞大的农民工如何在城市中良好地生活，成为逐渐受到诸多关注的问题。而随着研究视角从"生存－经济"到"身份－政治"的转变，农民工的身份和权利问题成为研究的重点，农民工市民化的概念开始被提出与使用。对于农民工如何实现市民化的问题，已有的研究包括自上而下或自下而上的单向路径、两者结合的双向路径以及对社会领域逐渐关注等方面。这些研究为本文对农民工市民化路径的理解提供了重要基点，但是不同路径之间的转变、转变的原因以及对此的实证研究都较为缺乏。于是，本文通过对东莞市农民工市民化情况的分析，梳理农民工市民化路径从单边推动到三边建构的转变。

由政府单边推动的农民工市民化路径存在各方面的困境，已经逐渐向由政府、农民工以及社会领域共同作用的三边建构路径转变，强调的是市民化实践中参与主体的增加、参与主体角色的转变以及各主体的互动。三边建构是农民工市民化的一种新型路径，虽然其不足还需改进，其彻底转变还需时日，但是已经突破了政府单边推动的困境。

这一变化并没有完全实现，农民工市民化路径的继续转型，需要以下几方面的实现。一是农民工的有效参与。农民工不应仅作为政府政策的回应对象，而应作为主体真正参与到市民化的相关政策制定、实施过程中，包括政策议程设定、政策建构、决策、政策执行与政策评估等环节。二是社会领域的作用发挥。社会领域在农民工市民化中发挥作用，离不开公民社会的持续发展，企业工会、农民工社会组织以及社区等都可以成为农民工市民化实践的平台。三是政府、公民与社会的多方互动。在这样的良性互动之下，能够在农民工与企业间建立良好的劳资关系，企业工会与农民工社会组织成为农民工表达意见和建议的渠道和平台，政府也能从社会组织和团体中得到需要的信息和意见，推动农民工进入社区生活与参与社区管理。

参考文献

[1] 蔡禾，2009，《城市化进程中的农民工：来自珠江三角洲的研究》，社会科学文献出版社。

[2] 郭秀云，2008，《流动人口市民化的政策路径探析——基于城市人口管理创新视角》，《中州学刊》第4期。

[3] 黄锟，2011，《中国农民工市民化制度分析》，中国人民大学出版社。

[4] 刘爱玉，2012，《城市化过程中的农民工市民化问题》，《中国行政管理》第1期。

[5] 苏黛瑞，2009，《在中国城市中争取公民权》，王春光、单丽卿译，浙江人民出版社。

[6] 苏昕，2012，《"城市新移民"公民权的缺失及回归探析》，《中国行政管理》第5期。

[7] 苏熠慧，2009，《从"失语"到"用脚投票"——农民工阶级认同的建构》，《北京大学研究生学志》第4期。

[8] 王小章，2010，《走向承认：浙江省城市农民工公民权发展的社会学研究》，浙江大学出版社。

[9] 徐增阳，2011，《农民工的公共服务获得机制与"同城待遇"——对中山市"积分制"的调查与思考》，《经济社会体制比较》第5期。

[10] 俞可平，2010，《新移民运动、公民身份与制度变迁——对改革开放以来大规模农民工进城的一种政治学解释》，《经济社会体制比较》第1期。

[11] 张雪琴，2011，《当代中国公民身份构建的原则与路径选择》，《河南师范大学学报》（哲学社会科学版）第2期。

[12] 褚松燕，2007，《20世纪90年代以来中国公民资格权利的发展》，《政法论坛》第1期。

论东莞社会建设中的社区文化

刘建中　刘丽莎[*]

摘要：社会管理的重点是人文管理，社会建设的基础是社区建设，而社区建设的核心是建设社区文化。社区文化是伴随着人类社会进化而发展起来的一种文化形态，是社会建设的一个重要组成部分，更是社会提升的关键所在。用共同的文化价值观念来培育社区的共同理想、共同追求和共同的价值判断，重视社区文化建设，是社会建设的重要环节。本文以东莞社区为例，剖析和阐述了社区文化建设的组成及特点、存在的问题及原因、其他城市的成功做法和经验、以社区文化为突破口加强社会建设的办法，旨在为我国社会建设提供一些有益的参考。

关键词：社会建设　社区文化　特点　问题　对策

社区文化是伴随着人类社会进化而发展起来的一种文化形态，是社会建设的一个重要组成部分，更是社会提升的关键所在。就其内涵而言，社区文化通常是指社区居民在长期的历史进程中创造、形成的精神文明的总和，它包括共同理想、情感、信念、价值观念、道德、习俗、生活方式、行为规范等精神方面，也包括社区居民的认同感、归属感。社区文化为社区成员共同创造、共同承载、共同分享，体现着社区居民的价值取向、道德评价和感情色彩。它一经产生并被社区居民认可，便会对规范社区成员的行为产生影响。城市是社区的集合，当无数社区形成了共同的城市理想和追求，有了共同的价值体系和道德规范的时候，这个城市的提升也就不是空洞的口号和纸上蓝图了。

把整个东莞市看作一个大社区，其社区文化的历史是悠久而深厚的。东莞的历史有多长，东莞社区文化的历史就有多长。但从具体的文化形态

---

[*] 刘建中，东莞市行政学院教授、主任，文化教研室；刘丽莎，东莞市《东坑报》记者。

和受重视的程度来讲，东莞社区文化受到普遍重视是近几年的事。城市的魅力在文化，决定城市品位的重要因素在文化。社区是城市的细胞，社区发展状况直接影响城市的发展。社区文化细胞能否正常存在和发展，直接影响到这个城市发展的营养机能。所以，研究东莞社区文化的发展特点，把握其发展趋势，有助于我们掌握东莞城市的提升规律，了解社会细胞——社区文化的发展规律，进而指导其他城市文化的健康发展。

一 东莞社区文化的组成及其特点

东莞历史上是以农业著称的农业县。农耕时代的东莞称得上城市的只有很小的地方，即现在莞城区（现在行政编制为街道办事处）所辖之地。随着城市化进程的加快，东莞30多年完成了从农业化向工业化进而向城市化的转变。目前正面临加速经济社会转型、建设幸福东莞、实现城市高水平崛起的时代挑战。东莞城市要抓住时机，顺利实现经济社会转型，促进人民幸福，实现城市高水平崛起的宏伟目标，关键在人，在人的转型，在人的文化素质的提升。综观东莞城市进入21世纪以来的变化，我们可以说，其决定性的变化是城市的社区文化得到了空前提升。1985年建县级市，1988年升格为地级市，到2013年6月，全市有28个镇，4个街道办事处，下辖社区居委会和村委会595个，其中社区居委会245个，村委会350个。虽然社区里面还有一半多是村委会管理，但从整个东莞的管理模式看，都具备了社区文化及其服务的特点。

（一）从内容上讲，东莞的社区文化可以分为三类

一是社区物质文化。这是社区文化现象的外在表现，主要包括社区的自然景观、人工环境、生产与生活用品中的文化因素，如富有特色的建筑、富有文化品位和生活气息的公园等。

二是社区制度或组织文化。这是社区成员共同遵守的行为规章和准则，是成员之间进行社会联系乃至社会成员与外部成员发生联系的制度保障。社区制度文化还包括明文规定的地方性法律规章、导向明确的居民公约，以及一些区域性的风俗、习惯、规定，还有社区的组织管理体制等。

三是社区精神文化。这是社区成员在长期的社会生活和互动中的一种共同的价值观念、心理倾向和道德水平，是社区成员的精神支柱和活力源

泉，其核心是社区成员的价值观，它可以通过经过提炼的、高度概括的口号、歌曲、象征性符号等表达出来。

（二）从文化主体和文化形式上讲，东莞的社区文化可分为五类

要准确地将东莞城市的近 600 个社区划成几类不是一件容易的事。比如，全世界很多有钱人来东莞投资，投资者住在一起，要不要将他们集中居住的地方视为一个社区？如东城的新世纪豪园。全中国很多穷困的人到东莞来打工，经济状况的窘迫让他们集中在廉价的出租屋里，要不要将他们住的地方视为一个社区？公务员小区的成员基本是公务人员，是工薪阶层，是否可视为一个社区？如各镇的廉租公寓。一些商务花园别墅的社区成员多是企业界精英人士，是否视为一类社区？如南城区的第一国际。教师新村的社区成员基本上是教师，工人宿舍区的成员是工人及其家属，不同程度的城中村和村中村集中了同一类型的农民工，等等。不同类型的人有不同的文化追求，即使不同的工业区，也有不同的文化品位，这都为社区的划分增加了难度。

为了深入把握东莞社区文化建设的特点，我们权且将社区文化分为五类。

一是城镇社区的文化。城镇社区的成员大都是居民，文化素质高，比较好相处，彼此之间容易沟通，如莞城的东正社区。

二是居民社区的文化。这种社区是由原来居委会改过来的。社区居民原来就是商品粮户口，对国家政策和开放局势比较关心。社区居民的相互往来比较多，文化氛围比较浓，自发性的文化活动也比较多，如莞城北隅社区、石龙镇的西湖社区等。

三是农民社区文化。农民社区是由自然村或由自然村改制而来。农村改成居委会，农民变成了居民，但从根本上说，还是农民。他们的居住条件虽大为改善了，也有了一定的文化活动设施，但仍习惯于传统的生活方式。这些社区的居民民风淳朴、人情味浓，乡规民约一类的乡村文化还起着作用，如东城的立新社区。

四是商住社区文化。这是东莞的时尚社区，居住者多是中等收入以上阶层，文化水平相对较高，文化需求也比较高，如愉景花园社区、新世界花园社区、东泰花园社区等。这类社区文化设施相对完善，但由于居民来自五湖四海，彼此沟通少，文化差异也比较大。

五是复合性社区文化。这类社区的居住者成分复杂，职业种类繁多。更多的是外来的农民工，文化层次相对较低，但文化追求呈现多样化。居住者以出租屋和城中村作为住所。这类社区的文化设施是很少的。

（三）从以上的大体分类可以看出，东莞的文化社区有八大特点

从主体来讲，东莞社区文化是地域性文化。东莞28个镇就是28个大社区，4个街道办事处是更大的社区（都下辖无数个小社区）。人们在相对固定的社区从事社会生活，必然要进行互动，发生种种的社会联系与关系，形成某种共同的社会心理、语言与思维方式、生活方式及其价值观念等，呈现较强的地域性特点。社区的每一个成员，与其他社区成员具有共同的文化传统与心理习惯，使社区文化活动具有地域文化的特色。如清溪镇作为一个大社区，客家人群体的文化特色就比较突出。

从对象来讲，东莞社区文化是分层次的文化。一个镇有村有组，一个村改制为社区之后是一个社区，一个居民小组从自然形态来讲也是一个社区，一个居民小组所在地的商住区、居民公寓、学校、机关、工厂也都是不同层次的社区。从社区成员来讲，社区文化建设的层次性还体现在不同年龄阶段和从事不同职业的人身上。东莞社区文化建设的层次性比起全国来更为复杂，一方面已有245个村实现了由农村改为居委会的转变，从农村管理体制过渡到了城市管理体制。另一方面，尚有350个农村因为条件不成熟，没有完成村改居的过程。两种体制的共存，表现出文化建设的层次性。而在这两个不同形态的社区里，又有不同的文化对象，除了年龄、职业的不同外，还有身份的不同和受文化教育程度的不同。

从内容上讲，东莞社区文化是多元化文化。本土文化、外来文化在此融合成一种新型的文化。从原生态文化来看，有底蕴深厚的广府文化、潮汕文化、客家文化；从改革开放以来的文化形态来看，外来文化对本土文化冲击很大，先是港澳文化、台海文化广为流传，接着中原文化、西北文化、东北文化，以及欧美文化、日韩文化也都纷纷抢滩东莞，而且渐渐地强盛起来。近几年的情况表明，东莞社区文化是多元因素相互碰撞的文化。随着南腔北调的冲击和交融，东莞市不可避免地催生出一种杂交性的东莞社区文化，如广场文化的多形态就体现出这一点。

从目的性来看，东莞社区文化是目的性很强的文化。其目的就是从居民对文化生活的现实需求出发，满足社区和居民对文化建设的基本需求，提高社区居民的整体文化素质。但不同社区居民的文化素质不同，着眼点和立足点都有所不同。比如虎门、石龙、城区等城镇的老居民社区和刚刚从农村转为社区的新的居民社区，其大的目标是一致的，但阶段性的目标不同，石龙社区的文化追求和清溪社区的文化追求，在同一时间段里，高雅与平易程度是有差别的，其在饮食文化方面表现得更明显。

从管理机制来看，东莞社区文化是体现群众性、大众化的文化。这就要求全体社区成员广泛参与，以简洁通俗的内容和群众喜闻乐见的形式满足广大居民的文化需求，并在广泛与普及的基础上进行深化和提高。

从效果来看，东莞社区文化是综合性文化。不能单一地照顾某一类人或部分成员的文化需求，而是让不同文化层次的人都能得到不同程度的满足。文化品类也尽可能地广泛而又全面，让社区成员全面地接受文化陶冶。

从经济投入来看，东莞社区文化是规模性文化。随着文化广场、图书馆、博物馆、体育馆等大批文化设施的建设和文艺人才的引进，东莞社区文化建设充满生机，而各级政府大手笔规划、大投入实施的气度也为东莞社区文化的飞速发展提供了物质保证。

从保障机制来看，东莞社区文化是社会性文化。各级政府在抓经济的同时不忘抓文化科教事业。从领导干部到普通工作人员，上下形成了社区文化建设的共识——文化就是经济，经济中潜伏着文化，从而形成了全社会关心社区文化建设、全民参加社区文化建设的良好氛围。

二 东莞社区文化尚存在"八大问题"

东莞社区文化建设近年取得长足发展并且成就显著。595 个社区（村）中，有 4 个获省级"民族民间艺术之乡"的称号，18 个获市"文化建设先进社区（村）"的称号，86 个是市文化建设达标社区（村）。主要表现在：文化立市的意识深入人心，文化基础设施良好，有不同层次的文化中心 503 个、文化广场 375 个、图书馆 442 个、学校 671 所、影剧院 49 家。文化活动频繁，"十五"期间，文艺演出 1000 多场，演出人员、工作人员达 10 万人次，观众达千万之多。文化品牌工程有了良好的开端，文化遗产保护和利用工作加强，南社古民居申报中国历史文化名村成功，可园建设开端良好。文化投资力度加大，仅"十一五"至今，市投入100亿元，镇区（含街道办事处）投入240多亿元。文化产业起步，玉兰大剧院、东莞展览馆、东莞体育中心等一大批文化设施建成并投入使用。人才队伍不断壮大，文化活动高潮迭起、亮点纷呈，"海纳百川，厚德载物"的东莞城市精神在市民的广泛讨论中得到高扬。

广东原省委书记张德江同志说："东莞高度重视文化建设，积极探索，大胆实践，取得了明显成效，积累了宝贵经验。"2012年东莞被列入全国公共文化服务试点城市，这是对东莞文化建设包括社区文化建设的肯定。可以说，东莞社区把提高社区居民的文化素质作为社区文化建设的根本出发点，把文化设施建设和开展多种文化活动作为社区文化建设的重要内容，丰富了社区的文化生活，陶冶了社区居民的道德情操，提升了东莞城市的品质。

但是，社区文化建设也存在一些问题，其表现如下。

（一）发展不平衡

文化发展与经济发展差距仍然很大，重经济轻文化的思想还普遍存在。有些镇对社区文化建设不够重视，社区文化建设进展缓慢。村改居进程慢，有一半村委会没有完成改为居委会的任务，影响到全市的社区建设。而在经济条件较好的地方也有不重视社区文化建设的情况。有些管理人员认为文化建设要有一定的投入，又不能产生一定的经济效益，因此发展社区文化的积极性不高。有的社区管理者认为文化建设是政府的事，与社区无关，致使社区文化发展缓慢。在一些地方，居民的文化活动由于得不到有关部门的支持和指导，发展受到了限制。此外，一些社区居民参加社区文化活动的主动性不强，也限制了社区文化的发展。

（二）职责不明确

社区文化建设是个系统工程，需要文化、教育、宣传、街道和居委会等部门的支持，需要社区居民的积极参与。但社区文化建设属谁管？目前没有明确的规定。社区文化活动缺乏明确的组织管理主体，文化部门、街道办事处和居委会、民政部门、民间组织都参与了社区文化建设，但彼此职责不清、管理交叉，有时又陷入了无人管理的困境。

（三）设施不全

有的地方，对社区文化设施的投入不够，社区文化活动不够丰富；有的地方未制定社区文化的发展规划和具体的实施方案，社区文化活动没有持续性。文化设施的建设、社区文化活动的开展总体上不能满足社区居民的需求。

（四）城乡不协调

一条腿长，一条腿短。市府和镇区所在地社区文化设施较全，而偏远的社区设施不全，工薪阶层所在社区文化建设相对较强，务工者居住的社区文化建设较弱。

（五）重形式轻内容

有的文化建设图形式，雨过地皮湿，给社区成员留不下多少印象。形式方面的东西太多，精神方面的内容不够。

（六）投资渠道单一

公益性文化事业缺乏政策支持。社区文化活动主要由国家和社区居民投资，未能充分吸引各类经济主体参与社区文化建设，社区文化产业发展缓慢，尤其是一些公益性文化活动缺乏稳定的资金来源，需要政府的政策支持。

（七）居民参与度不够

社区文化建设对政府依赖性大，社会化参与程度低。

（八）社区文化人才缺乏

文化人才的引进、培育和提升工作需要加强。现有人员的整体水平也有待提高。

三 东莞社区文化建设要纠正"四个不到位"

（一）对社区文化建设的重要意义认识不到位

有的镇（街）没有充分地认识到社区文化是以社区为依托，以社会为双向交流对象，以文化活动为载体，以宣传党的路线、方针、政策为宗旨，发挥文化、教育、知识、娱乐的功能，提高全民政治觉悟和文化素质，推动两个文明建设的，由政府行政主管部门牵头组织指导的一种群众性文化活动；没有充分认识到社区文化作为与社区群众联系最为紧密的文化体系，目的在于形成本地区特有的、健康的民风、民俗文化；没有充分认识到将本社区具有民族、民间、民俗文化特色的小区文化、机关文化、企业文化、校园文化、军营文化、文化产业等进行有效的组合对提高本社区居民素质的重要意义，把社区文化建设看作可有可无的事。

（二）对社区文化的特点把握不到位

东莞市社区文化的兴起与社区建设同步。社区建设的模式是"共居、共管、共建、共享"，社区建设的目的是不断提高社区居民物质文化和精神文化生活水平，满足人们的需要，建立和睦、和谐的家庭邻里关系和良好的人居环境。社区文化是丰富社区居民精神生活、维系社区良好的人际关系、提高人居生活环境空间质量的最有效方式和途径。社区各类居民共同生活在一个特定的生活空间内，一起管理这个微观社会，一起建设家园，一起享有和充分利用社区资源，不断地推进社区走向繁荣。社区文化社会办，采取单纯服务型、有偿服务型、服务经营型和经营型四位一体的新型社区文化建设模式。社区文化的诸多特点决定了社区群众是社区文化的主要对象，要突出社区文化的教育性、娱乐性、知识性、艺术性，使社区群众不断提高自身的素质和主人翁意识。我们有的社区由于不掌握社区文化的特点，常常不是抓住契机分类引导，而是一哄而上，追求政治效应；要么机械照搬人家的经验或做法，认为请名家唱一首歌，或请一个文艺团体演了一场戏，这就是社区文化了。

（三）对现有各种文化资源的利用不到位

社区文化应把校园文化、机关文化、企业文化、军营文化、小区文化等各种文化紧密地联系在一起，形成有特色的社区文化。在组织上，社区文化具有网络性，要求重视载体建设，加强群众文化系统、机构和组织间的横向联系，增强群众文化的辐射力；在服务途径上，社区文化具有多元性，传统的群众文化是服务型文化。我们有的社区对本社区的文化资源不清楚，却盲目贪大求洋，认为别处的和尚会念经，使社区文化脱离了本社区的实际。

(四) 学习和借鉴发达国家和成功社区的先进经验不到位

发达国家的经验告诉我们，社区文化在性质上具有社会性，参与和服务的对象都是社区自然人居民和法人居民；在形式上具有开放性，面向群众，面向社会。社区文化因对象不同而有所差异，但基本的共性体现在：一是培育具有现代素质的市民。市民是社区的主体，是社区文明的创造者和体现者，也是社区文化的载体。社区市民的素质如何，直接决定着一个城市的形象。没有具有现代素质的市民，现代化城市由谁来规划？由谁来建设？由谁来巩固和发展？很难想象，一个充满小农意识和市井习气的城市能够成为一个现代化的城市。只有广大市民普遍具有城市意识、开放意识、法制意识、崇文意识、现代生活意识，具有健康的心态和良好的行为习惯，才能形成社区良好的社会风气和精神风貌。二是构筑具有特色的社区形象文化。社区形象文化主要指社区的外观形象，它包括现代化的基础设施和时尚的外观形象，诸如社区的空间布局，建筑的造型、风格、色彩，以及道路、广场、公园、雕塑、路灯、栏杆，甚至路牌、广告等，都不能杂乱无章、残缺不全、千人一面，要讲究社区的整体和谐和审美情趣，追求文化个性和艺术感。形象文化就像一个人的脸，是社区文化的物质载体。在形象文化中，标志性的文化是提升社区文化品位的关键。所以，社区都应该有一到两个支撑形象文化的标志性建筑。所谓标志性建筑，理应体现"六缘"：地缘——建筑的地域性、人缘——建筑的民族性、史缘——建筑的传统性、业缘——建筑的技艺性、学缘——建筑的时尚性、情缘——建筑的时代性。三是充分挖掘社区的历史文化资源。历史文化资源是一个社区文化品位的重要表现，是一个社区文化个性的生动体现，也是一个社区成为文明社区的独特的文化优势。四是有繁荣发达的文化产业。所谓文化产业，主要包括影视及音像制品业、新闻出版业、文化旅游业以及一些与文化相关的美食、美容、时装、休闲产业，等等。文化产业作为"朝阳产业"，既可以有力地促进一个社区的经济发展，也可以极大地提高一个社区的文化品位。美国文化名城洛杉矶，靠"迪斯尼乐园"和"好莱坞城"文化品牌，形成了惊人的文化旅游业和影视、音像制品业。我们在社区建设中，要努力探索将文化产业作为经济发展的重点产业。五是群众文化活动丰富多彩。群众文化，既指城市市民之间自娱自乐的文化形式，也指一些节庆文化活动。群众文化是社区文化的重要组成部分，是建设文明社区的重要内容，特别是节庆文化活动，对提高社区的文化品位，养成群众的文化意识，具有不可估量的重要作用。这五个方面的经验，很值得我们学习。

四 加强东莞社区文化建设 全面提升社会建设水平

（一）全面认识社区文化建设的内容，克服片面的单一的认识

社区管理是当今世界流行的管理模式，社区文化成为社区不可缺少的重要内容。建设社区文化，包含物质生活条件、精神风貌、社区生活规范和社区团体、组织等四项基本内容。其中社区文化的物质生活条件指的是经过社区人改造的自然环境和创造出的一切物质财富。它主要包括社区内的文化设施及文化场所，如文化活动室、图书馆、人文景观、公园、市政设施等，还有居民的服装、用具及其他一切生活用品等，都属于社区文化的有机组成部分。因为它们的存在与使用无一不凝聚着社区人的智慧与价值观念，包含着深刻的文化特色。精神风貌是通过社区群众的文化活动长期培养形成的人们的价值观念、人生观、审美观、艺术修养、生活情趣、伦理道德、宗教信仰等。实际上，精神风貌是城市社区文化中最活跃的因素，是社区开展积极向上的创建性文化活动的力量之源，它植根于每一个社区人的内心世界，并左右着社区居民生活的目标和生活方式的形成。社区生活规范既包括保证社区各种群众文化活动正常进行所建立的一整套行之有效的法律和规章制度，也包括约定俗成的风俗习惯等行为规范。它是社区人总体价值观的外在表现。而社区团体、组织则主要是指实现各种关系的结构实体，它是社区其他文化的存在基础和保证。如家庭、学校、社区企业、居民委员会、妇女团体及其他非政府组织、团体等。这些组织是精神文化和物质文化的双重结合。社区文化的四个基本构成要素各有特点而又相辅相成。它们共同发挥社区文化在社区建设中的重要作用。因此，人们任何单一的片面的认识都会使社区文化建设误入歧途。

（二）充分认识社区文化建设的时代背景，增强自觉性，克服可有可无的思想

提倡社区文化，不是政府的空穴来风或某位领导人的头脑发热，而是我国市场经济发展的必然要求，是城市现代化的重要内容，是我国社会、

政治、经济不断发展的需要，也是东莞实际发展的需要。

首先，在我国计划经济体制下，城市社区实际上是一种城市行政区划管理机构，承担着综合的行政管理职能。在这种社区管理体制下，作为社会主体的人只能通过其所在的工作单位或者居民委员会来参与社会事务及社会活动，这在很大程度上造成了社会个体对单位的严重依附性，个体的自主性严重缺失。随着我国市场经济的发展、用人制度的改革和就业方式的多样化，过去社会成员固定"从一而终"的组织管理体制被打破，人们的自主性加强，计划经济体制下的"单位人"开始向市场经济体制下的"社会人"转变，原有的职工自动离职或被剥离，相当一部分进入"三资"企业、民营企业或从事个体经营。这使得原来的"单位人"离开单位管辖与监护而进入社区。与此同时，大批的流动人口和退休人员也相继涌入社区。无论他们是自愿的还是被迫的，他们已经成为社区人员，也就是成为"社区人"。这些人成分复杂、需求不一，而要满足他们的要求特别是精神需求，就不可忽视社区文化的作用。在新的形势下，大力发展社区文化，不仅能够很好地满足"社区人"的精神需求，培养他们对社区的认同感和归属感，形成一种有利于价值观念整合的"心理社区"，而且也会为社区建设本身的发展提供强有力的文化支撑。因此，社区文化的产生和发展就成为历史的必然。

其次，社区文化是城市现代化的重要内容。城市现代化一般应具备以下十大特征，即城市的社会现代化、经济现代化、政治现代化、文化现代化、科学技术现代化、教育现代化、环境现代化、基础设施现代化、居住方式现代化和人本身的现代化。这 10 个方面共同体现现代化城市的基本特点，而这 10 个基本特征又几乎都与城市文化建设密切相关，因为要发展现代化城市，就必须要有一定的产业作支撑。没有产业的支持，城市就无法发展，更谈不上城市的现代化。过去，城市发展主要是依托重工业，但发展此类工业需要消耗大量的资源和能源，会破坏生态平衡。现代城市欲依靠重工业来维系其自身发展已经变得十分困难。实践证明，大力发展文化产业是城市现代化发展的必然选择。而城市文化的发展则是以城市社区为依托的。正是从这个意义上讲，社区文化是城市现代化建设的重要内容，是城市现代化建设的关键所在。它已经成为城市现代化发展的灵魂。

再次，社区文化的不断推进是我国社会、政治、经济不断发展的需要。我国经济和社会的不断向前发展，人民生活水平的不断提高，对城市社区文化的发展提出了更高的要求。一方面，城市居民生活水平的提高使居民超越了单纯追求物质享受的需求，转而更多地寻求精神生活的满足；另一方面，"社区人"成分的复杂化、民族文化的复兴和外来文化的不断引进、交融，要求社区文化的发展越来越具备包容性，要呈现多样化特色。毫无疑问，在未来的年代里，随着信息化和网络化社会的进一步发展，不同文化之间会不断地相互冲突、相互渗透，越发增加社区文化的复杂程度。因此，如何面对这些新情况，构建有利于社区发展的社区文化，给社区建设提出了新挑战。

最后，社区文化也是现代人自身发展的需要。社区文化是社会全方位的文化。一定的社会文化，在一定时期内，总会强调特定的文化理念，从而规范和影响社区群众的行为模式，并排斥其所否定的价值观念和行为方式，它一方面不断鼓励社区群众与现实之间以及社区群众之间的相互协调，另一方面也在不断引导人们追求高尚的理想和目标。这样，社区成员在长期的交往中逐步形成了共同的理想目标、价值观念、风俗习惯、信仰和归属感，即形成了某一种共同的"社区精神"。这种社区精神有利于提高人们的精神境界，让社区成员认定积极的价值观、人生观和行为方式，长期培养高尚的道德情操，陶冶、美化心灵，抵制不健康的文化，不断提升自己的文化品位，自觉追求真、善、美的东西；有利于增进社区群众之间的感情，形成良好的人际关系，使人们之间的交往打破过去封闭的"单位人"界限，成了开放的"社会人"。8小时的工作忙碌之外，社区群众大部分时间都是在社区度过，如何加强彼此之间的联系和了解就成为社区群众交往的一个难题。而社区文化的群众性活动正是解决这一难题的最有效的办法，它成为加强社区居民和各类组织之间的相互联系、加深了解、沟通关系的精神纽带，易于把社区群众吸引在一起，创造和谐、友善、互助的人际关系，有助于增强社区成员的认同感和归属感。

（三）努力探索社区文化建设的途径，克服知难而退的思想

社区文化建设是一个复杂系统的工程，需要做的事情很多。正确把握社区文化建设的基本原则，采取正确的途径，可以减少人力、财力、物力的浪费，收到事半功倍的效果。

1. 要坚持以人为本的原则和融合性原则

把社区文化建设真正作为社区内广大居民群众的一项事业来抓，正确

引导广大居民群众真心诚意地关心和参与社区的文化建设,充分发挥广大社区群众的积极性、主动性和创造性,使社区群众的主体性得以发挥。为此要把握好以下几个方面:一是要确立社区群众个人有自主选择和自我发展权利的思想,把满足社区群众的各方面需求作为开展社区各项文化活动的出发点和归宿,因为社区文化的服务对象只能是社区内的广大居民群众,这是今后社区文化建设的价值取向,只有如此,才能真正做到"以人为本";二是要把对"人-社区群众"的整体塑造作为社区文化建设的根本目标,始终贯穿于社区文化建设的全过程,并通过丰富多彩的群众性精神文明创建活动,着重解决居民群众的精神支柱和精神动力需求问题,致力于不断提升社区群众的思想道德素质和科学文化素养,为人的自由全面发展创造良好的文化氛围;三是不断推进城市社区的各项制度文化和组织文化的建设,营造积极向上的社区文化环境,培养社区居民的友爱、平等、和谐、参与、协作的社区文化价值观念,完善规范社区文化生活的各项管理制度;四是确定判断社区文化建设工作好坏的客观标准,那就是社区居民群众的一系列实践活动,以及这些活动所取得的实际效果检验,都要看是否有利于提高社区人民群众的物质文化生活水平,是否有利于提高社区人民群众的精神品位,是否有利于促进社区人民群众的身心健康。

要把社区文化当成一个既包括传统文化又包括现代文化、既有精神文化的内容又有物质文化的含义、既包括本社区文化的特点又吸纳外来文化的新内容的综合体,使各种文化达到有机结合、协调发展,做到"雅俗共赏",而不是偏废某一方面。文化建设、精神文明建设不是孤立进行的,它们与经济、政治是相辅相成的,因此不能就社区文化抓社区文化,而是要把社区文化建设融合到我国社会主义现代化建设伟大事业中,以经济建设为中心,为改革开放和经济发展提供有效的服务,以促进我国经济、政治和文化的协调发展。

2. 要强化社区文化建设的三种意识

根据社会发展的总体发展趋势和文化生活的特点,不断将社区文化推向更高层次,要强化三种意识:一是"社区文化力"意识——指通过文化建设而逐步积累起来的现实力量,它包括社区文化的实力和现实水平,也包括社区文化对社区综合竞争力和社会生活等方面的作用力和影响力;二是社区文化的创新意识——社区文化的创新是社区文化建设的突破,立足于社区文化本身包含的道德文化、科教文化、生态文化、网络文化、休闲娱乐文化等所组成的有机整体，同时也立足于中华民族的传统文化；三是强化社区文化的特色意识——就是要充分尊重社区绝大部分居民群众和组织团体的意愿、利益，制定一个符合本社区长远发展的富于远见的文化发展战略目标，并以此作为社区文化发展的主题。

3. 要不断探索社区文化建设的途径

一是以社区基层文化站为龙头，以社区各街道办事处、居委会、住宅小区以及企事业单位的文化活动场所为活动阵地，以发挥社区党员的模范带头作用为引导，以为社区居民搞好各种服务为基础，利用各种载体引导群众广泛参与，开展生动活泼、丰富多彩的社区文化活动，使具有不同文化修养及情趣爱好的群众都能各展其长、各得其乐。这样，既满足了社区居民求知上进做文明市民的心理需求，展示了社区文明风尚；又增强了社区居民对社区的认同感和归属感、自豪感，进而增强了社区广大居民群众对社区文化建设的参与意识。二是搞好社区文化产业，促进文化与经济的结合。发展文化产业首先要制定其发展的战略原则：从满足人民群众日益增长的文化需求出发，以市场机制优化配置文化资源为助手，注重文化体制的不断创新，加快形成以文化传媒业、电影产业、广告业、旅游业等为支柱，带动相关文化产业发展的新格局，真正将文化产业作为社区建设的新的增长点。三是发挥文化组织机构的作用，加强社区文化管理。社区文化组织，无论是政府办还是非政府办，都要很好地发挥自己的职能，这也是国际大都市社区文化发展的一个标志。我们应以政府在社区文化建设中的主导作用为前提，逐步推动各种非政府组织对社区文化的广泛参与，提高社区文化建设的社会化程度，扭转我国社区文化建设过度依赖政府的不良局面。四是重视社区文化人才队伍的建设。重点抓好专业和业余两支社区文化工作者队伍建设。在专业队伍建设方面，应及时解决文化工作人员的编制问题和待遇问题，向社会招聘高素质人才充实队伍；在业余队伍建设方面，要以社区内文化工作积极分子为核心，建立一支社区文化志愿者队伍，加强培训，壮大文化建设队伍。五是强化对社区文化的制度化管理，建设优美舒适的自然环境。在社区文化建设中，要结合社区特色，制定切实可行的社区文化发展规划，进一步加大对学校、幼儿园、图书馆、俱乐部等文化、学习和娱乐场所的管理，加强对开发中的商住房、生活小区文化功能的管理。

总之，正确认识东莞社区文化建设的特点，分析其成功的经验和存在的问题，从理论和实践的结合上探讨社区文化发展的规律，不仅对整个社区文化建设是十分有益的，而且对社会建设的全面进步也是有百益而无一害的。

参考文献

［1］傅治平，2005，《和谐社会导论》，人民出版社。

［2］刘建中，2009，《东莞文化建设研究》，广东人民出版社。

［3］李毅，2011，《社会学概论》，暨南大学出版社。

［4］中共东莞市委办公室，2013，《东莞市情手册（2013）》。

［5］中共东莞市委政策研究室，2011，《东莞转型》，人民出版社。

实践动态

东莞打造创新社会管理引领区
不断推进社会治理能力现代化

东莞市社科联课题组*

摘要：党的十八届三中全会提出推进国家治理体系和治理能力现代化的目标。创新社会治理，是贯彻落实十八届三中全会精神、推进社会体制创新的迫切要求和重大任务，是建设幸福社会、和谐社会的重要内容和有力支撑。2012 年东莞适时提出建设全省创新社会管理引领区，既是省委、省政府赋予东莞的光荣使命，也是新时期新阶段东莞经济社会发展和城市升级的内在要求。市社科联组织相关研究人员赴宁波、苏州、无锡等长三角城市和广州、深圳、佛山等珠三角先进城市实地考察调研，并到市内各有关单位部门、社会组织、孵化基地调研座谈，形成了本研究报告。报告提出，东莞建设全省创新社会管理引领区，必须紧紧围绕"加快转型升级、建设幸福东莞、实现高水平崛起"这一核心任务，把握东莞社会治理的特殊性、复杂性和艰巨性，以体制机制创新为动力，着力构建社会治理多元主体体系、社会治理工作统筹联动体系、以法律政策和诚信为内容的社会规范体系、新型社会矛盾综合调处体系、社会治安与公共安全融通防控体系等"五大体系"，必须围绕核心任务，抓住关键环节，突出重点领域，大力实施社区综合服务提升工程、社会组织孵化工程、社会群体融合工程、社会治理信息平台打造工程、社会资源整合工程、社会公共服务均等化推进工程、虚拟社会监管工程、社会工作人才队伍建设工程等"八大工程"。尤其是针对群众反映的"食品药品安全、交通出行、水污染、大气污染"等东莞社会治理中的"老大难"问题，提出要完善部门协同联动解决机制、建立社会治理难点问题"大部制"解决机制；针对新形势下出现的镇村基层利益矛盾、企业劳资纠纷矛盾、新老莞人群体矛盾、基层干群矛盾等新

---

* 课题组成员：王思煜，市社科联主席、市社科院院长；祝俊峰，市社科联办公室副主任；程春华，市中级人民法院审判委员会委员、民三庭庭长，博士后。

型社会矛盾，提出要建立多元化、多层次、法治化、柔性化的综合调处体系；针对社会治安和公共安全管理联动机制不完善的问题，提出要建立健全社会治安与公共安全统一联动机制，建立集公安、消防、应急、救灾等于一体的统一应急指挥中心平台。报告对社区综合服务中心建设、新型社会组织孵化培育、社会管理综合信息平台建设、社会资源整合、虚拟社会监管等关键领域的治理和建设提出了具体的对策建议。

党的十八届三中全会提出推进国家治理体系和治理能力现代化的目标。创新社会治理，是贯彻落实十八届三中全会精神、推进社会体制创新的迫切要求和重大任务，是建设幸福社会、和谐社会的重要内容和有力支撑。近年来，中央、省委高度重视社会建设和社会治理，把社会建设摆上与经济建设同等重要的位置，制定出台了系列政策文件，并作出了重大部署。省委、省政府对东莞社会建设寄予厚望，要求东莞"努力在社会管理模式创新中探索新路"。2012年6月，东莞自觉把加强和创新社会管理作为一项重大而紧迫的任务来抓，适时提出努力建设成为全省创新社会管理引领区，在全省乃至全国发挥社会建设的示范带动和标杆引领作用。

一 紧扣创新社会管理引领区的"一个核心"

市第十三次党代会提出了"加快转型升级、建设幸福东莞、实现高水平崛起"的核心任务。加强社会治理，提高社会治理科学化水平，建设全省创新社会管理引领区，必须紧扣这一核心任务，努力为实现高水平崛起创造和谐稳定的社会环境，构筑坚实有力的社会支撑。

（一）为加快转型升级提供安定有序的社会稳定条件

东莞目前正进入产业转型升级、发展模式转型创新和社会转型发展的关键时期。这一阶段，经济转型的复杂性和社会变动的深层性相互交织，高速发展中积累的社会问题和转型中利益格局调整所引发的新生矛盾同时并存，以前没有暴露或者没有充分暴露的各种社会矛盾日益显露，发达国家和地区上百年工业化过程中分阶段出现的资源环境和人口等社会问题叠加出现。一些先行工业化国家和地区转型的经验表明，在转型时期的社会中，如果我们注重强化社会管理，着力构建安定有序的社会稳定条件，拓宽诉求表达渠道，搭建多样化的沟通协商平台，及时分析研判带倾向性的社会问题，妥善处理各种利益关系，统筹兼顾各方利益，就可以使社会处于安定有序和健康运行的状态，就可以避免和减轻转型带来的分化、动荡和无序，就可以为经济社会平稳转型提供有力保障，相反就可能陷入经济滑坡、阶层分化、社会动荡的深渊，甚至掉入"拉美陷阱"。总之，加强和创新社会治理，是适应经济社会全面深刻转型的需要，是有效解决转型期新型复杂社会问题的需要，是促进经济社会平稳转型的需要。

（二）为建设幸福东莞构筑坚实有力的社会民生支撑

建设幸福城市是东莞未来发展的核心价值目标，体现了科学发展观与和谐社会的执政理念，把握了时代发展的最强音，适应了人民群众追求美好生活的新期待。幸福东莞是一个内涵深、层面广、角度宽的系统性目标。幸福东莞是全面的，这就需要我们统筹兼顾幸福城市各个维度工作的推进，既注重提升经济质量、城市品质和生态环境，又要注重满足群众精神文化、安全保障、权力诉求、公平正义、民主法治等方面的追求，不断提升民众的幸福指数。幸福东莞是普惠的，这就需要我们努力把全体民众的幸福作为政策追求和工作指引，推动幸福工程由城市人口向农村人口延伸、由户籍人口向常住人口延伸、由发达镇村向欠发达镇村倾斜、由富裕群众向困难群众倾斜。幸福东莞是实实在在的，这就需要我们切实加强和改善社会民生，确保民生底线，解决民生热点，保障民生权益，使群众获得踏实而又长远持久的幸福。幸福东莞是众人共同创造的，这就需要我们充分激发社会主体的活力，想方设法扩大公众参与，提高社会管理的广泛性、渗透性和互动性，形成社会各方共谋、共建、共管、共享的生动局面。国家统计局广东调查总队发布的 2011 年、2012 年《广东群众幸福感测评调查报告》显示，虽然东莞连续两年总体排名较前，但食品药品安全、交通出行、空气质量、饮水质量、人际交往等几个指标还不太理想。实际上，这几个方面都是东莞的弱项，都与我们社会治理不到位有关，这从另外一个侧面启示我们，必须加强和创新社会治理，才能全面增强和提升群众幸福感。

（三）为实现高水平崛起营造和谐均衡的社会发展环境

高水平崛起就是要在过去高基础、高平台上实现经济社会的新跨越和新跃升，就是要正确处理好发展速度与发展质量、经济增长与民生福祉、城市建设与社会文明之间的关系，闯出经济社会全面、协调、均衡、可持续发展之路，让人民群众最大限度地共享转型升级的成果，同沐幸福东莞阳光。实现高水平崛起，既需要高质量的经济发展"硬条件"，也需要和谐有序的社会发展"软环境"。改革开放以来，东莞经济建设取得了举世瞩目的成就，但社会领域改革创新相对滞后，存在明显的"一条腿长、一条腿短"的现象，经济社会发展的不平行性、不协调性、不均衡性、不可持续性比较突出。尤其是大量社会问题逐步积压，新型社会矛盾日益尖锐，一些不良社会情绪逐渐滋生。如果处理不好，发展中积累的社会问题就可能进一步爆发，新型社会矛盾纠纷就可能进一步激化，和谐稳定的生活环境就可能丧失，经济建设这个中心工作也会失去良好的发展环境，高水平崛起的目标就难以顺利实现。加强和创新社会治理，积极建设全省创新社会管理引领区，既是当务之急，也是长远之计；既是为了把发展"短板"拉长，更是为了把东莞的综合竞争力做强。只有这样，才能为实现高水平崛起创造良好的社会环境。

二 把握创新社会管理引领区的"三大特性"

东莞特殊的地理位置、行政架构、产业结构和人口结构，东莞城市发展的复杂性和社会变动的深刻性，东莞所处的经济社会转型的特殊历史阶段和历史使命，决定了东莞社会治理具有自身的特殊性、复杂性和艰巨性。强化社会治理，建设创新社会管理引领区，必须深刻把握东莞城市的特点和规律，深刻把握发展新阶段出现的新情况，深刻把握上级的新要求和群众的新期待，努力在社会治理模式创新中探索新路子、创造新经验、树立新标杆。

（一）把握创新社会管理引领区的特殊性

东莞是座特殊的城市，东莞自身诸多的特殊性给社会治理带来了一些特有的矛盾和问题。如东莞特殊的地理位置，活跃了经济，聚集了人气，对东莞经济社会发展具有重要作用，但也带来了人、财、物的大量流动及相应的社会治理难题。又如，东莞特殊的行政架构，激发了东莞的体制活力，但各自为政、资源分散等弊端，给社会治理资源整合和社会治理架构的整合带来一定困难。再如，东莞产业结构特殊，外来人口众多，工商企业众多，驻莞外商企业众多，致使东莞的社会治理对象、主体、环境、领域相对比较特殊。又如，东莞人口结构特殊，人口来源复杂，流动性大，多数异地务工人员学历偏低，使东莞的人口和治安管理面临严峻的形势。东莞创新社会管理引领区，必须很好地把握东莞城市自身的特点和个性，根据自身的实际情况，积极推进社会治理理念、格局、体制、机制、路径和方式的创新，努力探索有东莞特色的社会治理模式，为全省全国同类城市的社会治理创造新鲜经验，发挥标杆和引领作用。

（二）把握创新社会管理引领区的复杂性

东莞社会结构和社会问题相对比较复杂，致使东莞社会治理工作更为纠结和复杂。由于东莞人口众多、人员流动性大、信息传播快，群体性事件一旦爆发，容易引起社会不稳定。由于产业和人员的高度密集，一旦发生公共安全事故，不仅会带来极大的人员伤亡和经济损失，而且会产生巨大的放大效应和扩散效应。由于经济结构、社会组织结构、人员结构复杂，如果对公共事件处理不当、应对不及时，经济纠纷很可能引起社会矛盾纠纷，自然灾害很可能伴随着社会冲突事件，一般性事件很可能上升为政治性事件。由于东莞是境外媒体和国内重要媒体的角力场，媒体对东莞的关注度不断提高，一旦有突发事件和公共安全事件，便有媒体抢先报道，并在网上广泛传播，在市内外、省内外甚至国内外产生各种不良影响。近年来，市民和外界媒体对东莞社会治理高度关注，赞扬与批评、肯定与猜疑、理解与困惑，同传于媒体、同见于书刊、同流于民间，一方面说明了人们对社会治理的心态和认同感还不一致，另一方面也说明东莞社会治理的形势确实还比较复杂多变。这就需要我们不断加强对社会治理领域可能出现的新情况和新问题的研究，要求我们必须在社会治理的制度设计、组织结构、流程安排、工作途径和解决方法等方面加大改革创新力度，要求我们重点提高公共事务管理者、组织者和执行者的公共管理能力和社会治理能力。

（三）把握创新社会管理引领区的艰巨性

由于东莞诸多特殊情况和社会问题演变的复杂性，与其他城市相比，东莞更早也更多地面对新的社会发展矛盾和问题。随着转型发展和改革开放的深入，在今后相当长一个时期，东莞社会建设和社会治理的任务更为艰巨、压力更为巨大、挑战更为严峻。首先，东莞的实有人口管理、社会治安管理、公共安全管理、城市应急管理都进入一个纵深推进的阶段，东莞的公共产品提供和社会公共服务也已进入一个需求高增长的阶段，新政策取向、区域竞争、内部和谐倒逼、追求幸福指数等都对社会建设和社会治理提出了更为迫切的要求。其次，东莞的社会建设和社会治理，上级高度关注、群众高度关注、外界高度关注，但由于自身管理力量不足、管理经验欠缺，法律和制度不像深圳和宁波那样具有自主性，且东莞社会问题本身盘根错节、错综复杂，要在短时间内彻底加以解决，取得各方都满意的效果，难度较大、压力较大。再次，在当前转型时期和特殊的发展环境下，既要解决经济高速运转中长期积压的大量社会问题，又要解决转型背景下和后金融危机时代出现的一些新问题，如镇村利益关系平衡问题、新型劳资纠纷问题、新老莞人共享公共服务问题、基层干群矛盾问题，的确具有极大的挑战性，有些问题解决起来很棘手，但也不得不全力解决。新阶段东莞社会治理的复杂情况和严峻形势，要求我们必须紧紧围绕建设全省创新社会管理引领区的目标任务，以改革的勇气、创新的精神、务实的作风、科学的思路、管用的制度、到位的措施，进一步加强和创新社会治理，努力在社会治理创新方面走在全省前面。

三 构建创新社会管理引领区的"五大体系"

健全的社会治理体系，完善的社会治理体制机制，是打造全省创新社会管理引领区的关键。东莞创新社会管理引领区必须围绕"加快转型升级、建设幸福东莞、实现高水平崛起"这一核心任务，从东莞自身的社会治理的特殊性和复杂情况出发，着力在创新治理体制机制和治理服务体系上下功夫，努力形成创新社会管理引领区的基本框架和格局。

（一）构建社会治理多元主体体系

社会治理关系到不同阶层和不同群体的利益，必然要求实行包括政府组织、中介组织和自治组织等在内的全社会多主体共同管理，实现政府与社会的良性互动，才能达到"善治"与"和谐治理"。从实践来看，随着经济社会转型和市场化改革的深入推进以及政府职能的进一步转变，需要建立健全政府调控机制与社会调控机制互联、政府行政职能与社会自治职能互补、政府治理力量与社会治理力量互动的社会协同治理网络，推进社会治理力量和治理主体的多元化。

一是强化和完善政府的社会管理职能。强化和完善政府的社会管理职能，最重要的就是要理顺政府与企业、政府与市场、政府与社会的关系，坚决把政府"不该管""放得下"的事交给企业、社会组织和中介机构，切实把"应该管""不能放"的事情管好，进一步解决好"越位""缺位""错位"的问题，切实做到"能管""会管""善管"。在治理重点上，要强化对社会领域关键环节的管理，加强对社会公共服务的提供，注重对新型社会关系和社会矛盾的化解，有力维护社会公正和社会稳定。在治理机构设置上，应按照转变职能、权责一致、提高效能的要求，深化行政管理体制改革，优化各级政府机构设置，整合各部门社会管理职能。在治理效能上，要注重制定法律法规，建立完善社会管理体制机制，研究制定科学的社会管理考评指标体系，注重管理流程和方式创新，提高社会管理的科学化水平。

二是推动社会组织的协同治理。强化政府的社会管理职能，并不意味着政府可以在社会治理中唱"独角戏"，能够包揽所有社会事务，相反，要更加注重发挥社会组织在政府公共服务和社会治理中的"左膀右臂"作用。当前，一方面要加强政府对社会组织建设的政策指引，完善政府向社会组织转移职能和社会组织承接政府职能转移的制度和细节，提高各类社会组织承担社会治理职能的合法性和有效性；另一方面要针对东莞人口结构、社会结构、阶层结构复杂多样的特点，完善多层次的社会组织体系，充分发挥各类社会组织的独特作用。具体而言，要着力完善基层群众自治组织，加强农村村民委员会和城市居民委员会建设，发挥好农村社区内各类经济组织、专业合作协作组织，城镇社区内业主委员会、物业管理机构、驻在社区的各类机构在社会治理中的积极作用。扶持发展包括社会团体、行业组织、中介组织、志愿者团体等在内的各种社会组织，提高它们在社会治理中的协同能力。积极发挥好各种所有制企业单位内部的自组织和群众性组织在社区建设、环境保护、安全生产、劳资关系、慈善事业等方面的作用。

三是扩大公民有序参与社会治理。依靠公众参与是实现人民当家作主的有效形式，也是党为人民执政、靠人民执政的具体体现。在各项社会事务管理中，要大力培育公众的民主参与意识，激发公众的民主参与热情，尊重公众的民主诉求。要不断拓展民主选举、民主决策、民主管理和民主监督等公众参与的实现途径，建立健全专家咨询和论证制度、社会公示和听证制度等，进一步拓宽公众参与的渠道。要引导社区居民和村民以积极、负责、合法和理性的姿态，有序地参与社区事务和村务的管理，规范参与行为，不断提高公众参与社会治理的水平。

四是充分发挥社会志愿组织在社会治理服务中的作用。近年来我国处理大量公共突发事件的经验表明，志愿组织在公共服务提供和协助政府应急管理中发挥了重要作用。因此，必须进一步健全覆盖全社会、与政府服务和市场服务相衔接的社会志愿服务体系；建立社会工作者、志愿工作者联动互促机制，为社会提供宽领域、多方面的服务，以此弥补政府和社会组织公共服务供给的不足。如在城市管理方面，可组织治安志愿者、交通志愿者、城管志愿者等，以志愿服务的形式开展纠纷调解、应急服务、法律援助、人民调解、社区矫正、人口服务管理等志愿服务；在服务弱势群体方面，可组织开展"送温暖、献爱心"、居家养老、残障康复、特殊群体帮扶、心理辅导、权益保护等志愿服务；在服务社会大型活动方面，可组织志愿者参与接待、咨询、联络、秩序维护等工作，为各方人士提供更加深入、有效、贴心的服务。

（二）构建社会治理工作统筹联动体系

社会治理创新是一个涵盖领域广、涉及部门多、衔接链条长的系统性较强的工作，不能靠某个部门和单个单位单打独斗，也不能单纯考虑某个链条的工作，而是要注重统筹协调，打"组合拳"，相互配合，联动推进。

一是建立完善社会治理市镇统筹推进机制。在宏观层面上，应着力建立健全全市社会治理创新评价激励体系和镇（街）社会工作绩效评估体系，成立社会治理创新专家咨询评估小组，加强对全市各部门、各镇（街）以及各社会组织社会治理工作的规划指导、政策统筹和绩效考核。科学界定市镇两级社会工作委员会的工作职能和工作重点，形成市一级主抓社会建设和社会管理的规划统筹、工作协调和政策指引，镇（街）一级主抓社会建设项目落实和具体领域社会事务管理推进的分层管理体系，形成纵向分工、横向连通、上下互动的市镇统筹推进格局。在具体工作推进上，可借鉴宁波市的经验做法，选择不同类型、不同特色、社会治理工作基础好、有代表性的镇（街）作为市级社会治理创新工作先行先试镇（街），围绕社会治理的重点难点，集中进行攻坚，先行取得突破，充分发挥其创新社会管理的示范作用，形成"一镇一特、一镇一品"的社会治理创新示范工作格局。如可在东城区"以屋管人、以证管人、以业管人"取得良好效果的基础上，探索利用社会组织和行业协会、企业自组织，应用科学化、精细化和人性化管理手段管理外来人口，为全市在加强出租屋管理和外来人员管理方面创造新经验。又如，可在横沥镇继续探索创新新莞人服务管理模式，实施"新莞人自治"工作机制，健全和完善新莞人自治小组服务管理工作制度，为全市实行新莞人自组织管理创造新经验。

二是建立完善社会治理难点问题部门联动解决机制。当前，社会治理创新面临着很多严峻的挑战，一些关乎百姓利益的民生热点问题日益成为社会治理领域中的难点焦点问题。在国家统计局广东调查总队公布的2011年和2012年《广东群众幸福感测评调查报告》中，虽然东莞连续两年总体排名较前，但食品药品安全、交通出行、空气质量、饮水质量这几个问题仍是老百姓反映最强烈的问题和社会治理的"老大难"问题。要解决这些"老大难"问题，必须克服部门相互推诿、"踢皮球"和各管一个环节的现象，真正树立"社会治理大部制"的理念，进一步健全部门统筹联动工作机制，打破部门与行业之间的利益博弈，实现共管、共建、共享。如在食品药品安全监管方面，由于目前地方各级政府实行的是"分段监管为主、品种监管为辅"的体制，各部门监管职责不清、责任落实不到位的情况导致食品药品安全问题屡屡发生，市民对食品药品安全非常担心。为此，应参照深圳、顺德的做法，启动食品药品"大部制"监管体制，整合工商、质检、食品药品监督、知识产权、酒类管理部门及卫生部门的食品安全监管职责，可组建一个统一的市场监督管理局，将生产、流通和餐饮服务环节的食品安全监管合并到市场监督管理局进行统一管辖，实现食品安全监管无缝衔接，在很大程度上可消除"分段监管模式"的弊端，为公众提供更为便利和优质的社会服务。又如，在治气方面，针对环保、交警、交通运输、城管、公交公司等部门之间整治联动力度不够的问题，应加大环保、交警、交通运输等部门联合执法力度，加强对冒黑烟公交车的检查，严厉查处尾气超标排放及"超期服役"的车辆，实行就地强制报废。同时，公交公司自身要主动提高环保意识，自觉承担起环保责任，定期对车辆进行维护保养，对冒黑烟的车辆严把上路关，全方位防治汽车尾气污染。

三是建立完善社会治理党群互动机制。在社会治理中，党委领导是根本，群众参与是基础。只有充分发挥党委的领导核心作用与基层党组织和党员在社会建设和治理中的先进性作用，构建起党群互动的机制，社会治理才能获得持久的动力和有力的支撑。近年来，东莞率先在全省设立了覆盖全市市直机关、镇村（社区）、"两新"组织的616个党代表工作室。党代表工作室面向社会群众全面开放，在面对面接受群众表达意见建议、直接引导党员群众以理性合法方式表达合理诉求、协调缓解社会矛盾冲突、保障公民的知情权和参与权、为群众排忧解难办实事办好事等方面发挥了重要的作用。接下来，要进一步创新党代表工作室的工作模式，通过建立健全群众意见回复机制、激励机制、专项经费保障机制、网络工作室平台交流机制、QQ群监督机制、专职联络员队伍和党建志愿者队伍机制，进一步完善社会治理党群互动机制，使之成为党委和党员与群众的"连心桥"和"枢纽站"。

（三）构建以法律、政策和诚信为内容的社会规范体系

社会规范体系是通过道德诚信和制定法律法规、政策制度等确定共同行为准则来指导和约束人们行为、维护社会秩序的基本手段。当前，东莞市社会治理的制度规范体系还不够健全，已有的制度规范缺乏配套实施的细则，应按照建设全省创新社会管理引领区和营造法治化、国际化营商环境的要求，构建起与新的社会治理理念、工作格局和目标要求相适应的"刚柔相济"的制度规范体系，把社会治理纳入法治化、规范化的轨道。

一是完善以法律法规为核心的刚性规范体系。在社会组织、新兴媒体、劳资关系、城市管理、征地拆迁和群众上访等矛盾集中的环节和领域加快立法立规进度。进一步检查梳理东莞市城市治理和社会管理的法律、法规，尽快建立一套覆盖社会各个领域的法律法规体系，把社会各方面的管理纳入法治化轨道，保证社会管理有法可依、有章可循。当前，东莞市要继续加大申报"较大的市"工作力度，争取地方立法权，为完善公众参与社会管理提供法律法规等刚性支撑。

二是完善以政策制度为核心的引导规范体系。全面贯彻落实省市出台的社会建设"1+7"系列政策文件精神，并细化实施细则和工作方案。统筹考虑现行东莞社会治理规章制度的废、改、立，尽快完善以准则、条例、办法为主要形式的社会政策体系，注重社会政策的公平性和协调性。建立完善社会发展评价指标体系和社会治理运作标准体系，如技术标准、安全

标准、环境标准、服务标准和时限标准等,明确各项社会治理的目标要求。制定完善市镇两级精细化社会治理的标准和考核体系,强化责任考核和量化考核,大力推进市政管理和社会治理的精细化。完善社会治理重大决策专家咨询制度,建立重大社会问题与重大社会事务的公共讨论机制,不断扩大和有序引导市民对公共事务管理的参与。

三是完善以道德诚信为核心的柔性规范体系。柔性管理规范一般包括道德宣教、诚信建设和舆论引导等手段。社会管理效果如何,最终体现在千千万万民众的日常自觉行为中。纵观当前引发社会矛盾的诸多不良道德和品质行为,我们更应该建立起一套严密的柔性规范体系。要以弘扬践行"厚于德、诚于信、敏于行"的广东精神为契机,利用好全市开展的"道德讲堂"活动,以"身边人讲身边事、身边人讲自己事、身边事教身边人"的形式,善于运用道德的软力量,发挥其示范和引导作用,践行社会主义核心价值观,推动全社会道德水平的提升。要构建与社会治理相适应的社会信用体系,不断增强国民诚信意识,加强社会诚信教育,积极打造现代信用文化,加快建立起以政府信用为表率、以企业信用为重点、以个人信用为基础的社会信用体系。要以开展"道德领域突出问题专项教育和治理活动"为契机,把诚信建设摆在突出位置,建立健全信用信息披露制度与信用奖惩政策体系,加快制定详尽的失信备案制度和相应的惩罚措施,强化媒体对经济活动中失信事件的曝光和监管,重点整治诚信缺失和道德失范行为,加大对失信行为的惩戒力度,整顿和规范市场经济秩序,营造诚实守信的信用环境。

(四)构建新型社会矛盾综合调处体系

随着市场化、工业化、城市化进程的不断加快和经济社会转型的深度推进,东莞也出现了新的社会矛盾和社会冲突,有产业转型中的镇村基层利益矛盾、后金融危机时期的企业劳资纠纷矛盾、城市融合背景下新老莞人社会群体的矛盾、新的利益格局下基层干群矛盾,这些新型社会矛盾触点多、燃点低,稍不注意就会引发纠纷甚至是大规模的群体性事件。为此,必须把协调新型利益关系、化解新型社会矛盾、调解社会冲突作为加强和创新社会治理的一项紧迫任务来抓,通过建立多元化、多层次、法治化和柔性化的社会矛盾调处体系来有效化解社会矛盾。

一是健全多渠道诉求表达机制。进一步拓宽诉求表达渠道,全面了解各类社会主体的利益诉求，及时搜集、分析、研究群众的意见愿望、思想动态、心理情绪以及带倾向性的社会问题。如针对新莞人在公共交通、医疗卫生、社会保障、劳动仲裁、积分入户、参政议政、精神文化、技能培训、生活环境、参与管理等方面的诸多诉求，应进一步健全多渠道诉求表达机制，确保新莞人"诉有所求、求有所解"。完善新莞人参政议政机制，引导新莞人学者、行业能手、道德模范、市民代表为东莞发展出谋献策，参与政策制定过程，监督政策执行效果，实现良好的社会互动。畅通新莞人法律援助和诉求表达渠道，严厉查处各类侵害新莞人合法权益的行为。充分利用网络便利的特点，搭建"网络便民工作室""网络直通车"等平台，建立畅通的网络民意沟通渠道，及时处理新莞人反映的问题和诉求。鼓励有条件的镇（街）和村（社区）吸收新莞人参与管理，可探索以村委会特别委员等形式，鼓励外来人员参与自治管理，合理表达利益诉求。

二是健全矛盾纠纷滚动排查机制。进一步完善和规范组织排查、分析研判、梳理分工、情况报告、调处化解、督察督办、结案归档等工作程序，建立健全定期排查、下访接访、领导包案等制度，及时了解掌握和汇总梳理情况，有效调处化解各种矛盾纠纷，解决信访存量和增量，拉近领导与群众的时空距离和心理距离。继续在全市推行建立企业人民调解组织和企业内部调解委员会，协商解决劳资争议，避免问题激化。加紧完善有关加强企业风险预警等方面的预案，建立绿、黄、橙、红四级预警机制，实时监控企业的订单、工资发放、缴租情况，一旦企业被亮红灯，有关部门应马上采取措施化解，防患于未然。开展经常性的企业欠薪欠租和无牌无证排查专项行动，突出打击"黑中介"和"黑工头"，全面清查无证经营、乱收费、超范围经营的劳务派遣机构，严厉查处拖欠工程款和工人工资的建筑企业，有效解决劳资纠纷隐患。

三是健全基层利益协调机制。妥善协调镇村、村组、村企、村组织和村民等各种利益关系，统筹兼顾各方利益，使基层社区处于动态优化、井然有序、健康运行的状态。特别是针对当前东莞转型升级特殊背景下基层利益矛盾协调问题，应不断建立镇村利益平衡和分享机制，避免出现"东莞希腊"现象。进一步推进村级体制改革，推广建设社区综合服务中心，加强镇村公共服务的整合和优化布局，减轻村级公共管理和服务支出负担。推动农村集体资产统筹经营，由镇统筹农村资产管理，搭建村级集体资产统一运作管理平台，统筹村组招租出让，变租赁经济为合作经济、股份经济，实现镇村共同发展。进一步推动党组织、行政事务与集体资产经营分离，由镇（街）统一向社会公开招聘职业经理人或专业运营团队经营管理集体资产，由村（社区）统一组建物业管理公司，集中管理村组集体物业。推动村级土地资源集约开发，大力推进农村自建房"三旧"改造，规范自建物业功能布局。进一步探索建立和推广"市镇村三级合作开发、共同分利"的模式，提升土地资源的利用率和收益率。

四是健全司法纠纷大调解机制。继续推行政法、综治、维稳、信访等部门综合协调，有关部门单位各司其职，社会各界广泛参与的联合调解模式，进一步完善人民调解、行政调解、司法调解、社团调解、信访调解等横向调解网络和市、镇、村（社区）与楼门院（小组）纵向调解网络相结合的"大调解"体系，努力形成调解合力。如针对东莞市近年来司法领域矛盾复杂的情况，着力完善"5+3"多元化纠纷解决机制。[①]全面推广"法官工作室""社区法官""社区法官助理""诉前联调工作室"等做法，共同化解调处矛盾纠纷。

（五）构建社会治安与公共安全融通防控体系

社会治安管理与公共安全管理虽然各有侧重、各有分工，但彼此相互交叉、相互衔接。在实际工作中，应借鉴上海、宁波、金华等先进城市经验，把社会治安管理与公共安全管理作为一体来抓，着力建立工作互联、信息互通、资源互享、齐抓共管的融合防控体系。

一是建立健全立体化治安防控体系。要按照"治安管理网格化、治安巡逻常态化、治安监控全面化、治安打击精准化"的要求，综合运用科技、行政、法律、教育、舆论等多种手段，紧紧围绕"人、屋、车、路、网、场、组织"等治安基本要素，努力构建"专群结合、点线面结合、管防控打结合、网上网下结合、人防技防物防结合"的动态化、信息化、全时空、全覆盖的社会治安立体防控体系。要树立严管理念，出台严管措施，严管重点行业，推进重点区域整治，全面提升打击犯罪和管理整治水平。要依法实施源头治理，防微杜渐，强化教育引导，高度重视小微案件的依法受理侦破。要以群众满意度为重要指标，进一步提高公众安全话语权和治安满意度。要大力实施科技兴警、人才强警、动态布警、从严治警、从优待

[①] "5"是指法官助理庭前调解、律师和解、保险公司和解、特邀调解员调解、商会调解的5项庭外调解制度；"3"是指司法联络员制度、立案调解制度与诉调对接措施。

警,加强公安人才队伍建设,提供社会治安综合治理水平。

二是建立健全公共安全预防监管体系。进一步健全安全生产联席会议制度,落实安全生产"一岗双责""一票否决"制度,完善安全生产联合监管执法机制。严格食品药品安全监管,健全质量追溯制度,建立食品药品安全信用体系,落实生产企业的主体责任、职能部门的监管责任、各级政府的领导责任。健全气象灾害监测预警发布机制,健全突发事件预防预警和应急处置机制,建立应对城市危机的社会动员机制,加强基层公共安全体系建设,切实提升社会抗风险能力。严格实施公共安全和突发事件责任追究制度,加强单位内部安全防范。切实落实安全责任制。加强城市管理有关部门、工厂、企事业单位、社区组织等相互之间在城市管理信息上的互通共享,提供综合管理效能。

三是建立健全社会治安和公共安全管理统一联动体系。借鉴上海、宁波、金华等城市的做法,进一步建立全市统一的应急指挥中心平台,可与市公安局指挥调度中心实行功能整合,采取"两块牌子、一套人马"的运作模式,在110、119、122"三台合一"的基础上,将公安、三防、救护、安监等部门的公共安全应急职能有效整合,推进公共安全管理体系和社会治安管理体系的统一互联。以平台为依托,建立短信报警预警系统、视频监控系统、全球卫星定位系统、地理信息系统及相关配套设施,建立集中、统一、权威、高效的应急联动指挥中心。通过应急指挥信息的互联互通和共享,实现集中接警、分类出警、统一指挥、联合行动、协调有序、反应灵敏,对突发事件和应急事件做出快速联动反应,为广大群众提供相应的紧急救援服务,为社会公共安全提供强有力的保障,切实改变以往"群众报警难、联动处置难、重复建设多"的"两难一多"现象。

四　实施创新社会管理引领区的"八大工程"

建设全省创新社会管理引领区,东莞必须按照省委、省政府的统一部署,结合自身特殊情况,围绕核心任务,抓住关键环节,突出重点领域,实施一系列社会建设和社会治理创新工程,切实提高建设全省创新社会管理引领区的科学性和实效性。

(一) 社区综合服务提升工程

社区是社会的基本单元,社会治理的重点与难点在社区,活力与源泉也在社区。当前，东莞要按照建设和谐幸福社区的要求，着力抓好社区综合服务，创新社区综合服务中心运营模式，丰富社区综合服务内容，完善社区综合服务机制，打造管理有序的和谐宜居社区。

一是创新社区综合服务模式。从2011年开始至目前，东莞市已遴选了45个基础条件好、培育潜力大的不同类型社区，建设了45个社区综合服务中心示范点，服务中心建有图书馆、健身室、心理室、老人活动室、老人日间照料室等设施，主要为老年人、儿童、残疾人提供福利性服务，为家庭、青年人、新莞人提供公益性服务，为广大居民、企事业单位提供低偿便民服务，并组织居民开展自助、互助性服务等。社区综合服务中心与社区政务中心的行政服务功能相匹配，共同为社区居民提供"一站式""一条龙"服务。目前，我国城市社区综合服务中心主要有深圳的"政府、社区、社会多方参与营运"模式、广州的"政府购买+街道间接管理"模式、江苏无锡的"完全市场化运营"模式。这些城市社区综合服务中心因为其体制机制灵活，推广力度比较大，效果比较好。东莞应根据自身实际情况，借鉴深圳模式，突破完全依靠市财政包揽的模式，采取市、镇、社区三级共建模式，并吸引社会组织和服务机构参与提供服务，建立合作伙伴关系，有效解决社区综合服务中心配套设施、营运经费和项目提供等问题。

二是提升社区综合服务质量。围绕构建"和谐幸福社区"这一目标，整合社区资源，建立医疗卫生、教育、法律等各类专业人才和服务机构资料库，建立敬老爱幼、助残帮困、生态环保、文化体育、科学普及、医疗卫生、法律援助、心理咨询等不同类型的社区志愿者队伍，为社区老年人、残疾人、青少年、优抚对象、困难户、异地务工人员、来莞港澳台同胞、境外人士提供各类福利性和低偿性以及专业化和个性化的便民利民服务。建立东莞市社区服务基本标准，包括规范化资助与服务协议、营运标准和服务评估办法、服务机构信誉等级和服务质量等级等指标体系、服务机构资质审查制度等，用标准化推动社区综合服务体制、运作模式和评估机制建设。同时亟须构建一套科学的、系统的、更加注重居民诉求的社区统计指标体系，主要包括社区服务需求强度指标、社区服务能力指标、社区居民生活质量指标、社区居民满意度统计指标等，为社区服务研究提供科学数据支持和参考依据。

三是健全社区综合服务机制。构建以社区综合服务中心为平台、社会组织为驱动、社会工作者为力量的"三社"联动社区服务运作机制。应学习借鉴"新港经验""泰达模式"等国内先进社区管理经验，搭建"三社"联动的社区参与平台，开发一批常设的志愿服务岗，实行"社工＋义工""项目＋基地""动态＋常态"的社区志愿服务"3＋3"模式，将义工服务和志愿服务落实到具体岗位。探索推行"一村一站一办"的扁平化社区管理新体制，通过减少中间层次、缩短管理过程、增大管理幅度实现信息共享。学习借鉴南京白下区的经验，设立"社区小型专项公益资金"，通过包括社区居民、政府官员和社会工作者在内的三方共建联席会的方式，扶持社区服务项目运作。按照"组织化拉动、社会化运营、多元化发展、项目化支撑、专业化导向"的思路，选取典型社区率先探索建立"三社"联动创新实践基地，构建以基层党组织为核心、村（居）民自治组织为基础、社会组织和企业为补充、村（居）民广泛参与的社区工作联动合作机制，充分发挥"三社"联动在社会治理中的整合辐射作用。

（二）社会组织孵化工程

重视新型社会组织孵化培育，是建立健全社会治理新格局、扩大社会组织参与社会建设和社会治理的必然要求。东莞要从自身产业、城市和人口状况出发，大力孵化培育公益性、行业性和枢纽性社会组织，并充分发挥其作用。

一是大力发展公益创投项目。借助恩派等国内外知名社会组织孵化机构的力量，大力扶持孵化公益创投机构。充分发挥市财政公益创投基金"四两拨千斤"的杠杆作用，积极组建东莞市公益创投基金会，鼓励以福利彩票、社会福利、社会慈善捐募等方式投入，推动公益创投资金来源渠道多元化。充实完善东莞公益创投专家委员会队伍，进一步健全"背对背"打分和"面对面"评议制度，严格对公益创投项目的资质审核和评审，加强对公益创投项目的跟踪管理和中期检查评估，加强对公益创投项目资金使用的监管。积极组建东莞公益创业基地和东莞公益创业示范园，推广"东莞公益伙伴节"，扩大公益创投在基层社会组织、草根社会工作志愿者中的声誉，积极开展以基层社区为主体的社区公益创投活动。

二是搭建社会组织孵化平台。创建东莞社会创新孵化园和东莞社会组织孵化园等孵化平台，吸收具有发展潜力的社会组织入驻园区，孵化培育处于孕育、萌芽、初创和成长期的社会组织和中小型的公益组织。完善东莞非营利组织发展中心，组建东莞公益事业发展基金会，实现公益项目的集群化运作，形成公益产业链。完善政府向社会组织授权制度，推动政府购买服务机制常态化和规范化。

三是培育发展新型社会组织。要贯彻落实十八届三中全会《中共中央关于全面深化改革若干重大问题的决定》中提出的"重点培育和优先发展行业协会商会类、科技类、公益慈善类、城乡社区服务类社会组织"的要求，学习借鉴北京、上海、深圳等先进城市的经验，着眼东莞产业转型升级、社会稳定和谐的需要，结合东莞特殊产业与人口结构，大力培育发展新型枢纽型社会组织，进一步优化社会组织发展格局。根据东莞企业多、新兴产业发展快，但行业协会商会数量少、机构不健全、作用发挥不充分的情况，着力引导成立更多电子、服装、家具、玩具、食品等支柱产业和特色产业的行业协会，以及异地城市在莞商会、异地务工人员服务组织等工商经济类社会组织。鼓励发展"一业多会"，如电子信息产业可成立LED协会、汽车电子协会、家电协会等。针对东莞人口数量多、人口结构复杂、来源地域广阔，经济发展对公共服务需求的高增长，市民对社会民生关注度高、期望值高、服务质量要求高的特点，大力发展慈善会、基金会、红十字会、公益互促会、公益性民办非企业单位和公益性社会团体等公益慈善类社会组织。适应经济社会发展和人的全面发展的需要，大力发展扶危救助、劳动就业、教育培训、科学技术、精神文化、医疗卫生、环境保护等事关社会公共和福利事业发展的社会服务类社会组织。以城乡居民群众需求为导向，设置社区服务项目，重点培育辖区内慈善救助、社区服务、文化体育、社区教育、居民事务等群众生活类社区社会组织，以满足居民群众多层次生活需求，进一步提高城乡基层社会治理水平。重视引导网络社会组织的有序发展，据调查，当前在东莞市范围内以"东莞"命名的新型网络社会组织数量庞大，良莠不齐，网上网下活动异常活跃，政府应高度重视并引导其理性有序发展。

（三）社会群体融合工程

建设融合型社会，是推进社会建设和社会治理的重要任务。东莞要根据产业和人口特点，创新人口服务管理方式，大力推进服务管理手段融合、社会群体情感融合和社会群体文化融合，促进社会群体和谐共进。

一是推进社会群体服务管理手段融合。创新"大人口"服务管理，按照"属地管理"原则和实有人口管理要求，探索构建流动人口和特殊人群

"社区化管理、社会化服务"机制。摸清实有人口的产业分布、地域分布、聚居形态、文化工作状态,把握东莞实有人口变动和流动的新情况和新规律,为经济社会发展提供人力资源依据。出台完善流动人口服务管理的"1+X"政策体系,完善实有人口信息采集管理系统,推进社保、人事、劳动、新莞人服务管理、人口计生等部门人口管理信息的对接和统一,推动实有人口动态管理。推广使用"一证通"居住证和新社保卡,建立覆盖常住人口和流动人口的人口信息精细化管理体系。

二是推进社会群体情感融合。淡化新老莞人概念,强化东莞公民意识,树立"无论是新莞人还是老莞人,大家都是东莞人"的理念。加快完善和创新异地务工人员户籍入户、子女入学、就业创业、社会保障、教育培训、政治参与等方面的制度设计,按照"按贡献积分,按积分享受基本公共服务"的积分入户入学原则,降低入户门槛和缩减程序,吸引更多的优秀异地务工人员扎根落户东莞。深入开展关爱异地务工人员活动、"城市暖流活动",让异地务工人员情感上有归宿,解决他们最现实、最关心、最直接的利益问题,让他们在经济上得实惠。扩大异地务工人员参政议政的途径、方式和范围,让他们在政治上有地位。

三是推进社会群体文化融合。大力培育和塑造具有开明开放、兼容包容特质的包容文化,兼容并包不同的风俗习惯、不同的思想观念、不同的生活方式,推动多元文化的交流与互动,培养新型移民文化,增强东莞的文化亲和力和文化凝聚力。大力弘扬"厚于德、诚于信、敏于行"的广东精神和"海纳百川、厚德载物"的东莞城市精神,大力宣传推介"每天绽放新精彩"的东莞城市新形象,培育城市共同价值观,增强各个社会群体对东莞的认同感和归属感。广泛开展各种便于各社会群体积极参与的群众性文化交流活动和节庆文化活动,吸引他们参与到广场文化、企业文化、社区文化中去,营造和谐、兼容、共享的文化氛围,让城市的不同社会群体人人成为文化的参与者、文化的创造者和文化的享受者。

(四)社会治理信息平台打造工程

社会治理信息化是现代社会治理创新的重要趋势。东莞要善于运用现代科技手段,进一步统筹整合信息资源和平台,建设全面覆盖、动态跟踪、功能齐全的社会治理信息平台,努力实现互联互通、共建共享,为提升社会治理效能提供强有力的科技信息支撑。

一是构建统一互联的社会治理综合信息平台。目前东莞市公安、新莞人服务管理、社保、人力资源、计生、卫生、民政、城管、工商等部门都已建立了各自的信息网络平台，但存在各自为政、部门分割，信息不统一、资源不能共享、平台不能共用的问题，应借鉴宁波、上海、深圳、苏州、常州等地经验，充分运用以快捷、开放、互通为特征的现代信息化技术手段，将公安、新莞人管理、社保等管理资源整合在一个综合平台上，形成以东莞社会管理网为统一门户网站，以东莞社会管理综合信息平台为公共管理信息平台，以社会治安综合治理、新莞人服务管理、公共安全管理、新经济和社会组织服务管理等为专业信息系统的社会治理综合信息平台。

二是构建社会民生综合信息服务平台。借鉴宁波市"81890"服务平台建设模式，充分吸取宁波"81890"服务平台在全国多个城市推广建设的经验，可探索建立一个具有东莞特色的社会民生综合信息服务平台。该平台可由市政府牵头，由有关政府职能部门、加盟企业、志愿者、非营利机构等供给方参与，形成让政府机构、社会组织、企业、居民个体等使用方多方受益的综合信息服务平台。该平台可专门设置一个热线电话集群，以信息处理为枢纽，连接政府职能部门、服务性企业、中介组织、志愿者，集政务信息、商务信息、中介服务信息、生活服务信息、社会保障服务信息等于一体，并配套建立服务质量管理体系、质量回访监督机制和举报投诉制度，与部门绩效考核、服务性企业信用评级、中介组织服务质量评估挂钩，促进行政服务、企业服务和中介服务质量与效益的提高，努力实现社会需求与社会服务资源的无缝对接。

三是建立完善"网上办事大厅"综合服务平台。按照省政府"政务信息网上公开、投资项目网上审批、社会事务网上办理、公共决策网上互动、政府效能网上监察"的要求，全力推动网上办事大厅的建设，整合全市政府部门行政服务项目，设立网上办事大厅、网上审批大厅、网上信访大厅、社会个人网页等，通过网上申请与提交、网上受理、网上监察、网上评价等功能，建设"一站式"联合审批系统，既为社会和群众提供全过程的服务，又促进政府改进工作作风和提高服务质量，为群众和企事业单位提供高效快捷的审批服务。要主动跟踪和利用全球最新的信息化成果，不断对网上办事大厅进行优化，更好地方便群众和企业办事，更好地建设国际化营商环境。

（五）社会资源整合工程

整合社会资源是创新社会治理的有效手段，也是构建社会治理"大管家"的必然要求。东莞要大力整合包括政府、社会组织、基层自治组织、企事业单位、公民个人等在内的管理资源，提高社会治理整体效益。

一是优化配置行政管理资源。按照"小政府、大服务"和"市场化、社会化、规模化、专业化"的原则，以打造优质营商环境为核心，大力推进"大部制"改革，优化重组部门和科室的工作职能，整合各部门、各领域、各方面的行政服务资源，提升统筹协调、精干高效的服务管理能力。根据权责统一和条块结合、以块为主的原则，规范垂直管理部门与地方政府的关系，合法合理地调整现有的社会治理事项，该合并的合并、该下放的下放，明确事权，科学分工，加强协调，形成整体合力。具有社会治理职能的各政府部门则要牢固树立大局观念，自觉做到管理与责任挂钩、与利益脱钩，在服务中实施治理、在治理中体现服务，显著提高社会治理效率。尤其是在推进新一轮简政强镇工作中，要按照"统筹管理权上移、业务管理权下沉"的总体思路，逐步在全市32个镇（街）及园区全面下放经济社会业务管理权限。同时，要加大对镇（街）行政资源的整合力度，加强对全市镇（街）和园区社会治理设施、社会治理项目和社会治理资源的统筹力度，优化全市社会治理资源配置。

二是深度开发社会自律管理资源。大力发展壮大各类社会组织，积极推广大岭山镇杨屋村公益互助会公益慈善类社会组织的做法，深度开发社会自律管理资源，充分发挥其社会协同的巨大潜能。有序敞开"大门"，规范准入"门槛"，为社会组织的健康成长开辟广阔空间。制定并兑现各项扶持政策，在会费收取、财务制度、票据管理、税收减免、社会保险等方面为社会组织自我发展提供优惠和便利。坚持寓治理监督于优良服务之中，把社会组织引入规范、健康发展的轨道。

三是用足用好基层自治管理资源。积极推进以城乡社区为主要载体的基层社会治理体制改革，整合基层社会治理资源，减轻基层自治组织的行政性、社会性工作负担，增强基层自治功能，构建社区"大党建"格局，强化居民委员会自治功能，增设社区工作站，发展社区民间组织，健全"四位一体"的社区管理体制及彼此互联互通互补的管理机制，形成社区管理合力。如在新莞人服务管理方面，可探索把新莞人服务管理网络和工作机制延伸到村居、社区、企业、市场等基层单位,充分发挥镇(街)的综合协调作用、用工单位的协助管理作用以及社区党组织、居委会等基层组织的作用,最大限度地帮助新莞人解决问题、化解矛盾。

(六)社会公共服务均等化推进工程

加强对社会公共服务的提供,是当代政府最重要的社会职能。东莞要适应发展新阶段公共服务需求高增长的趋势和不同群体对公共服务的新需求,不断优化公共服务供给结构,有序推进不同群体共享基本公共服务,切实改善和保障民生。

一是优化公共服务供给结构。根据东莞经济社会发展阶段性特征和人口结构特点,突出发展公共教育服务、公共卫生服务、公共文化服务、公共就业服务等社会性公共服务。针对大气污染、水质污染、交通拥堵、食品药品安全等市民反映强烈的民生热点问题,大力发展大气污染治理、水污染治理、公共交通治理、食品药品安全治理等事关民生大计的基础性公共服务。按照构建和谐劳资关系、和谐干群关系、和谐阶层关系的要求,加大财政转移支付力度,加大对弱势群体和困难群体的帮扶力度,进一步完善社会保险、社会救助、社会福利、慈善事业相衔接的多层次社会保障体系。

二是有序推进不同群体共享基本公共服务。在承认地区、城乡、人群间存在差别的前提下,保障居民都享有一定标准之上的基本公共服务,积极推进基本公共服务"底线均等"。摸清不同层次人群对基本公共服务的不同需求,突出不同群体基本公共服务的侧重点,细化不同群体基本公共服务的项目和内容,分阶段有序推进外来人口和本地人口共享基本公共服务。切实将公共资源配置向基层倾斜、向困难群众倾斜、向热点民生项目倾斜。推动基本公共服务由城市人口向农村人口延伸、由户籍人口向常住人口延伸,促进社会各阶层之间的良性流动,有效避免社会阶层固化和"代际传递"。

三是建立公共服务多元化供给模式。积极推广政府购买服务和公共服务外包,创新多元化公共服务供给体制,消除公共服务供给的体制壁垒和制度壁垒,消除社会力量进入公共服务领域的体制性障碍,初步建立普惠制和积分制并举的基本公共服务供给模式。在明确产权的前提下,灵活运用财政补助、税收优惠等政策,按照"谁投资、谁受益"的原则,积极鼓励、引导、支持各类社会主体增加对社会领域的投入。鼓励民营主体进入公共服务供给领域，补充政府供给的不足，逐步做到能靠市场解决的，通过市场渠道解决；市场暂时不能解决的，政府先引导后退出；市场不能解决的，政府兜底保障。逐步形成以公共财政为主体、社会各方共同参与的公共产品供给机制，构建多元化、多渠道、竞争式的公共服务供给体系。

（七）虚拟社会监管工程

虚拟社会管理，是社会建设和社会治理面临的新领域和新课题。东莞要针对虚拟社会发展的新趋势和网络社会高度关注东莞的新情况，更加重视虚拟社会管理，有效引导社会热点，消除负面影响，塑造良好城市形象。

一是加强网络警察队伍建设。积极适应微博、微信等虚拟社交方式日新月异的新情况，建立完善虚拟社会监管机制，探索建立应对网络谣言危机的长效机制。完善网上警察队伍实时"巡逻"制度，及时接受在线举报和实时监控，并对散布有害信息的网民进行警示。充分利用东莞阳光网、东莞时间网等网站建立的网站警务室、网上110报警岗亭，加强虚拟社会监控和管理。建立健全兄弟城市间打击网络犯罪的协调机制，建立内部各警种之间协同治理机制，培育建立外协和内协兼备的高素质网络警察队伍。

二是完善网络问政制度。进一步扩大官方微博覆盖面，建立政务微博评估体系，推动政务微博营运规范化和评估常态化。办好东莞政府信息网"东莞市民论坛"和"东莞政务在线"等与网民直面交流的问政平台，办好东莞阳光网"网络问政"和东莞时间网"时间问政"等网络问政平台，整合全市网络问政平台的回复系统，建立统一高效的网络问政处理平台，努力把网络问政打造成公众乐意来往的"信息超市"，表达政言的"民意频道"，凝聚智慧的"发展智库"。进一步完善网络发言人制度，大力发展网络评论员和网络通讯员，加大网络新闻发言人培训力度，提升其知网、用网、触网、管网的能力。

三是强化网络舆情掌控应对。提升主要领导干部的网络舆情掌控能力和网上信息甄别能力，推动领导干部网络执政能力建设。实施网络监控发展、绿色上网净化、网络舆情处置、网络信息发布、网络信息安全、网络经营亮照等网络信息安全工程，推进网络舆情监测智能化。建立网络舆情登记台账制度，按预警程序及时报送网络舆情走向，制定舆情研判分类制度，科学确立舆情危机等级，适时启动舆情应急快速反应机制。组建由网上发言人、网络评论员和网络志愿者组成的网络舆情管理队伍，加强对重点网站、微博和论坛上涉莞舆情的掌控和引导，及时发现涉莞舆情，及时向上报送舆情，及时灵活处置舆情，及时回应网络爆料，有效做好突发敏感事件的新闻应对和舆论引导工作。

（八）社会工作人才队伍建设工程

社会工作人才队伍建设是社会建设和社会治理的根本保障。东莞要大力实施"人才东莞"战略，根据社会工作人才的现状和对社会工作人才的新需求，大力培育塑造素质高、业务精、乐奉献的社会工作人才队伍。

一是加大社会工作人才培育力度。出台东莞市中长期社会管理人才队伍建设发展专项规划，建立数量充足、结构合理、素质优良的社会工作专业人才队伍，实现社会工作专业人才队伍建设的跨越式发展。加强社会工作人才的实践实训，在社会福利院、慈善机构、社会组织、社区服务中心等一线社会工作机构建设"社会工作人才培训基地"，为社工人才的培养提供实践受训渠道。学习佛山的做法，推动高校开设社会组织和社会管理专业。学习上海浦东新区的做法，把社会组织人才队伍建设纳入市委党校主体班次，运用好党校的教学培训资源，为政府、社会组织、社工人才搭建良好的学习交流平台。

二是优化社会工作人才发展环境和成长空间。科学制订专门的社会组织领军人才培养计划，为社会组织人才提供职业晋升渠道、开展技能培训，推动社会组织人才与企事业单位人才享受同等待遇。探索设立东莞社会组织人才队伍建设专项资金或东莞市社会工作者关爱基金，为社会组织高端人才队伍的培养提供专项资金支持。定期开展东莞社会组织领军人才高级研究班、东莞社会组织后备人才高级培训班等社会组织高端培训班，组织一线社会组织工作人才赴国内外先进地区的高校、社区、社会组织等考察学习。建立健全社会工作人才评价制度、薪酬保障机制和表彰奖励制度，优化社会工作人才的工作生活环境，提升社会工作专业人才薪酬待遇和职业发展空间，调动社会工作专业人才的积极性、主动性和创造性。

三是加强社会工作志愿者队伍建设。进一步完善"社工+志愿者"的联动机制，积极动员社工和志愿者参与基层社区服务，发挥好志愿者的专业协同优势。研究出台《东莞社会工作者条例》和管理办法，在法律法规层面规范社工和志愿者的服务管理工作。抓紧制定并颁布实施《东莞注册社会工作者工作守则》等政策法规，实行注册社会工作志愿者制度，维护社会工作志愿者的合法权益和社会地位。

参考文献

［1］胡锦涛，2012，《坚定不移沿着中国特色社会主义道路前进　为全面建成小康社会而奋斗——在中国共产党第十八次全国代表大会上的报告》，人民出版社。

［2］本书编写组，2013，《〈中共中央关于全面深化改革若干重大问题的决定〉辅导读本》，人民出版社。

［3］徐建华，2011，《加快转型升级　建设幸福东莞　为实现高水平崛起而努力奋斗——在中国共产党东莞市第十三次代表大会上的报告》。

［4］《中共广东省委　广东省人民政府关于加强社会建设的决定》，2011年7月14日。

［5］《中共东莞市委　东莞市人民政府关于加强社会建设的意见》，2012年5月28日。

［6］魏礼群，2011，《社会管理创新案例选编》（上册、中册、下册），人民出版社。

［7］本书编辑组，2011，《加强和创新社会管理典型实例经验与启示》，人民日报出版社。

［8］毛光烈，2009，《宁波社会建设研究》，人民出版社。

［9］金雪军、张斌，2011，《社会管理的"浙江创造"》，浙江人民出版社。

［10］方雨辉，2011，《社会管理创新在金华》，中国环境科学出版社。

［11］刘中起，2011，《转型期群体性社会冲突：特性、动因及其"安全阀"机制研究》，《城市观察》第5期。

［12］关信平，2012，《论我国当前加强和改善社会组织建设的关键环节》，《城市观察》第2期。

［13］林学楷，2012，《广东社会组织现状及发展策略研究》，《城市观察》第2期。

［14］谢宇、谢建社，2012，《政府培育发展和规范管理社会组织研究》，《城市观察》第2期。

图书在版编目(CIP)数据

社会建设研究. 第1辑/陈健秋主编. — 北京：社会科学文献出版社，2014.6
ISBN 978-7-5097-6050-5

Ⅰ.①社… Ⅱ.①陈… Ⅲ.社会发展-研究-中国
Ⅳ.①D668

中国版本图书馆CIP数据核字（2014）第106655号

社会建设研究（第一辑）

主　　编 / 陈健秋

出 版 人 / 谢寿光
出 版 者 / 社会科学文献出版社
地　　址 / 北京市西城区北三环中路甲29号院3号楼华龙大厦
邮政编码 / 100029

责任部门 / 社会政法分社（010）59367156　　责任编辑 / 单远举　关晶焱
电子信箱 / shekebu@ssap.cn　　　　　　　　责任校对 / 岳书云
项目统筹 / 王绯　　　　　　　　　　　　　　责任印制 / 岳　阳
经　　销 / 社会科学文献出版社市场营销中心（010）59367081　59367089
读者服务 / 读者服务中心（010）59367028

印　　装 / 三河市尚艺印装有限公司
开　　本 / 787mm×1092mm　1/16　　　　　 印　张 / 14.25
版　　次 / 2014年6月第1版　　　　　　　　 字　数 / 231千字
印　　次 / 2014年6月第1次印刷
书　　号 / ISBN 978-7-5097-6050-5
定　　价 / 58.00元

本书如有破损、缺页、装订错误，请与本社读者服务中心联系更换
△ 版权所有　翻印必究